Harmonisierung des Rechts der vergleichenden Werbung durch die Richtlinie 97/55/EG?

Europäische Hochschulschriften

Publications Universitaires Européennes
European University Studies

Reihe II
Rechtswissenschaft

Série II Series II
Droit
Law

Bd./Vol. 3926

PETER LANG
Frankfurt am Main · Berlin · Bern · Bruxelles · New York · Oxford · Wien

Andrea Heister

Harmonisierung des Rechts der vergleichenden Werbung durch die Richtlinie 97/55/EG?

Eine vergleichende Untersuchung des englischen, deutschen und französischen Rechts

PETER LANG
Europäischer Verlag der Wissenschaften

Bibliografische Information Der Deutschen Bibliothek
Die Deutsche Bibliothek verzeichnet diese Publikation in der Deutschen Nationalbibliografie; detaillierte bibliografische Daten sind im Internet über <http://dnb.ddb.de> abrufbar.

Zugl.: Bayreuth, Univ., Diss., 2003

D 703
ISSN 0531-7312
ISBN 3-631-52131-6

www.peterlang.de

Vorwort

Die vorliegende Arbeit wurde im August 2003 von der Rechts- und Wirtschaftswissenschaftlichen Fakultät der Universität Bayreuth als Dissertation angenommen. Tag der mündlichen Prüfung war der 17. Dezember 2003. Literatur und Rechtsprechung konnten bis August 2003 berücksichtigt werden.

Mein ganz besonderer Dank gilt Herrn Prof. Dr. Ansgar Ohly, LL.M., der mich als seine erste Doktorandin annahm. Er gab die Anregung zu diesem Thema und unterstützte die Bearbeitung durch zahlreiche fachliche Anregungen und viele hilfreiche Hinweise. Für die schnelle Erstellung des Erstgutachtens danke ich ihm ebenso wie Herrn Prof. Dr. Peter Heermann, LL.M. für den ebenfalls zügig erstatteten Zweitbericht. Danken möchte ich außerdem dem Max-Planck-Institut für Geistiges Eigentum, Wettbewerbs- und Steuerrecht für die freundliche Aufnahme als Gast.

Dank gilt auch meinem Mann, Herrn Simon Heister. Er stand mir bei der Entstehung dieser Arbeit mit Geduld und Rat zur Seite.

Gewidmet ist die Arbeit meinen Eltern. Ich danke Ihnen für die Energie, mit der sie mich während meiner gesamten Ausbildung unterstützt und gefördert haben.

München, im Februar 2004 *Andrea Heister*

Inhaltsverzeichnis

Literaturverzeichnis

Ackermann, Brunhilde
Die deutsche Umweltrechtsprechung auf dem Weg zum Leitbild des verständigen Verbrauchers?, WRP 1996, 502-522

Adams, John
Is there a Tort of Unfair Competition?: The Legal Protection of Advertising Campaigns and Merchandising, JBL 1985, 26-33

Ahrens, Sönke
Der Irreführungsbegriff im deutschen Wettbewerbsrecht: Zur Auswirkung des Urteils des Bundesgerichtshofs vom 5. Februar 1998 – „Testpreis-Angebot" und des Urteils des Gerichtshofs der Europäischen Gemeinschaften vom 16. Juli 1998 – „Gut Springheide" auf die deutsche Rechtsprechung zur irreführenden Werbung, WRP 1999, 389-398

Aigner, Birgit
Die Auswirkungen der Richtlinie zur irreführenden Werbung auf das deutsche Wettbewerbsrecht (Richtlinie 97/55/EG des Europäischen Parlaments und des Rates vom 06. Oktober 1997 zur Änderung der Richtlinie 84/450/EWG über irreführende Werbung zwecks Einbeziehung der vergleichenden Werbung), Frankfurt a. Main 2001

Albrecht, Uwe
Vorschlag einer Richtlinie zur Harmonisierung des Werberechts in der Europäischen Gemeinschaft, WRP 1978, 687-692

Antingham, Mark
Trademark Infringement in the United Kingdom: The story so far, TMW Oktober 1996, 26-34

Azéma, Jacques
Die Rolle des Zivil-, Straf- und Verwaltungsrechts bei der Bekämpfung unzulässiger Wettbewerbspraktiken in Frankreich, GRUR Int. 1971, 651-655

Azéma, Jacques
Le droit français de la concurrence, Paris 1981

Bachmann, Frank
Comparative Advertising in Germany with regard to European Community Law, Stuttgart/ München/ Hannover/ Berlin/ Weimar/ Dresden 1998

Baker, C.D.
Tort, 4. Auflage, London 1986

Baudenbacher, Carl
Machtbedingte Wettbewerbsstörungen als Unlauterkeitstatbestände, GRUR 1981, 19-29

Baumann, Denise
Die neuere Entwicklung des Mittelstands-, Wettbewerbs- und Verbraucherschutzes in Frankreich: Bericht über Inhalt und Anwendung der „loi Royer" von 1973, GRUR Int. 1973, 367-380

Baumbach, Adolf/ Hefermehl, Wolfgang
Wettbewerbsrecht, 21. Auflage, München 1999 (zit.: *Baumbach/Hefermehl*^{21}), 22. Auflage, München 2001 (zit.: *Baumbach/Hefermehl*^{22})

Bayreuther, Frank
Anmerkung zu BGH EuZW 1998, 474 – *Testpreis-Angebot*, EuZW 1998, 478-479

Beier, Friedrich-Karl
Entwicklung und gegenwärtiger Stand des Wettbewerbsrechts in der Europäischen Wirtschaftsgemeinschaft, GRUR Int. 1984, 61-71

Beltz, Karl-Heinrich
Vergleichende Werbung im französischen Recht, RIW 1995, 813-816

Bergmann, Reinhard
Vergleichende Werbung durch wahrheitsgemäße Kritik, Mainz 1966

Berlit, Wolfgang
Gesetzentwurf der Bundesregierung zur vergleichenden Werbung und zu Änderung wettbewerbsrechtlicher Vorschriften, BB 2000, 1305-1310

Berlit, Wolfgang
Vergleichende Werbung, München 2002

Berlit, Wolfgang
Wettbewerbsrecht anhand ausgewählter Rechtsprechung, München 1993

Bernstorff, Christoph Graf von
Einführung in das englische Recht, 2. Auflage, München 2000

Bertrand, André
Le droit français de la concurrence déloyale, Paris 1998

Blumenwitz, Dieter
Einführung in das anglo-amerikanische Recht, 7. Auflage, München 2003

Board of Trade
Report of the Departmental Committee on the Law and Practice Relating to Trade Marks, London 1934 (Cmnd. 4568)

Bohrer
Freiheit für vergleichende Werbung?, MA 1956, 345-346

Bonn, Volkmar
Anmerkung zu BGH GRUR 1991, 609 – *SL*, GRUR 1991, 613-614

Borck, Hans-Günther
Bezugnehmende Werbung: Versuch einer Bestandsaufnahme, Teil 1 WRP 1961, 1-4; Teil 2 WRP 1961, 70-76

Borck, Hans-Günther
Die Rücksicht auf den Mitbewerber als rechtliche Schranke informativer Werbung, WRP 1986, 365-442

Borck, Hans-Günther
Vergleichende Werbung und kein Ende, WRP 1962, 249-252

Borck, Hans-Günther
Vermutungen über vergleichende Werbung, über Wertreklame und deren weitere Entwicklung, WRP 2001, 1124-1132

Bornkamm, Joachim
Entwicklung der Rechtsprechung im Wettbewerbsrecht – Vergleichende Werbung, in: Jürgen Schwarze (Hrsg.), Werbung und Werbeverbote im Lichte des europäischen Gemeinschaftsrechts, Baden-Baden 1999, S. 134-147

Borrie, Gordon Sir
The Development of Consumer Law and Policy – Bold Spirits and Timorous Souls, London 1984

Boudon, Ulrich
Irreführende Werbeangaben im neueren französischen Recht, München 1987

Bout, Roger/ Prieto, Catherine
Lamy droit économique, Concurrence/ Distribution/ Consommation, Paris 1999

Boyle, Martin
Dokumentation der "Besonderheiten" des Wettbewerbsrechts in Europa: Großbritannien, WRP 1990, 159-165

Brandmair, Lothar
Die freiwillige Selbstkontrolle der Werbung: Rechtstatsachen – Rechtsvergleichung – internationale Bestrebungen, Köln/ Berlin/ Bonn/ München 1978

Braun, Kurt
Werbung und Meinungsfreiheit nach Art. 5 Abs. 1 Satz 1 Grundgesetz (GG), WRP 1982, 510-515

Bray, Oliver Nuclear Warfare between Electrolux and Dyson: Worth Pushing the Button?, EIPR 1999, 321-326

Brett, Hugh
The danger of throwing the baby out with the bath water – the reform of UK copyright law and the protection of designs, EIPR 1981, 163-165

Bühler, Stephan
Abschied vom Verbot verlgeichender Werbung in Deutschland?, WM 1992, 677-682

Bullinger, Winfried/ Emmerich, Susanne
Irreführungsgefahr durch selektive Produktauswahl bei Preisvergleichen, WRP 2002, 608-614

Bülow, Oskar von
Gesetz und Richteramt, Leipzig 1885 (Neudruck Aalen 1972)

Burhenne, Lothar
Vergleichende Reklame, NJW 1951, 249-253

Burns, Peter
Unfair Competition: A compelling need unmet, EIPR 1981, 311-313

Burst, Jean-Jacques
Concurrence déloyale et parasitisme, Paris 1993

Butterworths Trading and Consumer Law
Butterworths Trading and Consumer Law (früher: O'Keefe, the Law Relating to Trade Descriptions), London 2003 (Loseblatt Stand März 2003) (zit.: *Butterworths Trading Law/ Bearb.*)

Cahn, Hugo
Über die Kerngedanken einiger neuerlicher Wettbewerbsentscheidungen, Gutachten und Abhandlungen, MuW 1931, 241-247

Calais-Auloy, Jean
Analyse critique de l'article 10, Cah. Dr. entr. 1992, n° 3, 39-40

Calvo, J.
Publicité comparative et droit communautaire, Petites affiches, 1998, n° 44, 4-8

Candé, Patrice de
Publicité comparative notamment dans le domaine du médicament, état des lieux, D., 2000, doctr., 33-42

Carter-Ruck, Peter F./ Walker, Richard/ Starte, Harvey N. A.
Carter-Ruck on Libel and Slander, 4. Auflage, London/ Dublin/ Edinburgh 1992 (zit.: *Carter-Ruck on Libel and Slander*)

Carty, Hazel
The Development of Passing Off in the Twentieth Century, in: Norma Dawson, Alison Firth (Hrsg.), Trade Marks Retrospective, London 2000, S. 31-56

Cas, Gérard
Anmerkung zu Cour de cassation v. 22.07.1986, GRUR Int. 1987, 598 – *Preisvergleich*, GRUR Int. 1987, 598-600

Cas, Gérard/ Bout, Roger
Lamy droit économique, Concurrence/ Distribution/ Consommation, Paris 1990

Chapus, René
Droit administratif général, Band 1, 14. Auflage, Paris 2000

Chavanne, Albert/ Burst, Jean-Jacques
Droit de la propriété industrielle, 4. Auflage, Paris 1993

Clerk, John Frederic/ Lindsell, William Henry Barber
Clerk & Lindsell on Torts, bearb. v. Anthony Dugdale (Main Editor), Daniel Alexander, Margaret Brazier, R.A. Buckley, Andrew Burrows, Hazel Carty, Michael Jones, Maureen Mulholland, Alan Sprince, Andrew Tettenborn, Lord Wedderburn of Charlton, 18. Auflage, London 2000 (zit.: *Clerk & Lindsell/ Bearbeiter*)

Cornish, William R.
Comparative Advertising: Denigration and Sycophancy, CLJ 1992, 231-233

Cornish, William R.
Intellectual Property: Patents, Copyright, Trade Marks and Allied Rights, 4. Auflage, London 1999

Cornish, William R.
Unlauterer Wettbewerb und Verbraucherschutz in England, GRUR Int. 1973, 679-686

Crown, Giles
Advertising Law and Regulation, London 1998

Cyrus, Joachim
Die Grenzen der Zulässigkeit der Alleinstellungswerbung, GRUR 1961, 11-19

Dalloz Répertoire de droit commercial et des sociétés
hrsg. v. Emmanuel Vergé, Georges Ripert, Paris 1956 (zit.: *Dalloz*, Rép. Dr. com., Division)

Dawson, Norma
The Parma Ham Case: Trade Description and Passing Off – Shortcomings of English Law?, EIPR 1991, 487-490

Desbois, Henri
Anmerkung zu Cour d'Appel de Paris, 08.12.1962, D. 1963, jur., 406-411

Di Fabio, Udo
Richtlinienkonformität als ranghöchstes Normauslegungsprinzip?: Überlegungen zum Einfluss des indirekten Gemeinschaftsrechts auf die nationale Rechtsordnung, NJW 1990, 947-954

Dietl, Clara-Erika/ Lorenz, Egon
Wörterbuch für Recht, Wirtschaft und Politik: mit erläuternden und

rechtsvergleichenden Kommentaren, Teil I Englisch-Deutsch, 6. Auflage, München 2000

Dilly, Torsten
Das Irreführungsverbot des Art. 3a der Richtlinie über irreführende und vergleichende Werbung, Baden-Baden 2001

Dreier, Thomas/ Krasser, Rudolf
Das französische Gesetzbuch des geistigen Eigentums, Weinheim/ New York/ Basel/ Cambridge/ Tokyo 1994

Dreier, Thomas/ Lewinski, Silke von
Länderbericht Frankreich, in: Gerhard Schricker (Hrsg.), Recht der Werbung in Europa, Baden-Baden 1995

Droste, Helmut
Anmerkung zu BGH GRUR 1971, 153 – *Tampax*, GRUR 1971, 155-156

Droste, Helmut
Das Verbot der bezugnehmenden Werbung und die Ausnahmefälle, GRUR 1951, 140-148

Drysdale, John/ Silverleaf, Michael
Passing Off – Law and Practice, 2. Auflage, London/ Dublin/ Edinburgh 1995

Duxbury, Jennifer
Compaq v Dell: Does it Compute?, EIPR 1992, 61-64

Dworkin, Gerald
"Knocking Copy" Comparative Advertising – A Survey of United Kingdom Practice, EIPR 1979, 41-45

Dworkin, Gerald
Passing Off and Unfair Competition: An Opportunity Missed, MLR 1981, 564-567

Dworkin, Gerald
Unfair Competition: Is the Common Law Developing a New Tort?, EIPR 1979, 241-246

Eck, Matthias/ Ikas, Klaus
„Vergleichen Sie“ Anmerkung zum Urteil des Bundesgerichtshofs vom 15. Oktober 1998 – I ZR 69/96 (WRP 1999, 414), WRP 1999, 772-775

Eck, Matthias/ Ikas, Klaus
An welcher Flasche hängen Sie?: Anmerkung zu OLG München ZLR 2000, 949 – *Münchner Trinkwasser*, ZLR 2000, 956-961

Eck, Matthias/ Ikas, Klaus
Neue Grenzen vergleichender Werbung: Zur Auslegung und Anwendung der Richtlinie 97/55/EG vom 06. Oktober 1997, WRP 1999, 251-273

Eichmann, Helmut
Die Vergleichende Werbung in Theorie und Praxis, Köln/ Berlin/ Bonn/ München, 1967

Elliott, Chaterine/ Quinn, Frances
Tort Law, 3. Auflage, Harlow 2001

Emmerich, Volker
Das Recht des unlauteren Wettbewerbs, 6. Auflage, München 2002 (zit.: *Emmerich*)

Erdmann, Willi/ Bornkamm, Joachim
Schutz von Computerprogrammen – Rechtslage nach der EG-Richtlinie, GRUR 1991, 877-880

Fabre, Régis
Les nouvelles pratiques de la publicité comparative au regard de la directive européenne d'octobre 1997, JCP éd. E, CDE 1999/ 2, 13-15

Fabre, Régis/ Mainguy, Daniel
Les nouvelles dispositions gouvernant les contrats et la publicité depuis la loi du 18 janvier 1992, JCP éd. E, CDE 1992/ 3, 20-28

Fezer, Karl-Heinz
Markenrecht: Kommentar zum Markengesetz, zur Pariser Verbandsübereinkunft und zum Madrider Markenabkommen, 3. Auflage, München 2001 (zit.: *Fezer*)

Fezer, Karl-Heinz
Rechtsverletzende Benutzung einer Marke als Handeln im geschäftlichen Verkehr – Abschied von der markenmäßigen Benutzung im MarkenG –, GRUR 1996, 566-571

Fischer, Bernhard
Das französische Rechtsschutzsystem gegen irreführende Werbung im Vergleich mit dem deutschen Recht, München 1998

Fitzgerald, Darren
Comparative Advertising in the United Kingdom, EIPR 1997, 709-714

Fourgoux, Jean-Claude
Anmerkung zu Cour d'Appel de Douai, 02.10.1995, D., 1996, jur., 100-101

Fourgoux, Jean-Claude
L'articel 10 de la Loi du 18 Janvier 1992: Feu sur la publicité comparative, Gaz. Pal. 1992, doctr., 278-280

Fowler, Stacey
Comparative Advertising: The High Court considers the application of sections 10 (6) and 11 (1) (b) of the Trade Marks Act 1994 in *Britsh Airways v. Ryanair Limited*, EIPR 2001, 300-302

Françon, André
Anmerkung zu Cour de cassation (com), 29.10.1975, JCP éd. G, 1977, II, 18616

Francq, Bernard
Die vergleichende Werbung, GRUR Int. 1977, 93-111

Fröndhoff, Barbara
Die Inhaltsbeschränkungen irreführender und vergleichender Werbung – England und Deutschland im Vergleich, Berlin 2002

Funke, Rainer
Das deutsche Wettbewerbsrecht im europäsischen Binnenmarkt, WPR 1991, 550-556

Funke, Rainer
Lieber Angleichen als Zersplittern – Zum Richtlinienvorschlag über vergleichende Werbung, WM 1997, 1472-1474

Gamm, Otto-Friedrich von
Anwendung deutschen Wettbewerbsrechts auf auslandsbezogene Sachverhalte, EWS 1991, 166-169

Gamm, Otto-Friedrich von
Das englische Wettbewerbsrecht, WRP 1960, 167-177

Gamm, Otto-Friedrich von
Neuere Rechtsprechung zum Wettbewerbs- und Warenzeichenrecht, GRUR 1990, 313-326

Gamm, Otto-Friedrich von
Vorschlag der EG-Kommission für eine Richtlinie des Rates über vergleichende Werbung und zur Änderung der Richtlinie 84/450/EWG über irreführende Werbung, ABIEG Nr. L 250 v. 19.9.1984, S. 17, WRP 1992, 143-147

Gamm, Otto-Friedrich von
Wettbewerbsrecht Erster Halbband: Grundlagen, Europäisches Gemeinschaftsrecht, Internaionales Wettbewerbsrecht, Gesetz gegen den unlauteren Wettbewerb – unter Einschluss kartellrechticher Aspekte, 5. Auflage, Köln/ Berlin/ Bonn/ München 1987

Gatley, J. C. C.
Gatley on Libel and Slander, bearb. v. Patrick Milmo und W. V. H. Rogers, 9. Auflage, London 1998 (zit.: *Gatley on Libel and Slander*)

Gavalda, Christian/ Lucas de Leyssac, Claude
Anmerkung zu Cour de cassation, 22.07.1986, JCP éd. E, 1986, II, 14901

Gloy, Wolfgang/ Bruhn, Dirk
Die Zulässigkeit von Preisvergleichen nach der Richtlinie 97/55/EG – Kehrtwende oder Kontinuität, GRUR 1998, 226-239

Godin, Hans von
Wettbewerbsrecht, 2. Auflage, Berlin/ New York 1974

Godin, Hans von/ Hoth, Jürgen
Wettbewerbsrecht, Berlin 1957 (zit.: *Godin/ Hoth*)

Göhre, Stefan
Frischer Wind aus Brüssel?: Der Vorschlag der Europäischen Kommission für eine Verordnung über Verkaufsförderung im Binnenmarkt und das Grünbuch der Europäischen Kommission zum Verbraucherschutz in der Europäischen Union, WRP 2002, 36-47

Göpelt, Bernhard
Das Spannungsfeld zwischen der Meinungsfreiheit und den Vorschriften zum Schutz vor unlauterem Wettbewerb aus nationaler und EG-rechtlicher Sicht, Bochum 1994

Grabitz, Eberhard/ Hilf, Meinhard
Das Recht der Europäischen Union, Band I: EUV/ EGV, München 2002 (Loseblatt Stand August 2002) (zit.: *Bearb.* in: *Grabitz/ Hilf*)

Greffe, Pierre/ Greffe, François
La publicité et la loi, 9. Auflage, Paris 2000

Groeben, Hans von der/ Thiesing, Jochen/ Ehlermann, Claus-Dieter
Kommentar zum EU-/ EG-Vertrag, Band 4: Artikel 137-209a EGV, 5. Auflage, Baden-Baden 1997 (zit. *Bearbeiter* in: *Groeben/ Thiesing/ Ehlermann*)

Groom, John/ Abnett, Richard/ Pennat, Jeremy/ Spencer, Adrian Y
UK Trade Marks Act 1994: A Practical Guide (Hrsg.: The Institute of Trade Mark Agents), London 1994

Großkommentar zum UWG
hrsg. v. Rainer Jacobs, Walter F. Lindacher, Otto Teplitzky (zit.: *Großkomm./ Bearb.*); § 1 Abschnitt A; 12. Lieferung, Berlin/ New York, 2000

Gülbay, Zümrüt
Vergleichende Werbung, Subsidiarität und Europa: Die Richtlinie zur vergleichenden Werbung unter Beachtung des Subsidiaritätsprinzips im Recht der Europäischen Gemeinschaft, Berlin 1997

Gunther, Jacques-Philippe
Harmonisation de la publicité comparative en europe, Contr.-Conc.-Consom., 1998, chron. n° 2

Gyngell, Julian/ Poulter, Allan
A User´s Guide to Trade Marks and Passing Off, 2. Auflage, London/ Edinburgh/ Dublin 1998

Haidl, Heinz K.
Die anlehnende vergleichende Werbung in Deutschland und in der Europäischen Union, München 1996

Handbuch des Wettbewerbsrechts
hrsg. v. Wolfgang Gloy, 2. Auflage, München 1997 (zit.: *HdbWettbR/ Bearbeiter*)

Handbuch des Wettbewerbsrechts Ergänzungsband
hrsg. v. Wolfgang Gloy, 2. Auflage, München 1999 (zit.: *HdbWettbR-Ergänzungsband/ Bearbeiter*)

Harcourt, Phillipe de
La publicité Comparative: la mise en oeuvre, JCP éd. E, CDE 1992/ 3, 41

Harrison, Roslyn
The Proposed European Directive on Comparative Advertising: What

latitude will it give trademark owners in their European Union advertising campaigns?, TMW September 1997, 18-22

Hartlage, Bernd
Vergleichende Werbung in England und Deutschland, München 1997

Harvey, Brian W./ Parry, Deborah L.
The Law of Consumer Protection and Fair Trading, London/ Dublin/ Edinburgh 1996

Heidelberger Kommentar zum Wettbewerbsrecht
hrsg. v. Friedrich Ekey, Diethelm Klippel, Jost Kotthoff, Astrid Meckel, Gunda Plaß, Heidelberg 2000 (zit.: *Bearb.* in: HK WettbR)

Helm, Horst
Der „unechte Reklamegegenstand" – Verwendung fremder Kennzeichen insbesondere fremder Unternehmenskennzeichen als Werbeaufdruck –, GRUR 1976, 630-634

Henning-Bodewig, Frauke
Das Europäische Wettbewerbsrecht: Eine Zwischenbilanz, GRUR Int. 2002, 389-398

Henning-Bodewig, Frauke
Vergleichende Werbung – Liberalisierung des deutschen Rechts?: Zugleich eine Besprechung der Urteile des BGH vom 5. Februar, 23. April und 15. Oktober 1998, GRUR Int. 1999, 385-394

Henning-Bodewig, Frauke/ Schricker, Gerhard
Stellungnahme des Max-Planck-Instituts für ausländisches und internationales Patent-, Urheber- und Wettbewerbsrecht zum Grünbuch zum Verbracherschutz in den EU KOM (2002) 531 endg., GRUR Int. 2002, 319-323

Henrich, Dieter
Einführung in das englische Privatrecht, Darmstadt 1971

Herzog, Berthold
Vergleichende Reklame Die Grenzen ihrer Zulässigkeit, Berlin 1932

Heydon, J. D.
Economic Torts, London 1973

Himmelmann, Steffen
Gemeinschaftsrechtliche Vorgaben für die Umsetzung von EG-Recht – zu den Auswirkungen der neuesten Rechtsprechung von EuGH und Bundesverwaltungsgericht auf die nationale Umsetzungspraxis –, DÖV 1996, 145-151

Höfer, Helmut
Stellt die Alleinstellungswerbung einen Fall der vergleichenden Werbung dar? WRP 1961, 206-210

Hoffmann, Willy
Der Systemvergleich in der Rechtsprechung des Reichsgerichts, GRUR 1940, 129-133

Honig, Frederick
Das Wettbewerbsrecht in Großbritannien, GRUR Int. 1959, 286-289

Horspool, Margot
European Union Law, 2. Auflage, London/ Edinburgh/ Dublin 2000

Hubmann, Heinrich/ Götting, Horst-Peter
Gewerblicher Rechtsschutz (Patent-, Gebrauchsmuster-, Geschmacksmuster-, Marken- und Wettbewerbsrecht), 7. Auflage, München 2002

Hucke, Anja
Erforderlichkeit einer Harmonisierung des Wettbewerbsrechts in Europa, Baden-Baden 2001

Hudelmaier, Wolf
Die neuere Praxis zur vergleichenden Werbung in Deutschland, Belgien, Frankreich, Großbritannien und USA, München 1991

Ingelmann, Dieter
Zur erkennbaren Bezugnahme bei der vergleichenden Werbung: Anmerkung zum Urteil des OLG Hamburg vom 22.10.1959, WRP 1960, 178-179

Ingerl, Reinhard
Rechtsverletzende und rechtserhaltende Benutzung im Markenrecht, WRP 2002, 861-870

Ingerl, Reinhard/ Rohnke, Christian
Markengesetz: Gesetz über den Schutz von Marken und sonstigen Kennzeichen, München 1998

Isay, Hermann/ Mettetal, René
Internationales Wettbewerbsrecht: Eine Zusammenfassung des internationalen Wettbewerbsrechts der Unionsverträge und der Landesrechte gegen unlauteren Wettbewerb in allen Ländern der Welt, Band I: Europa, Zürich/ Leipzig 1937

James, Philip S.
Introduction to English Law, 12. Auflage, London 1989

Janssen, Werner
Some Foreign Law Aspects of Comparative Advertising, TMR 1974, 451-497

Jergolla, Maren
Der neue British Code of Advertising, Sales Promotion and Direct Marketing: Ein Überblick über die Novellierung der Regeln des britischen Werbeselbstkontrollsystems der Advertising Standards Authority und des Committee of Advertising Practice, WRP 2003, 606-609

Jergolla, Maren
Die britische Werbeselbstkontrolle anhand des Advertising Code – eine Gegenüberstellung mit der Rechtslage in Deutschland, WRP 2003, 431-449

Kamperman Sanders, Anselm
Some Frequently Asked Questions about the 1994 UK Trade Marks Act, EIPR 1995, 67-74

Keller, Erhard
Die zeichenmäßige Benutzung im Markenrecht – Umfang und Grenzen der markenrechtlichen Abwehrbefugnis, GRUR 1996, 607-613

Kerly, C. S.
Kerley's Law of Trade Marks and Trade Names, bearb. v. David Kitchin, David Llewelyn, James Mellor, Richard Meade, Thomas Moody-Stuart, 13. Auflage, London 2001 (zit.: *Kerly's Law of Trade Marks and Trade Names*[13])

Kerly, C. S.
Kerley's Law of Trade Marks and Trade Names, bearb. v. T. A. Blanco White und Robin Jacob, 12. Auflage, London 1986 (zit.: *Kerly's Law of Trade Marks and Trade Names*[12])

Kilian, Winfried
Vergleichende Werbung in Deutschland: Auswirkungen der geplanten Richtlinie der EU, Aachen 1995

Kloepfer, Michael/ Michael, Gerhard
Vergleichende Werbung und Verfassung – Meinungsgrundrecht als Grenze von Werbebeschränkungen –, GRUR 1991, 170-180

Knaak, Roland
Der Schutz geographischer Herkunftsangaben im neuen Markengesetz, GRUR 1995, 103-112

Knopp
Anmerkung zu BGH GRUR 1968, 443 – *40% können Sie sparen*, GRUR 1968, 446-447

Knopp
Anmerkung zu BGH GRUR 1968, 49 – *Zentralschloßanlage*, GRUR 1968, 53

Knopp
Anmerkung zu BGH GRUR 1970, 422 – *Tauchkühler*, GRUR 1970, 424-425

Koenigs, Folkmar
Wechselwirkungen zwischen Gesetz gegen Wettbewerbsbeschränkungen und Recht des unlauteren Wettbewerbs, NJW 1961, 1041-1048

Köhler, Helmut
UWG-Reform und Verbraucherschutz, GRUR 2003, 265-272

Köhler, Helmut/ Bornkamm, Joachim/ Henning-Bodewig, Frauke
Stellungnahme zum Entwurf für eine europäische Richtlinie und ein deutsches Gesetz gegen unlauteren Wettbewerb, GRUR 2003, 127-132

Köhler, Helmut/ Bornkamm, Joachim/ Henning-Bodewig, Frauke
Vorschlag für eine Richtlinie zum Lauterkeitsrecht und eine UWG-Reform, WRP 2002, 1317-1328

Köhler, Helmut/ Piper, Henning
Gesetz gegen den unlauteren Wettbewerb, München 1995 (zit.: *Bearbeiter* in: *Köhler/ Piper*)

Köhler, Helmut/ Piper, Henning
Gesetz gegen den unlauteren Wettbewerb, 3. Auflage, München 2002 (zit.: *Bearbeiter* in: *Köhler/ Piper*^{3})

Kohler, Josef
Persönliche und sachliche Reklame in der Großindustrie, MuW XIV, 127-129

Kotthoff, Jost
Neue Maßstäbe für vergleichende Werbung, BB 1998, 2217-2221

Krieger, Albrecht
Ist die vergleichende Werbung zulässig? Eine Entgegnung, BB 1962, 240-241

Krieger, Ulrich
Anmerkung zu BGH GRUR 1963, 371 – *Wäschestärkemittel*, GRUR 1963, 376-377

Kroher, Jürgen
Anmerkung zu House of Lords GRUR Int. 1991, 142 – *Jif*, GRUR Int. 1991, 145-146

Kroher, Jürgen
Die neuere Entwicklung der Passing off-Klage im englischen Recht, GRUR Int. 1982, 92-102

Kur, Annette
Die Harmonisierung der europäischen Markengesetze: Resultate – offene Fragen – Harmonisierungslücken, GRUR 1997, 241-254

Lahore, Jim
The Pub Squash Case: Legal Theft or Free Competition, EIPR 1981, 54-56

Lalande, Marie-Gisèle
Der Schutz des Geschäftsgeheimnisses im französischen Recht, WuW 1988, 290-301

Langer, Jörg
Dokumentation der "Besonderheiten" des Wettbewerbsrechts in Europa: Frankreich, WRP 1991, 11-16

Laurent, Philippe
La publicité comparative harmonisée, Contr.-Conc.-Consom., 2001, chron n° 16

Leaper, W. J.
The Law of Advertising, 2. Auflage, London 1961

Lefebvre, Francis
Memento pratique commercial distribution: concurrence consommation, 10. Auflage, Paris 1990

Leible, Stefan/ Sosnitza, Olaf
Richtlinienkonforme Auslegung vor Ablauf der Umsetzungsfrist und vergleichende Werbung, NJW 1998, 2507-2509

Leo, Hans-Christoph
Das Verbot der vergleichenden Werbung, WRP 1960, 293-298

Lewin, Russell
The New UK Trade Marks Law – A Godsend for Trade Mark Owners or a Goldmine for Lawyers?, EIPR 1994, 91-93

Llewelyn, David
Angleichung des nationalen Markenrechts in der EWG: Vereinigtes Königreich, GRUR Int. 1992, 97-100

Lobe, Adolf
Die Generalklausel des neuen Wettbewerbsgesetztes, GRUR 1910, 3-11

Lobe, Adolf
Hinweis auf fremde gewerbliche Leistung als Mittel zur Reklame, MuW XVI, 129-131

Loewenstein, Karl
Staatsrecht und Staatspraxis von Großbritannien, Band II: Justiz Verwaltung Bürgerrechte, Berlin/ Heidelberg/ New York 1967

Lowe, Robert/ Woodroffe, Geoffrey
Consumer Law and Practice, 3. Auflage, London 1991

Luby, Monique
Propos critiques sur la légalisation de la publicité comparative, D., 1993, chron., 53-58

Lux, Herwig
Alleinstellungsberühmung als vergleichende Werbung? – Zugleich Besprechnung des Urteils des OLG Hamburg vom 20.7.2000 – 3 U 191/99 –, GRUR 2002, 682-685

MacDonald, Morag
Comparative Advertising in the UK: Compaq v Dell, TMW April 1992, 20-21

Maisel, Marie-Claude
Anmerkung zu Cour d'Appel de Paris, 18.01.1979, Gaz. Pal. 1979, Jur, 330-333

Maisel, Marie-Claude
Dommage que Salieri n'ait pas connu la publicité comparative...: La publicité est-elle l'affaire des publicitaires ou celle des propriétaires de marques?, Gaz. Pal., 1987, doctr., 164-166

Malaurei-Vignal, Marie
Dénigrement, Juris-Classeur Concurrence-Consommation, Fasc. 210, Paris 1996 (Loseblatt)

Maniatis, Spyros
Aspects of Trade Use and Misuse, in: Norma Dawson, Alison Firth (Hrsg.), Trade Marks Retrospective, London 2000, S. 229-264

Massoni, Paul-Philippe
Anmerkung zu Tribunal de Grand Instance Paris, 18.11.1992, Gaz. Pal. 1993, jur., 265, Gaz. Pal. 1993, jur., 267-269

Massoni, Paul-Philippe
Publicité comparative, Juris-Classeur Contracts-Distribution, Fasc. 4140, Paris 1994 (Loseblatt)

Mathély, Paul
Das neue französische Markenrecht, GRUR Int. 1966, 79-93

Mathély, Paul
Le droit français des signes distinctifs, Paris 1984

McCormick, Julia
The Future of Comparative Advertising, EIPR 1998, 41-43

Menke, Burkhart
Die moderne, informationsökonomische Theorie der Werbung und ihre Bedeutung für das Wettbewerbsrecht, dargestellt am Beispiel der vergleichenden Werbung, GRUR 1993, 718-728

Menke, Burkhart
Die vergleichende Werbung in Deutschland nach der Richtlinie 97/55/EG und der BGH-Entscheidung „Testpreis-Angebot“, WRP 1998, 811-826

Menke, Burkhart
Funktionale Entscheidungskriterien in der Rechtsprechung zum bezugnehmenden Werbevergleich, GRUR 1991, 661-666

Mermillod, Luis
Essai sur la notion de concurrence déloyale en France et aux Etats-Unis, Paris 1954

Mettang, Uwe
Die kritische werbliche Bezugnahme auf fremde Waren und Leistungen – zugleich ein Ansatz zur objektorientierten Anwendung der wettbewerbsrechtlichen Generalklausel, Stuttgart 1989

Meyer, Jochen
Die gebotene Liberalisierung der vergleichenden Werbung: Ein Beitrag aus Anlass des jüngsten Vorschlags der EG-Kommission und der Stellungnahme des ZAW, WPR 1991, 765-771

Meyer, Jochen
Die kritisierende vergleichende Werbung, Regensburg 1991

Michaels, Amanda
A Practical Guide to Trade Mark Law, 2. Auflage, London 1996 (zit.: *Michaels*, A Practical Guide to Trade Mark Law^{2})

Michaels, Amanda
A Practical Guide to Trade Mark Law, 3. Auflage, London 2002 (zit.: *Michaels*, A Practical Guide to Trade Mark Law^{3})

Micklitz, Hans W./ Keßler, Jürgen
Europäisches Lauterkeitsrecht: Dogmatische und ökonomische Aspekte einer Harmonisierung des Wettbewerbsverhaltensrechts im europäischen Binnenmarkt, GRUR Int. 2002, 885-901

Mills, Belinda
Comparative Advertising: Should It Be Allowed?, EIPR 1995, 417-428

Miracle, Gordon/ Nevett, Terence
Voluntary Regulation of Advertising: A Comparative Analysis of the United Kingdom and the United States, Lexington/ Toronto 1987

Mletzko, Klaus
Der wirtschaftliche System- und Fortschrittsvergleich und das UWG, Mainz 1968

Moeser, Ekkehard
Neuere Rechtsprechung zur vergleichenden Werbung, NJW 1987, 1789-1793

Moser von Filseck, Richard
Zur Frage der vergleichenden Werbung, GRUR 1963, 182-187

Münchner Anwaltshandbuch Gewerblicher Rechtsschutz
hrsg. v. Gordian Hasselblatt, München 2001 (zit.: *Münchner Anwaltshandbuch Gewerblicher Rechtsschutz/ Bearbeiter*)

Nerreter, Paul
Die Weiterbildung der drei wettbewerblichen Grundregeln, GRUR 1937, 167-178

Nerreter, Paul
Vergleichende Reklame, GRUR 1933, 8-18

Neubert
Anmerkungen zu BGH GRUR 1973, 534 – *Mehrwert II*, GRUR 1973, 536-538

Neugebauer, Jürgen
Die vergleichende Werbung: Eine Rechtsvergleichung zwischen Deutschland, England und den Vereinigten Staaten von Amerika, Hamburg 1954

Newiss, Hilary/ Meyer, Alfred Hagen
Anmerkung zu High Court WPR 1995, 261 – *Computervergleich*, WRP 1995, 266-267

Nolting-Hauff, Wilhelm
Persönliche Reklame, GRUR 1931, 342-347

Nordemann, Wilhelm/ Nordemann, Axel/ Nordemann, Jan Bernd
Wettbewerbs- und Markenrecht, 8. Auflage, Baden-Baden 1996 (zit.: *Nordemann*)

Nordmann, Matthias Johannes
Neuere Entwicklungen im Recht der vergleichenden Werbung, GRUR Int. 2002, 297-303

Norman, Helen
Scheecter´s *The Rational Basis of Trade Mark Protection* Revisited, in: Norma Dawson, Alison Firth, (Hrsg.), Trade Marks Retrospective, London 2000, S. 189-210

Nothelfer, Norbert
Anschwärzung und täuschende Werbung im englischen Recht, GRUR Int. 1966, 434-440

Nuss, M.
La publicité comparative – nouvel espace de liberté ou cadeau empoisonné?, PIBD 1992, II, 65-68

Office of Fair Tading
Annual Report of the Director General of Fair Trading to the Secretary of State for Trade and Industry; for January to December 1999, London 2000; for January to December 2000, London 2001; for January to December 2001, London 2002

Ohly, Ansgar
Anmerkung zu BGH GRUR 1998, 824 – *Testpreis-Angebot*, GRUR 1998, 828-830

Ohly, Ansgar
Die Bemühungen um eine Rechtsvereinheitlichung auf EU-Ebene von den Anfängen bis zur Richtlinie über irreführende Werbung von 1984, in: Gerhard Schricker, Frauke Henning-Bodewig (Hrsg.), Neuordnung des Wettbewerbsrechts, Baden-Baden 1998/99, S. 69-80

Ohly, Ansgar
Die vergleichende Werbung im britischen Recht, GRUR Int. 1993, 730-739

Ohly, Ansgar
Länderbericht Vereinigtes Königreich von Großbritannien und Nordirland, in: Gerhard Schricker (Hrsg.), Recht der Werbung in Europa, Baden-Baden 1995

Ohly, Ansgar
Richterrecht und Generalklausel im Recht des unlauteren Wettbewerbs, Köln/ Berlin/ Bonn/ München 1997

Ohly, Ansgar
Die wettbewerbsrechtliche Beurteilung von Gesamtpreisangeboten, NJW 2003, 2135-2137

Ohly, Ansgar/ Spence, Michael
The Law of Comparative Advertising: Directive 97/55/EC in the United Kingdom and Germany, Oxford/ Portland/ Oregon 2000

Ohly, Ansgar/ Spence, Michael
Vergleichende Werbung: Die Auslegung der Richtlinie 97/55/EG in Deutschland und Großbritannien, GRUR Int. 1999, 681-698

Oughton, David/ Lowry, John
Textbook on Consumer Law, 2. Auflage, London 2000

Passa, Jérôme
Domaine de l´action en concurrence déloyale, Juris-Classeur Concurrence-Consommation, Fasc. 240, Paris 1998 (Loseblatt)

Peschel, Andreas
Die anlehnende vergleichende Werbung im deutschen und französischen Wettbewerbs- und Markenrecht: Eine rechtsvergleichende Untersuchung unter Berücksichtigung der einschlägigen EG-Richtlinie, Köln/ Berlin/ Bonn/ München 1996 (D-II 21/471)

Pickering, C.D.G.
Trade Marks in Theory and Practice, Oxford 1998

Picod, Fabrice
L´obligation de communication préalable à l´épreuve de la directive communautaire sur la publicité comparative, D., 2001, doctr., 914-917

Pietzcker
Anmerkung zu BGH GRUR 1974, 666 – *Reparaturversicherung*, GRUR 1974, 669

Piper, Henning
Der Schutz der bekannten Marken, GRUR 1996, 429-439

Piper, Henning
Zu den Auswirkungen des EG-Binnenmarktes auf das deutsche Recht gegen den unlauteren Wettbewerb, WRP 1992, 685-691

Plaß, Gunda
Die EG-Richtlinie Vergleichende Werbung, WRP 1999, 766-771

Plaß, Gunda
Die gesetzliche Neuregelung der vergleichenden Werbung, NJW 2000, 3161-3169

Plassmann, Clemens
Vergleichende Werbung im Gemeinsamen Markt – die geplante EG-Richtlinie über vergleichende Werbung und ihre Auswirkungen auf das deutsche Wettbewerbsrecht, GRUR 1996, 377-389

Quinn, Tamara
Comparative Advertising: Barclays Bank v RBS Advanta, EIPR 1996, 368-371

Radbruch, Gustav
Der Geist des englischen Rechts, Göttingen 1956

Raymond, Guy
Anmerkung zu Cour d'Appel de Aix-en-Provence, 10.10.2001 und Cour d'Appel de Aix-en-Provence, 21.12.2001, Contr.-Conc.-Consom., 2001, comm. n° 83

Raymond, Guy
Anmerkung zu Cour d'Appel de Douai, 02.10.1995, Contr.-Conc.-Consom., 1995, comm. n° 213, Contr.-Conc.-Consom., 1995, comm. n° 213

Raymond, Guy
Anmerkung zu Cour d'Appel de Paris, 05.04.1993, Contr.-Conc.-Consom., 1993, comm. n° 169, Contr.-Conc.-Consom., 1993, comm. n° 169

Raymond, Guy
Anmerkung zu Tribunal de commerce de Paris, 16.05.1995, Contr.-Conc.-Consom., 1998, comment. n° 214, Contr.-Conc.-Consom., 1998, comment. n° 214

Raymond, Guy
Commentaire de la loi n. 92-60 du 18 janvier 1992 renforçon la protection des consommateurs, JCP éd. E, 1992, I, 209-219

Raymond, Guy
Ordonnance du 23 août 2001 portant transposition de directives communautaires en matière de droit de la consommation, JCP éd. E, 2001, act., 2025-2027

Raymond, Guy
Publicité commerciale et protection des consommateurs, Juris-Classeur Concurrence-Consommation, Fasc. 900, Paris 1998 (Loseblatt)

Redon, Denis/ Delbarre, Francis
Comparatif. Un ans après la loi, Gaz. Pal., 1993, doctr., 679-681

Reich, Norbert
Vergleichende Werbung und EG-Recht, WRP 1988, 75-80

Reimer, Dietrich
Anmerkung zu BGH GRUR 1962, 45 – *Betonzusatzmittel*, GRUR 1962, 50

Reimer, Dietrich
Persönliche und vergleichende Werbung in der deutschen und französischen Rechtsprechung, München/ Köln/ Berlin 1955

Reimer, Eduard
Wettbewerbs- und Warenzeichenrecht, 2. Band: Wettbewerbsrecht, 4. Auflage, Köln/ Berlin/ Bonn/ München 1966 (zit.: *Reimer*, Wettbewerbsrecht)

Rinck, Gerd
Die Markttransparenz: Eine Rechtfertigung für vergleichende Werbung und Preismelde-Systeme, BB 1962, 105-108

Rohnke, Christian
Anmerkung zu BGH GRUR 1991, 465 – *Salomon*, GRUR 1991, 467-468

Rosenthal, Alfred
Gesetz gegen den unlauteren Wettbewerb Kommentar, 9. Auflage, Berlin/ Frankfurt 1969 (zit.: *Rosenthal*)

Roubier, Paul
Le droit de la propriété industrielle: Partie Générale, Paris 1952, Band II, Paris 1954

Sack, Rolf
Anmerkungen zu BGH GRUR 1987, 49 – *Cola-Test*, GRUR 1987, 51-52

Sack, Rolf
Das Anstandsgefühl aller billig und gerecht Denkenden und die Moral als Bestimmungsfaktor der guten Sitten, NJW 1985, 761-769

Sack, Rolf
Die Bedeutung der EG-Richtlinie 84/450/EWG und 97/55/EG über irreführende und vergleichende Werbung für das deutsche Wettbewerbsrecht, GRUR Int. 1998, 263-272

Sack, Rolf
Die Berücksichtigung der Richtlinie 97/55/EG über irreführende und vergleichende Werbung bei der Anwendung der §§ 1 und 3 UWG, WRP 1998, 241-244

Sack, Rolf
Die lückenfüllende Funktion der Sittenwidrigkeitsklausel, WRP 1985, 1-15

Sack, Rolf
Die Toshiba-Entscheidung des EuGH zur vergleichenden Werbung, WRP 2002, 363-367

Sack, Rolf
Vergleichende Werbung nach der UWG-Novelle, WRP 2001, 327-349

Sack, Rolf/ Amann, Joachim/ Jaspers, Roland (Hrsg.)
RWW, Rechtsfragen in Wettbewerb und Werbung, Kommentar, Stuttgart/ München/ Hannover 1989

Saint-Gal, Yves
Unlauterer und parasitärer Wettbewerb: Concurrence Déloyale et Concurrence Parasitaire, GRUR Int. 56, 202-210; GRUR Int. 57, 7-17; GRUR Int. 57, 410-417 und GRUR Int. 58, 399-408

Salmond, Sir John/ Heuston, R. F. V.
Salmond and Heuston on the Law of Torts, 20. Auflage, bearb. v. R. F. V. Heuston und R. A. Buckley, London 1992 (zit.: *Salmond and Heuston on the Law of Torts*)

Saltzman, Ilana/ Allgrove, Anne-Marie
UK Law on Comparative Advertising Following the *Orange* Case, TMW November/ Dezember 1996, 32-35

Sambuc, Thomas
Rufausbeutung bei fehlender Warengleichartigkeit?, GRUR 1983, 533-539

Scherer, Inge
Partielle Verschlechterung der Verbrauchersituation durch die europäische Rechtsvereinheitlichung bei vergleichender Werbung?, WRP 2001, 89-97

Schönherr, Fritz
Die vergleichende Reklame: Eine rechtsvergleichende Studie, GRUR Int. 1964, 177-196

Schotthöfer, Peter
Die vergleichende Werbung in den Mitgliedstaaten der EG, Österreich, Schweiz, RIW 1991, 973-977

Schricker, Gerhard
Die Bekämpfung der irreführenden Werbung in den Mitgliedstaaten der EG, GRUR Int. 1990, 112-121

Schricker, Gerhard
Die europäische Angleichung des Rechts des unlauteren Wettbewerbs – ein aussichtsloses Unterfangen?, GRUR Int. 1990, 771-777

Schricker, Gerhard
Öffentliche Kritik an gewerblichen Erzeugnissen und beruflichen Leistungen, AcP 1972, 203-233

Schricker, Gerhard
Probleme der Europäischen Angleichung des Rechts des unlauteren Wettbewerbs, in: Festschrift für Konrad Zweigert, hrsg. v. Herbert Bernstein u.a. 1981, München, S. 537-574

Schricker, Gerhard
Zur Werberechtspolitik der EG – Liberalisierung und Restriktion im Widerstreit, GRUR Int. 1992, 347-361

Schricker, Gerhard/ Henning-Bodewig, Frauke
Elemente der Harmonisierung des Rechts des unlauteren Wettbewerbs in der Europäischen Union, WRP 2001, 1367-1462

Schultz, Detlef von
Kommentar zum Markenrecht, Heidelberg 2002 (zit.: *Bearbeiter* in: *Schultz*)

Schulze zur Wiesche
Anmerkung zu BGH GRUR 1971, 159 – *Motorjacht*, GRUR 1971, 161-162

Schwamberger, Wolfgang
Vergleichende Werbung unter dem Gesichtspunkt neuer Ordnungsprinzipien, NJW 1961, 1185-1189

Schwartz, Gustav
Verfolgung unlauteren Wettbewerbs im Allgemeininteresse, GRUR Int. 1967, 333-350

Seagle, William
Weltgeschichte des Rechts: Eine Einführung in die Probleme und Erscheinungsformen des Rechts, 3. Auflage, München 1967

Sedelmeier, Klaus
Vergleichende Werbung auch in Deutschland?: Zum Entwurf einer EG-Richtlinie zur vergleichenden Werbung, ZRP 1991, 370-374

Serandour, Yolande
L'avènement de la publicité comparative en France: Article 10 de la loi n. 92-60 du 18 janvier 1992 renforçant la protection des consommateurs, JCP éd. G, 1992, I, 295-304

Seubert, Richard
Die zulässige vergleichende Werbung, BB 1960, 965-968

Simon, Helmut
Alleinstellungswerbung und vergleichende Reklame, WuW 1956, 48-56
Sonderland, Max
Die Grenzen der „bezugnehmenden" Werbung DB 1951, 813-814

Sonnenberger, Hans Jürgen
Französisches Handels- und Wirtschaftsrecht, 2. Auflage, Heidelberg 1991

Speckmann, Gerhard
Die Wettbewerbssache: Verfolgung, Abwehr, Strategien in Wettbewerbsstreitigkeiten, Köln/ Berlin/ Bonn/ München 1993

Spence, Michael
Two Australian Comparative Advertising Cases: The View from Europe, EIPR 2001, 539-542

Spengler, Albrecht
Die vergleichende Werbung als Problem des Wettbewerbsrechts, DW 1960, 75-83

Stadelmann, Katja
Die Entwicklung der kritisierenden Werbung in Deutschland und in Frankreich unter Berücksichtigung der einschlägigen EG-Richtlinien, Frankfurt a. Main/ Berlin/ Bern/ Bruxelles/ New York/ Oxford/ Wien 2000

Stallard, Hayley
Comparative Advertising: British Airways v Ryanair, TMW März 2001, 22-23

Starck, Joachim
Markenmäßiger Gebrauch – Besondere Voraussetzung für die Annahme einer Markenverletzung? –, GRUR 1996, 688-693

Stellungnahme des Max-Planck-Instituts
für ausländisches und internationales Patent-, Urheber und

Wettbewerbsrecht zum Reformentwurf für ein Gesetz zur vergleichenden Werbung und zur Änderung wettbewerbsrechtlicher Vorschriften vom 5. November 1999, GRUR Int. 2000, 265

Sterzing, Eva
Verbraucherschutz: Vergleichende Werbung und Verbot der Werbung für Tabakerzeugnisse und Alkohol in Frankreich, RIW 1992, 103-105

Storrer, Pierre
Publicité comparative: champ d'application de la réglementation, Bulletin d'actualité – Lamy droit économique Juli 1997, S. 1-3

Storrer, Pierre
Vers une réglementation uniforme de la publicité comparative, Bulletin d'actualité – Lamy droit économique November 1997, S. 1-3

Strothmann, York
Tatbestandsvoraussetzungen und Unlauterkeitskriterium der kritisierend vergleichenden Werbung – Zugleich Stellungnahme zur neueren Rechtsprechung des Bundesgerichtshofs, GRUR 1988, 588-598

Stuckel, Marc
Die Integrität von Marke, Ware und Verpackung: Rechtsfragen des Markenartikelvertriebs in Frankreich und Deutschland, Köln/ Berlin/ Bonn/ München 1991

Szönyi, Catherine
Das französische Werbe- und Verbraucherrecht: Bemerkungen zum Code de la consommation, GRUR Int. 1996, 83-98

Tetzner, Heinrich
Die Problematik der Generalklausel des § 1 UWG, NJW 1962, 1087-1091

Tetzner, Heinrich
Gesetz gegen den unlauteren Wettbewerb Kommentar, 2. Auflage, Köln 1957 (zit.: *Tetzner*)

Tetzner, Heinrich
Superlativwerbung als vergleichende Werbung, NJW 1956, 1900-1903

Tetzner, Heinrich
Systemvergleichende Werbung, NJW 1953, 87-90

Thompson, Dennis
English Law and the Concept of Unfair Competition, in: Unfair Competition, Some Comparative Aspects of the Laws of the United States, Germany, France and the United Kingdom, hrsg. v. Dennis Thompson, London 1966, S. 48-62

Tilmann, Winfried
Anmerkungen zu BGH GRUR 1985, 550 – *Dimple*, GRUR 1985, 553-555

Tilmann, Winfried
Anwendungsbereich und Bindungswirkung der Richtlinie Vergleichende Werbung, GRUR 1999, 546-550

Tilmann, Winfried
Die Richtlinie über vergleichende Werbung, in: Gerhard Schricker, Frauke Henning-Bodewig (Hrsg.), Neuordnung des Wettbewerbsrechts, Baden-Baden 1998/99, S. 112-115

Tilmann, Winfried
Grenzüberschreitende vergleichende Werbung, GRUR 1993, 133-137

Tilmann, Winfried
Richtlinie vergleichende Werbung, GRUR 1997, 790-799

Tilmann, Winfried
Vergleichende Werbung, Systemvergleich, Alleinstellungswerbung, GRUR Int. 1983, 598-607

Tourneau, Philippe le
Parasitisme: Concurrence parasitaire et agissements parasitaires, Juris-Classeur Concurrence-Consommation, Fasc. 227, Paris 2002 (Loseblatt)

Tourneau, Philippe le/ Cadiet, Loïc
droit de la responsabilité: responsabilités civile et pénal, responsabilités civiles délictuelles et quasi délictuelles, défaillances contractuelles et proffessionnelles, régimes spéciaux d'indemnisation, 4. Auflage, Paris 1996

Triebel, Volker/ Hodgson, Stephen/ Kellenter, Wolfgang/ Müller, Georg
Englisches Handels- und Wirtschaftsrecht, 2. Auflage, Heidelberg 1995

Tritton, Guy
Comparative Advertising: Scents and Sensibility? Chanel Ltd v L'Arome, EIPR 1991, 482-486

Uecker, Rolf
Anmerkung zu BGH RIW 1998, 956 – *Testpreis-Angebot* und *Preisvergleichsliste II*, RIW 1998, 961-962

Ulmer, Eugen/ Krasser, Rudolf
Das Recht des unlauteren Wettbewerbs in den Mitgliedstaaten der Europäischen Wirtschaftsgemeinschaft, Band IV: Frankreich, München/ Köln 1967 (zit.: *Ulmer/ Krasser*)

Ulmer, Eugen/ Reimer, Dietrich
Das Recht des unlauteren Wettbewerbs in den Mitgliedstaaten der Europäischen Wirtschaftsgemeinschaft, Band III: Deutschland, München/ Köln 1968 (zit.: *Ulmer/ Reimer*)

Ulmer, Eugen/ Westerholt und Gysenberg, Hartwig Graf von
Das Recht des unlauteren Wettbewerbs in den Mitgliedstaaten der Europäischen Wirtschaftsgemeinschaft, Band VI: Vereinigtes Königreich von Großbritannien und Nordirland, München/ Köln 1981 (zit.: *Ulmer/ von Westerholt*)

Vilmart, Christine-Maud
La référence à la marque d'autrui sera-t-elle encore sanctionnée en dehors de la contrefaçon?, Gaz. Pal., 1991, doctr., 63-65

Völker, Stefan
Die Neuregelung der vergleichenden Werbung, MDR 2000, 1360-1362

Völp, Fromut
Der Streit um die vergleichende Werbung, WRP 1961, 134-141

Völp, Fromut
Ist das Verbot der vergleichenden Reklame rechtswidrig?, WRP 1960, 197-205

Wadlow, Christopher
The Law of Passing-Off, 2. Auflage, London 1995

Waibel, Eberhard
Zulässigkeit anlehnender Werbung bei hinreichendem Anlass?, GRUR 1976, 407-411

Walker, Ronald J.
The English legal system, 6. Auflage, London 1985

Walsh, Paul
Comparative Advertising and the United Kingdom Trade Marks Act 1994, TMW Mai 1995, 33-37

Walsh, Paul/ Watts, Justin
Honest Practices in Comparative Advertisinig in the UK, TMW März 1996, 26-28

Wambach, Thomas
Anmerkung zu BGH MDR 1998, 1238 – *Testpreis-Angebot*, MDR 1998, 1239-1240

Weatherill, Stephen/ Beaumont, Paul
EU Law, 3. Auflage, London 1999

Weber, Sib.
Anmerkung zu BGH GRUR 1958, 343 – *Bohnergerät*, GRUR 1958, 345-436

Wehlau, Andreas Äpfel mit Birnen vergleichen: Der rechtliche Rahmen vergleichender Werbung für Lebensmittel, ZLR 1999, 393-416

Wenzel, Karl
Die Zulässigkeit der vergleichenden Werbung, NJW 1962, 81-85

Wertheimer, Ludwig
Die Rechtsprechung zum Gesetz gegen unlauteren Wettbewerb im Jahre 1911, GRUR 1912, 60-66

Westerholt und Gysenberg, Hartwig Graf von
Die Passing off-Klage im englischen Recht: Grundzüge des Schutzes vor Verwechslungsgefahr im Wettbewerb, Köln/ Berlin/ Bonn/ München 1976

Wiebe, Andreas
Die „guten Sitten" im Wettbewerb – eine europäische Regelungsaufgabe?, WRP 2002, 283-293

Williams, Glanville
Breach of Statutory Duty – Unfair Trade Competition, (1941) 5 MLR 145-147

Williams, Glanville
Learning the Law, 10. Auflage, London 1978

Willimsky, Sonya M.
Comparative Advertising: An Overview, EIPR 1996, 649-653

Winfield, Percy/ Jolowicz, J. A.
Winfield and Jolowicz on Tort, 14. Auflage, bearb. v. W. V. H. Rogers, London 1994 (zit.: *Winfield and Jolowicz on Tort*)

Wirth, Sybille M.
Vergleichende Werbung in der Schweiz, den USA und der EG, Zürich 1993

Young, David
Passing Off: The Law and Practice Relating to the Imitation of Goods, Buisnesses and Professions, 3. Auflage, London 1994

Zweigert, Konrad/ Kötz, Hein
Einführung in die Rechtsvergleichung auf dem Gebiet des Privatrechts, 3. Auflage, Tübingen 1996

1.Teil Einleitung

Das primäre Gemeinschaftsrecht enthält keine Regelung des Rechts des unlauteren Wettbewerbs. Jedoch bekennt sich die Präambel des EG-Vertrags zu dem Ziel, „einen redlichen Wettbewerb zu gewährleisten". Daneben bestimmt Art. 3 Abs. 1 lit. g EGV, dass es beabsichtigt ist, ein System zu errichten, das „den Wettbewerb innerhalb des Binnenmarkts vor Verfälschungen schützt". Auf Grund dieser vorgegebenen Zielrichtung und aus der Erkenntnis heraus, dass ein gemeinsamer Wirtschaftsraum eines einheitlichen Wirtschaftsrechts bedarf, wurde bereits in den 1960er Jahren mit den Versuchen zur Harmonisierung des Rechts des unlauteren Wettbewerbs begonnen. Allein der Umstand, dass dies bis heute nicht gelungen ist zeigt, um welch schwieriges Unterfangen es sich hierbei handelt.

Zentrale Frage dieser Arbeit ist es, ob die Richtlinie 97/55/EG zur vergleichenden Werbung[1] das Recht ihres Anwendungsbereichs harmonisiert hat. Es soll dabei geprüft werden, ob mit Hilfe von Richtlinien das Wettbewerbsrecht in Teilbereichen angeglichen und so im Ganzen schrittweise harmonisiert werden kann. Insgesamt soll durchleuchtet werden, ob die punktuelle Rechtsangleichung einen gangbaren Weg zur Harmonsierung des Wettbewerbsrechts darstellt oder ob letztlich doch ein breiter Ansatz mit einer wettbewerbsrechtlichen Generalklausel vorzuziehen ist. Dagegen ist die Frage nach der wirtschaftlichen Sinnhaftigkeit grenzüberschreitender Werbung, die schon wegen der kulturellen und sprachlichen Unterschiede zumindest bezweifelt werden kann, nicht Untersuchungsgegenstand.

In den für diese Analyse vorzunehmenden Rechtsvergleich wird das Recht der vergleichenden Werbung in Deutschland, England und Frankreich einbezogen. England bietet sich als Repräsentant der *common law*-Rechtsordnung an, durch den die bestehenden Systemunterschiede zu den kontinentaleuropäischen Rechtsordnungen deutlich zum Vorschein gebracht werden. Frankreich könnte als Referenzmodell für die weitere Entwicklung dienen, da dort 1992 eine „Vorreiter-Regelung" zur Richtlinie

---

[1] Richtlinie 97/55/EG des Europäischen Parlaments und des Rates vom 06.10.1997 zur Änderung der Richtlinie 84/450/EWG über irreführende Werbung zwecks Einbeziehung der vergleichenden Werbung, Abl. EG L 290 v. 23.10.1997, S. 18 = GRUR Int. 1997, 985.

97/55/EG erlassen wurde. Zudem zeigen sich im Vergleich dieser Länder auch einige der Probleme bei der Schaffung einer wettbewerbsrechtlichen Generalklausel auf europäischer Ebene. Während England eine solche seit jeher ablehnt – den Gründen hierfür wird nachzugehen sein – existiert sie in Deutschland und Frankreich, wenn auch in verschiedener Prägung. Die drei ausgewählten Länder unterschieden sich jedenfalls vor Richtlinienumsetzung zudem in der Form der Werbekontrolle und in der grundsätzlichen Beurteilung vergleichender Werbung. Insbesondere jene Rechtsordnungen, die hier strengere Maßstäbe anlegten, werden dahingehend analysiert, ob die Richtlinie 97/55/EG das Recht der vergleichenden Werbung, wie ebenfalls angestrebt, liberalisiert hat.

Nachfolgend wird daher zunächst das Wettbewerbsrecht Englands, Deutschlands und Frankreichs zusammenfassend untersucht. In dem sich anschließenden 2. Teil der Arbeit wird die Richtlinie selbst analysiert. Der 3. Teil enthält eine Gegenüberstellung des deutschen, englischen und französischen Rechts der vergleichenden Werbung jeweils vor und nach Erlass der Richtlinie 97/55/EG. Er untersucht zudem, ob dieses Rechtsgebiet durch die Richtlinie liberalisiert wurde. Der 4. und letzte Teil widmet sich der Frage, ob die Richtlinie eine Angleichung des Rechts in den untersuchten Ländern bewirkt hat.

A. Regelungssystematik des Wettbewerbsrechts

Die kontinentaleuropäischen Länder verstehen das Recht des unlauteren Wettbewerbs als eigenständiges Rechtsgebiet, das den Anstand von Wettbewerbshandlungen zum Gegenstand hat. Sie verfügen über ähnliche wettbewerbsrechtliche Generalklauseln. In England wird eine lauterkeitsrechtliche Generalklausel dagegen abgelehnt.

I. Englands ablehnende Haltung gegenüber einer Generalklausel

In England existiert kein umfassendes, geschlossenes Gesetz gegen den unlauteren Wettbewerb. Auch durch *common law*-Regeln wird kein vergleichbarer Schutz gewährt, obwohl England bei der Schaffung wettbewerblicher Tatbestände anfangs einen gewissen Vorsprung hatte[2]. Zunächst fehlte selbst ein einheitlicher Wettbewerbsbegriff[3]. Heute wird

[2] Vgl. *von Westerholt*, Die Passing off-Klage, S. 5 m.w.N.

[3] Vgl. *von Gamm*, WRP 1960, 167 (169); *Ulmer/ von Westerholt*, Rz.1; *Beier*, GRUR Int. 1984, 61 (68).

der Begriff *unfair competition* zunehmend gebraucht[4]. Damit ist jedoch nicht stets eine wettbewerbsrechtliche Generalklausel gemeint. Vielmehr wird der Begriff *unfair competition* gelegentlich auch als Synonym für *passing off* verwendet[5]. Im Folgenden werden die Gründe für Englands Ablehnung wettbewerbsrechtlicher Tatbestände und insbesondere wettbewerbsrechtlicher Generalklauseln untersucht. Sie liegen in der Eigenart des englischen Zivilrechtssystems. Diesem sind Generalklauseln weitgehend unbekannt. Außerdem steht England aus rechtspolitischen Erwägungen der Einflussnahme auf das Marktgeschehen zurückhaltend gegenüber[6].

1. Eigenart des englischen Rechtssystems

Das englische Zivilrecht ist nicht kodifiziert. Es beruht auf dem *common law*[7], das von der Rechtsprechung über Jahrhunderte entwickelt wurde.

Grundlage der richterrechtlichen Rechtsfortbildung ist die *doctrine of precedent* oder *Stare-Decisis-Doctrin*. Danach sind alle Gerichte an Entscheidungen höherer Instanzen und in der Regel auch an Entscheidungen anderer Gerichte der gleichen Instanz gebunden[8]. Auf

---

[4] Vgl. *Wadlow*, The Law of Passing-off, Rz. 1.16; anders dagegen *Baumbach/ Herfermehl*[21], Rz. 5 a Einl. UWG; *Shaw/ Jones* in: *Isay/ Mettetal*, Internationales Wettbewerbsrecht, S. 164.

[5] Vgl. etwa *Arsenal Football Club Plc* [2003] 2 CMLR 800, Rz. 70 (CA), per Lord Justice Aldous.

[6] Vgl. *Ohly* in: *Schricker/ Hennig-Bodewig*, Neuordnung des Wettbewerbsrechts, S. 77 f. m.w.N.

[7] Der Begriff des *common law* ist je nach Zusammenhang unterschiedlich zu verstehen. Ursprünglich bezeichnete er das im ganzen Königreich geltende Recht im Gegensatz zum lokalen Recht. Diese Bedeutung hat der Begriff kaum noch. Heute grenzt er zum einen das angloamerikanische Rechtssystem vom kontinentaleuropäischen Rechtssystem (*civil law)* ab. Zum anderen steht er für Richter- und Gewohnheitsrecht im Gegensatz zum Gesetzesrecht (*statue law)*. Zuletzt bezeichnet *common law* das Strengrecht im Gegensatz zum Billigkeitsrecht (*equity*); vgl. dazu *Ohly* in: *Schricker*, Recht der Werbung in Europa, Fn. 4; *Ulmer/ von Westerholt*, Rz. 11; *Blumenwitz*, Einführung in das angloamerikanische Recht, S. 11 f.; *Radbruch*, Der Geist des englischen Rechts, S. 23; *Williams*, Learning the Law, S. 22.

[8] Eine Bindung an eigene Entscheidungen besteht dagegen im Gegensatz zum *Court of Appeal* beim *House of Lords* nicht, vgl. *Ulmer/ von Westerholt*, Rz. 16; *Blumenwitz*, Einführung in das anglo-amerikanische Recht, S. 38 f. m.w.N.; bemerkenswert ist, dass Urteile bis zum 19. Jahrhundert nur hohe Überzeugungskraft, aber keine echte Bindungswirkung hatten, vgl. *Walker*, The English legal system, S. 154.

Grund dieser Bindungswirkung wird das Recht stets nur in engen Analogien weiterentwickelt. Daher sind Generalklauseln dem englischen Gesetzesrecht grundsätzlich fremd[9]. Die Rechtsprechung hält sie für zu unbestimmt und sieht in ihnen eine Gefahr für die Rechtssicherheit. Dies überrascht, da die richterrechtliche Ausfüllung von Generalklauseln, wie sie in Deutschland parktiziert wird, der angelsächsischen Präjudizientechnik stark ähnelt[10].

Darüber hinaus versteht sich die englische Rechtsprechung in Anbetracht der immer ausgeprägteren parlamentarischen Gesetzgebung mehr und mehr als Verwalter des bestehenden Rechts und weniger als Quell neuer Grundsätze. Die Rechtsprechung bevorzugt eine allmähliche und vorsichtige Weiterentwicklung bestehender Grundsätze.[11]

Neben das *common law* tritt das Gesetzesrecht, *statutory law*[12], das das Richterrecht bricht[13]. Gesetze hatten bis ins 19. Jahrhundert in erster Linie die Aufgabe, das *common law* veränderten Zeitumständen anzupassen und es zu ergänzen[14]. Daher werden Gesetze stets einschränkend (*exceptio est strictissimae interpretationis*) und grundsätzlich nach Wortlaut und grammatikalischem Sinn (sog. *literal interpretation*) ausgelegt[15]. Außerhalb des Gesetzestexts liegende Umstände, etwa die Gesetzesbegründung, blieben bislang weitgehend unberücksichtigt. Um dem Gesetzeszweck dennoch Wirkung zu verschaffen, wurde versucht, die

---

[9] Allgemein zu Methodenproblemen von Generalklauseln vgl. *Ohly*, Richterrecht und Generalklausel im Recht des unlauteren Wettbewerbs, S. 234 ff.; 327 ff.

[10] Vgl. dazu *Ohly*, Richterrecht und Generalklausel im Recht des unlauteren Wettbewerbs, S. 315 ff.

[11] Vgl. *Cornish*, Intellectual Property, Rz. 1-18 f.; *Cornish*, GRUR Int. 1973, 679; *Dworkin*, EIPR 1979, 241 (246); *Burns*, EIPR 1981, 311 (312); *Brett*, EIPR 1981, 163 (165).

[12] Überblick zum Gesetzgebungsverfahren bei *Henrich*, Einführung in das Englische Privatrecht, S. 33 f.; die *statutes* legen vor allem das öffentliche Recht fest, vgl. *Loewenstein*, Staatsrecht und Staatspraxis in Großbritannien, S. 29 f.

[13] Dieser Grundsatz wurde nie formell ausgesprochen, vgl. *Loewenstein*, Staatsrecht und Staatspraxis in Großbritannien, S. 29 f.; Gesetze stellten bis in das 19. Jahrhundert nur „(...) eine Rechtsquelle zweiten Ranges", dar, vgl. *von Bernstorff*, Einführung in das englische Recht, S. 10.

[14] Vgl. *Zweigert/ Kötz*, Einführung in die Rechtsvergleichung, S. 259.

[15] Vgl. *Blumenwitz*, Einführung in das anglo-amerikanische Recht, S. 72 ff.

Richter bei der Gesetzesinterpretation einzuschränken[16]. Da dies bei unbestimmten Rechtsbegriffen und Generalklauseln nicht möglich ist, waren diese dem englischen Gesetzesrecht grundsätzlich fremd. Man war der Auffassung, sie gäben Richtern keine ausreichende Interpretationshilfe. In jüngerer Zeit wurde dies gelockert. So enthält Sec. 10 (6) TMA 1994 unbestimmte Rechtsbegriffe[17]. Zudem sprach sich Lord Browne-Wilkinson in *Pepper v. Hart*[18] dafür aus, dass unter bestimmten Voraussetzungen, etwa wenn der Gesetzeswortlaut widersprüchlich oder unklar ist, auch die Gesetzesbegründung zur Auslegung heranzuziehen ist.

2. Rechtspolitische Hintergründe

Auch rechtspolitische Erwägungen der Judikative und Legislative haben bislang die Einführung einer wettbewerbsrechtlichen Generalklausel verhindert.

Man ist der Auffassung, es sei besser, dem Markt keine „Fesseln“ anzulegen[19]. Zentrales Anliegen ist es, die Handlungs-, Handels- und Vertragsfreiheit und das private Eigentum[20] zu gewährleisten und zu schützten. Rechtsfreier Raum wird nicht als Lücke, sondern als Freiheitsraum verstanden[21]. Diese liberale Geisteshaltung[22] sieht in der

---

[16] Aus diesem Grund enthalten Gesetze oft umfangreiche Definitionen aller vorkommenden Begriffe und eine Kasuistik, die kontinentaleuropäischen Vorschriften eher fremd ist; dadurch werden sie äußerst kompliziert, wie etwa die scharfe Kritik Sir Wilfrid Greenes MR an einer Vorschrift zeigt, deren Absatz (b) 255 Wörter zählte, *Bismag Ltd. v. Amblins (Chemists) Ltd.* [1940] 57 RPC 209 (232); vgl. auch *Ohly*, GRUR Int. 1993, 730 Fn. 30.

[17] Siehe dazu unten S. 12 ff.

[18] [1993] AC 593.

[19] Zur *Gloucester Grammer School* Entscheidungen, einer der ersten Entscheidungen zur Wettbewerbsfreiheit aus dem Jahr 1410 vgl. *James*, Introduction to English Law, S. 369; vgl. auch *Kerly's Law of Trade Marks and Trade Names*[12], Rz. 16-01 A; *Thompson*, Unfair Competition, S. 48; *Triebel/ Hodgson/ Kellenter/ Müller*, Englisches Handels- und Wirtschaftsrecht, Rz. 974.

[20] Sie genießen verfassungsähnlichen Rang, wurden von der Rechtsprechung entwickelt und sind Teil des *common law*, da in England keine einheitliche geschriebene Verfassung existiert, vgl. dazu und zu den Konsequenzen *von Gamm*, WRP 1960, 167; die *Magna Charta* stellt kein Verfassungsdokument dar vgl. *Seagle*, Weltgeschichte des Rechts, S. 315.

[21] Vgl. *Ohly*, Richterrecht und Generalklausel im Recht des unlauteren Wettbewerbs, S. 343.

Haftung wegen unlauteren Wettbewerbs eine Wettbewerbsbeschränkung, die nur zulässig ist, wenn sie dem Schutz eines besonderen Interesses dient[23]. Die Regelung des Wettbewerbsverhaltens sollte besser den Kaufleuten überlassen werden[24].

Zwar ist Großbritannien Verbandsland der Pariser Verbandsübereinkunft und somit gem. Art. 10bis Abs. 1 Pariser Verbandsübereinkunft völkerrechtlich verpflichtet, wirksamen Schutz gegen unlauteren Wettbewerb zu gewähren. Jedoch ist dieser Artikel nie in britisches Recht umgesetzt worden und daher ohne innerstaatliche Wirkung[25]. Man war der Ansicht, es bestehe kein Umsetzungsbedarf, weil das *common law* diesen Erfordernissen genüge[26].

Auch die Rechtsprechung lehnt es ab, einen umfassenden Tatbestand des *tort of unfair competition* zu schaffen[27]. Sie befürchtet, bei der Entscheidung über die Lauterkeit entstünden gegensätzliche Moralvorstellungen in verschiedenen Marktsegmenten. Zudem sieht die Rechtsprechung eine Flut von Verfahren auf sich zukommen, in denen über die Richtigkeit von Werbebehauptungen zu entscheiden wäre, obwohl diese oft kaum verifizierbar sind.

Die Ursache für das Fehlen eines allgemeinen Verbots des unlauteren Wettbewerbs ist in der Entscheidung *Mogul Steamship*[28] aus dem Jahr 1888

---

[22] Diese kommt auch in den Laisser-faire-Lehren der klassischen liberalen Nationalökonomen *Smith* und *Ricardo* zum Ausdruck, vgl. *Triebel/ Hodgson/ Kellenter/ Müller*, Englisches Handels- und Wirtschaftsrecht, Rz. 974; *Boyle*, WRP 1990, 159 (160).

[23] Vgl. *Cornish*, GRUR Int. 1973, 679.

[24] Konsequenz dieser Haltung ist die besonders ausgeprägte Rolle der freiwilligen Selbstkontrolle in England, siehe näher dazu unten S. 12 ff.

[25] Zu den völkerrechtlichen Hintergründen vgl. *Honig*, GRUR Int. 1959, 286 (289); vgl. auch *Schönherr*, GRUR Int. 1964, 177 (179).

[26] Zum Verhältnis des *passing off*-Rechts zur PVÜ vgl. *von Westerholt*, Die Passing off-Klage, S. 10.

[27] Anders in den USA, wo der *US Supreme Court* 1918 im Fall *INS v. AP* 248 U.S. 215 (1918) den Tatbestand der *unfair competition* anerkannte, vgl. *Ohly*, Richterrecht und Generalklausel im Recht des unlauteren Wettbewerbs, S. 73 m.w.N.

[28] *Mogul Steamship v. McGregor, Gow & Co* (1888) 21 QBD 544; (1889) 23 QBD 598 = [1891–94] All ER 278 (CA); [1892] AC 25 = [1891–94] All ER 263 (HL); vgl. näher dazu *Ohly*, Richterrecht und Generalklausel im Recht des unlauteren Wettbewerbs, S. 75.

zu sehen[29]. Hierin sprach das Gericht aus, nur eine rechtswidrige, gegen geltendes Recht verstoßende Ausübung der Gewerbefreiheit sei unzulässig. Auf die Frage, ob das Verhalten der Beklagten *unfair* sei, käme es dagegen nicht an. „*To draw a line between fair and unfair competition, between what is reasonable and unreasonable, passes the power of the courts*“[30].

In der neueren englischen Rechtsprechung deutete sich zunächst die Ausweitung der praktisch wichtigsten unkodifizierten Deliktsnorm mit wettbewerbsrechtlicher Bedeutung, der *passing off*-Klage an. *Passing off* verbietet alle Handlungen, die im Wirtschaftswettbewerb zur Täuschung über die Identität eines Unternehmens oder über die Herkunft von Waren führen können. In den so genanten „*Drinks*“ *Cases*[31] hatte es den Anschein als würde *passing off* nunmehr zu einem allgemeinen *tort of unfair competition* ausgedehnt. Diese Entwicklung setzte sich jedoch nicht fort. Die Schaffung eines solchen wettbewerbsrechtlichen Tatbestands wurde als übermäßige Beschränkung des freien Wettbewerbs angesehen und daher zwar nicht ausdrücklich, wohl aber stillschweigend abgelehnt[32]. Letzlich haben diese Fälle jedoch bewirkt, dass *passing off* nicht mehr nur vor Warennachahmung schützt, sondern auch Beschaffenheitsangaben erfasst[33]. Dies zeigt, dass das bestehende Recht trotz des Unwillens, eine

---

[29] Vgl. *Thompson*, Unfair Competition, S. 48; *Williams*, (1941) 5 MLR, 145 (146); *Ulmer/ von Westerholt*, Rz. 19.

[30] Vgl. [1891–94] All ER 263 (223) per Lord Justice Fry; vgl. kritisch dazu *Thompson*, der eine Parallele zur Prüfung des *public interest* der *restraint of trade*-doctrin zieht, *Thompson*, Unfair Competition, S. 52 f.; zu weiteren ähnlichen Entscheidungen vgl. *Ohly*, Richterrecht und Generalklausel im Recht des unlauteren Wettbewerbs, S. 79 f. m.w.N.

[31] Dabei handelt es sich um einige aufeinander folgende Entscheidungen, die Rechtsstreitigkeiten zwischen Getränkeherstellern und -vertreibern betrafen, zur Terminologie vgl. *Adams*, JBL 1985, 26 (28); *Wadlow*, The Law of Passing-Off, Rz. 1.15 und 1.18.

[32] *Cadbury-Schweppes v. Pub Squash* [1981] RPC 429 = [1981] 1 All ER 213; vgl. auch *Reckitt & Colman v. Borden* [1990] RPC 341 (406) per Lord Jauncey; vgl. näher dazu *Ohly*, Richterrecht und Generalklausel im Recht des unlauteren Wettbewerbs, S. 91; *Carty* in: *Dawson/ Frith*, Trade Marks Retrospective, S. 53 ff.; *Adams*, JBL 1985, 26 (32); kritisch zu dieser Entscheidung *Lahore*, EIPR 1981, 54; *Dworkin*, MLR 1981, 564 (566).

[33] Vgl. dazu *Kerly's Law of Trade Marks and Trade Names*[13], Rz. 14-03; *Erven Warnink B.V. v. J. Townend & Sons (Hull) Ltd.* [1980] RPC 31 (93) per Lord Diplock und 105 f. per Lord Fraser.

breite Generalklausel zu schaffen, zumindest graduell weiterentwickelt wird. Dennoch ist in England eine Entwicklung zum allgemeinen Tatbestand des *unfair competition* derzeit nicht abzusehen.

II. Generalklausel in Frankreich und Deutschland

Anders als England verfügen Deutschland und Frankreich über eine wettbewerbsrechtliche Generalklausel. Ungeachtet einiger Unterschiede bestehen zahlreiche Gemeinsamkeiten in Ausgestaltung und Handhabung.

In Frankreich beruht die wettbewerbsrechtliche Generalklausel noch heute auf der Grundlage der deliktischen Generalklauseln der Art. 1382 und 1383 Code Civil (C. C.). Gemäß Art. 1382 C. C. ist derjenige, der einem anderen einen Schaden zufügt, diesem zum Ersatz verpflichtet. Die französische Rechtsprechung passte die Regeln dieser zivilrechtlichen Haftung den Besonderheiten des kaufmännischen Wettbewerbs an. Mit der Konkurrentenklage (*action en concurrence déloyale*) bildete sich ein Instrument heraus, das der Wahrung der Lauterkeit des Geschäftsverkehrs dient[34]. Sie wurde bis heute durch kein umfassendes Gesetz gegen den unlauteren Wettbewerb ersetzt[35]. Dem liegt die Überzeugung zu Grunde, die Rechtsprechung könne mit der Vielgestaltigkeit des Wettbewerbs besser umgehen, wenn sie nicht an besondere Vorschriften gebunden sei[36]. Auch in Deutschland wurde deliktsrechtlicher Schutz gegen unlautere Wettbewerbshandlungen zunächst auf der Grundlage des allgemeinen Deliktsrechts (§ 826 BGB) gewährt. Dieser Schutz stellte sich jedoch als unzureichend heraus[37]. Daher erließ der deutsche Gesetzgeber 1909 das

---

[34] Zu den Anfängen vgl. *Ulmer/ Krasser*, Rz. 4; zur Terminologie vgl. *Roubier*, Le droit de la propriété industrielle: Partie Générale, S. 482; *Lefebvre*, memento pratique commercial distribution, Rz. 701; *Sonnenberger*, Französisches Handels- und Wirtschaftsrecht, Rz. IV 127 m.w.N.

[35] Zum Begriff des *droit de la concurrence* und seiner unterschiedlichen Bedeutung vgl. *Dreier/ Lewinski* in: *Schricker*, Recht der Werbung in Europa, Rz. 2; vgl. zum *Code de loyal concurrence* des Vichy-Regimes, der von 1944 bis 1946 galt und an dem das Generalkomitee der Handelsorganisationen maßgeblich mitwirkte *Ulmer/ Krasser*, Rz. 6 m.w.N.

[36] Vgl. *Ulmer/ Krasser*, Rz. 6; *Dalloz*, Rép. Dr. com., Concurrence déloyale, Rz. 4.

[37] Vgl. dazu *Hucke*, Erforderlichkeit einer Harmonisierung des Wettbewerbsrechts in Europa, S. 127 ff. m.w.N.; *Ohly*, Richterrecht und Generalklausel im Recht des unlauteren Wettbewerbs, S. 199 ff. m.w.N.

Gesetz gegen den unlauteren Wettbewerb, das in § 1 noch heute eine wettbewerbsrechtliche Generalklausel enthält.

Ungeachtet dieses Unterschieds sind sich die beiden Generalklauseln in Voraussetzung und Rechtsfolge jedoch sehr ähnlich. Für beide ist zunächst erforderlich, dass eine Handlung zum Zwecke des Wettbewerbs vorliegt[38]. Dies wird in beiden Ländern weit verstanden[39]. In Frankreich tritt an die Stelle des *faute* des allgemeinen Deliktsrechts die Unlauterkeit. Diese beurteilte die Rechtsprechung zunächst nach geltenden moralischen Pflichten[40]. Zur Konkretisierung des Begriffs klassifizierte *Roubier* Wettbewerbsverstöße in vier Gruppen[41]: *dénigrement* (Anschwärzung)[42], *confusion* (Verwechslungsgefahr)[43], *désorganisation de l'entreprise* (Störung des Betriebsablaufs des Konkurrenten)[44] und *désorganisation du marché* (Störung der Marktkräfte)[45]. Auch wenn diese Aufteilung

[38] Für Frankreich vgl. *Roubier*, droit de la propriété industrielle: Partie Générale, S. 498; *Dalloz*, Rép. Dr. com., Concurrence déloyale, Rz. 8 ff.; *Ulmer/ Krasser*, Rz. 64 ff. m.w.N.; *Greffe/ Greffe*, La publicité et la loi, Rz. 644 m.w.N.; ständige deutsche Rspr., für viele: BGH GRUR 1953, 293 (294) – *Fleischbezug*; BGH GRUR 1956, 216 (217) – *Staatliche Kurverwaltung/ Bad Ems*; BGH GRUR 1959, 488 (489) – *Konsumgenossenschaft*; BGH GRUR 1960, 384 (386) – *Mampe Halb und Halb I*; BGH GRUR 1962, 45 (47) – *Betonzusatzmittel*; BGH GRUR 1964, 208 (209) – *Fernsehinterview*.

[39] Für Frankreich vgl. *Sonnenberger*, Französisches Handels- und Wirtschaftsrecht, Rz. IV 129 m.w.N.; *Bertrand*, Le droit français de la concurrence déloyale; S. 24; für Deutschland vgl. *Ulmer/ Reimer*, Rz 69; *Tetzner*, Rz. 1 zu § 1 UWG.

[40] Vgl. *Mermillod*, Essai sur la notion de concurrence déloyale, S.35 ff.; *Roubier*, Le droit de la propriété industrielle: Partie Générale, S. 509 ff.

[41] Zu anderen Klassifizierungen vgl. *Ulmer/ Krasser*, Rz. 107 ff.

[42] Zum Umfang vgl. *Reimer*, Persönliche und vergleichende Werbung, S. 16.

[43] Vgl. *Tourneau/ Cadiet*, Le droit de la responsabilité, Rz. 3241; *Lefebvre*, memento pratique commercial distribution, Rz. 719 m.w.N.

[44] Vgl. *Bout/ Prieto*, Lamy droit économique, Rz. 1590 ff.; *Azéma*, Le droit français de la concurrence, Rz. 144; vgl. allgemein zum Schutz von Geschäftsgeheimnissen, *Lalande*, WuW 1988, 290 ff.; für weitere Beispiele vgl. *Tourneau/ Cadiet*, Le droit de la responsabilité, Rz. 3235; *Bertrand*, Le droit français de la concurrence déloyale, S. 101 ff.

[45] Der Anwendungsbereich dieser Gruppe schwindet, vgl. *Sonnenberger*, Französisches Handels- und Wirtschaftsrecht, Rz. IV 130.

beibehalten wurde, kamen im Laufe der Zeit neue Modelle und Gesichtspunkte hinzu, die gelegentlich die Grenzen verwischen[46].

§ 1 des deutschen UWG stellt auf den Verstoß gegen die guten Sitten ab. Zur Konkretisierung dieses unbestimmten Rechtsbegriffs entwickelten auch in Deutschland Rechtsprechung und Lehre Fallgruppen, anhand derer das Unwerturteil getroffen wird[47]. Eine Neuerung könnte hier die anstehende UWG-Reform bringen[48]. Der nunmehr vom Bundeskabinett beschlossene Entwurf zur Reform des UWG (UWG-E) verzichtet in seiner Generalklausel (§ 3 UWG-E) auf den Begriff der guten Sitten. Er stellt stattdessen darauf ab, ob die fragliche Wettbewerbshandlung geeignet ist, den Wettbewerb nicht unerheblich zu verfälschen.

Auch hinsichtlich der Rechtfolgen bestehen Gemeinsamkeiten zwischen Deutschland und Frankreich. Hier werden jedoch die Schwerpunkte unterschiedlich gesetzt. Die Art. 1382, 1383 C. C. verpflichten zur Wiedergutmachung des verursachten Schadens (*réparation*). Dies kann neben der Zahlung von Schadensersatz (*domages-intérêts*)[49] auch die Verpflichtung umfassen, das wettbewerbswidrige Verhalten einzustellen (*cessation*) oder zu beseitigen[50]. Eine vorherige Abmahnung ist nicht erforderlich. Das Gericht kann zudem die Veröffentlichung des Urteils (*publication de la décision*) anordnen[51]. In Deutschland wird bei Verstoß gegen § 1 UWG in erster Linie ein Anspruch auf Unterlassen gewährt. Nur bei schuldhaftem[52] Wettbewerbsverstoß tritt ein Schadensersatzanspruch hinzu.

---

[46] Vgl. *Langer*, WRP 1991, 11 (12).

[47] Zu den Fallgruppen zur vergleichenden Werbung siehe unten S. 12 ff.

[48] Vgl. Entwurf eines Gesetzes gegen den unlauteren Wettbewerb vom 07.05.2003, herunterladbar von URL: http://www.bmj.bund.de/images/11 596.pdf (zuletzt aufgerufen am 15.08.2003); der Entwurf entspricht weitgehend dem Referentenentwurf vom 23.01.2003, veröffentlicht in GRUR 2002, 298; zum Referentenentwurf vgl. *Köhler*, GRUR 2003, 265; *Köhler/ Bornkamm/ Henning-Bodewig*, GRUR 2003, 127.

[49] Vgl. dazu *Ulmer/ Krasser*, Rz. 138 ff.

[50] Vgl. dazu *Ulmer/ Krasser*, Rz. 142 ff.

[51] Vgl. *Chouchana/ Ehlers* in: HK WettbR, S. 725, Rz. 14; vgl. dazu *Ulmer/ Krasser*, Rz. 151.

[52] H.M. auf Grund des allgemeinen Verschuldensprinzips, vgl. *Köhler* in: *Köhler/ Piper*[3], Rz. 93 vor § 13 UWG m.w.N.

B. Schutzzweck des Wettbewerbsrechts

Bei der Frage, welchen Schutzzweck das Wettbewerbsrecht hat und wie der Verbraucherschutz zu berücksichtigen ist, unterscheidet sich vor allem Deutschland von England und Frankreich.

Ursprünglich wurde das Wettbewerbsrecht in Deutschland und Frankreich als Deliktsrecht des „anständigen Gewerbetreibenden" angesehen. Es schützte Individualinteressen. Mit Aufkommen des Verbraucherschutzes Mitte des 20. Jahrhunderts trat der Konsumentenschutz mehr und mehr neben den Konkurrentenschutz. Zur Berücksichtigung der Verbraucherinteressen wurde der Schutzzweck des UWG auf den Verbraucherschutz ausgedehnt und an ihn angepasst (sog. sozialrechtliches Verständnis des UWG)[53]. Dies kommt auch durch die Einführung der Verbandsklagebefugnis für Verbraucherverbände zum Ausdruck, § 13 Abs. 2 Nr. 3 UWG. Nach heute überwiegendem Verständnis schützt das UWG sowohl die Interessen der Mitbewerber als auch die der Verbraucher und der Allgemeinheit (sog. Schutzzwecktrias)[54]. Diese Schutzzwecktrias schreibt auch § 1 UWG-E fest[55]. In Frankreich trat der Verbraucherschutz dagegen neben die deliktsrechtliche Generalklausel. Im Laufe der Jahre wurden zahlreiche Spezialgesetze erlassen. Die dem deutschen Lauterkeitsrecht entsprechenden Vorschriften sind meist strafrechtlich ausgestaltet und damit Teil unmittelbarer staatlicher Kontrolle[56]. Dies erklärt auch das Fehlen von Generalklauseln in diesem

---

[53] Vgl. RGSt MuW XV, 48, 49 – *Ärztlicher Bezirksverein*; RGZ 108, 272 (274) – *Merx*; RGZ 120, 47 (49) – *Markenschutzverband*; RG MuW 1930, 230 (231); RGZ 128, 330 (342); RG GRUR 1936, 810 (812) – *Diamantine*; BGHZ 56, 18 (19) – *Grabsteinwerbung II*; *Emmerich*, § 3 S. 17; *Schwartz*, GRUR Int. 1967, 333 ff.

[54] Vgl. *Baumbach/ Hefermehl*[21], Einl UWG, Rz. 42; *Tetzner*, Vorbem., Rz. 12; *von Gamm*, Wettbewerbsrecht, 4. Kap. Rz. 14; *Emmerich*, § 3 S. 17; *Schricker/ Henning-Bodewig*, WRP 2001, 1367 (1368); BGHZ 19, 392 – *Anzeigenblatt*; BGHZ 23 371 – *Suwa*; BGHZ 43, 278 – *Kleenex*; BGHZ 76, 637 – *Rustikale Brettchen*; anders *Nordemann*, Rz. 17 a.E.

[55] Vgl. Entwurf eines Gesetzes gegen den unlauteren Wettbewerb vom 07.05.2003, herunterladbar von URL: http://www.bmj.bund.de/images/11 596.pdf (zuletzt aufgerufen am 15.08.2003).

[56] Zu den Hintergründen vgl. *Dreier/ Lewinski* in: *Schricker*, Recht der Werbung in Europa, Rz. 5; vgl. beispielhaft für die geltenden Spezialgesetze *Baumbach/ Hefermehl*[22], Einl UWG, Rz. 4a; *Sonnenberger*, Französisches Handels- und Wirtschaftsrecht, Rz. IV 122 ff.; *HdbWettbR/ Jacobs – Schulte-Beckhausen*, § 26 Rz. 2 ff.

Bereich, da strafrechtliche Normen den Tatbestand präzise und genau umschreiben müssen[57]. Auch in England werden Konkurrenten- und Verbraucherschutz nicht durch ein einheitliches System wettbewerbsrechtlicher Normen gewährleistet. Vielmehr sind die zahlreichen Verbraucherschutzgesetze, die das Parlament seit den 1960er Jahren erlassen hat, straf- und verwaltungsrechtlicher Natur. Bemerkenswert ist, dass bis heute keine Verschmelzung von Verbraucher- und Konkurrentenschutz stattgefunden hat[58].

---

[57] Vgl. *Dreier/ Lewinski* in: *Schricker*, Recht der Werbung in Europa, Rz. 10; zur sog. *action civile*, mit der sich der Kläger im Rahmen des Adhäsionsverfahrens als Nebenkläger des Strafverfahrens bestellen kann, um den entstanden Schaden vor den Strafgerichten geltend zu machen vgl. *Ulmer/ Krasser*, Rz. 158 ff.

[58] Vgl. dazu *Ohly*, Richterrecht und Generalklausel im Recht des unlauteren Wettbewerbs, S. 19 ff., S. 46 f.; die Einordnung in das Strafrecht entspricht nicht der deutschen Rechtssystematik. Danach handelt es sich eher um strafbewehrte Verwaltungsgesetze, denn um echte Strafnormen.

2.Teil Richtlinie 97/55/EG

Die im ersten Teil dargelegten Unterschiede machen es nachvollziehbar, dass die anfänglichen Bemühungen um eine umfassende Angleichung des Rechts gegen den unlauteren Wettbewerb scheiterten[59]. Man beschloss daher, schrittweise vorzugehen und Einzelthemen aus dem Bereich des Wettbewerbsrechts herauszugreifen, die am ehesten konsensfähig erschienen. Dies galt vor allem für das Gebiet des Werberechts[60]. Bis zum Ende der 1970er Jahre bestand die Absicht, die Bestimmungen über irreführende und unlautere Werbung umfassend und übergreifend europaweit zu harmonisieren[61]. Aber auch über eine solche Regelung konnte keine Einigung erzielt werden. Insbesondere die zunächst vorgesehene Generalklausel, wonach vergleichende Werbung zulässig sein sollte, sofern sie wesentliche und nachprüfbare Umstände vergleicht und weder irreführt noch unlauter ist, war nicht konsensfähig[62]. Daher wurde 1984 zunächst eine gesonderte Richtlinie über irreführende Werbung erlassen[63]. In deren Erwägungsgrund 6 stellte die Kommission fest, dass in

---

[59] Vgl. dazu *Ohly* in: *Schricker/ Hennig-Bodewig*, Neuordnung des Wettbewerbsrechts, S. 70 ff. m.w.N.; *Hucke*, Erforderlichkeit einer Harmonisierung des Wettbewerbsrechts in Europa, S. 40 ff.; *Beier*, GRUR Int. 1984, 61 ff.; *Meyer*, WPR 1991, 765 (767); *Funke*, WPR 1991, 550 (551); *Schricker/ Hennig-Bodewig*, WRP 2001, 1367 (1372 f.); *Henning-Bodewig*, GRUR Int. 2002, 389 (392).

[60] Vgl. *Funke*, WM 1997, 1472 (1473); *Henning-Bodewig*, GRUR Int. 2002, 389 (392).

[61] Zu den Richtlinienvorschlägen vgl. *Schricker*, Festschrift für Zweigert, S. 542 ff.; *Gülbay*, Vergleichende Werbung, Subsidiarität und Europa, S. 38 ff.; *Stadelmann*, Die Entwicklung der kritisierenden Werbung in Deutschland und in Frankreich, S. 129 ff. m.w.N.; vgl. auch *Albrecht*, WRP 1978, 687; *Meyer*, Die kritisierende vergleichende Werbung, S. 323 ff. m.w.N.

[62] Zu den Hintergründen vgl. *Henning-Bodewig*, GRUR Int. 1999, 385 m.w.N.; *Gülbay*, Vergleichende Werbung, Subsidiarität und Europa, S. 40 m.w.N.; vgl. dazu auch *Albrecht*, der schon 1978 hoffte, dass sich die Harmonisierung des Wettbewerbsrechts nicht mehr „Jahre lang hinziehen" möge, *Albrecht*, WRP 1978, 686 (692).

[63] Richtlinie des Rates vom 10.09.1984 zur Angleichung der Rechts- und Verwaltungsvorschriften der Mitgliedstaaten über irreführende Werbung, 84/450/EWG, Abl. Nr. L. 250, v. 19.09.1984, S. 17 = GRUR Int. 1984, 688; vgl. dazu *Gülbay*, Vergleichende Werbung, Subsidiarität und Europa, S. 41 ff. m.w.N.; *Kilian*, Vergleichende Werbung in Deutschland, S. 209 ff. m.w.N.; *Stadelmann*, Die Entwicklung der kritisierenden Werbung in Deutschland und in Frankreich, S. 132 ff. m.w.N.

einer zweiten Phase die unlautere Werbung und erforderlichenfalls die vergleichende Werbung behandelt werden sollte[64]. Diese Ankündigung wurde nicht eingelöst. Statt dessen wurden einzelne Produktbereiche wie Lebensmittel[65] oder Humanarzneimittel[66] zum Gegenstand besonderer Regelungen gemacht.

1991 legte die Kommission einen schon für 1986 angekündigten[67] Richtlinienvorschlag vor. Dieser sollte Regelungen zur vergleichenden Werbung in die Richtlinie zur irreführenden Werbung integrieren[68]. Danach waren Werbevergleiche, die wesentliche, sachlich nachprüfbare und lauter ausgewählte Eigenschaften verglichen, grundsätzlich zulässig. Vergleichende Werbung wurde als positive Möglichkeit für Verbraucher gewertet, die Vorteile der verschiedenen Erzeugnisse zu erkennen. Vor allem die Wirtschaft übte heftige Kritik an dem Vorschlag[69]. Sie wurde in den daraufhin vorgelegten zweiten Kommissionsvorschlag von 1994 teilweise aufgenommen. Vergleichende Werbung sollte nunmehr nur unter bestimmten, eng gefassten Bedingungen zugelassen werden[70]. Es durften nur lauter ausgewählte, typische Eigenschaften verglichen werden, die nicht nur nachprüfbar, sondern jederzeit nachprüfbar sein mussten. Insgesamt waren die Regelungen des zweiten Entwurfs noch detaillierter,

---

[64] ABl. 1984 Nr. 1 250/20 = GRUR Int. 1984, 688; *Reich*, WRP 1988, 75.

[65] Richtlinie des Rates vom 18. Dezember 1978 zur Angleichung der Rechts- und Verwaltungsvorschriften der Mitgliedstaaten über die Etikettierung und Aufmachung von für den Endverbraucher bestimmten Lebensmitteln sowie die Werbung hierfür (79/112/EWG), Abl. Nr. L 33 v. 8.2.1979, S. 1.

[66] Richtlinie 92/28/EWG vom 31. März 1992 über die Werbung für Humanarzneimittel, Abl. 1992 Nr. L. 113 v. 30.4.1992, S. 13.

[67] Vgl. zum Zeitplan der Kommission GRUR Int. 1985, 781.

[68] Zu diesem Richtlinienvorschlag vgl. *Ohly/ Spence*, The Law of Comparative Advertising, S. 42 f.; *Wirth*, Vergleichende Werbung, S. 220 ff.; *Göpelt*, Das Spannungsfeld zwischen der Meinungsfreiheit und den Vorschriften zum Schutz vor unlauterem Wettbewerb, S. 198 f.; *Stadelmann*, Die Entwicklung der kritisierenden Werbung in Deutschland und in Frankreich, S. 139 ff. m.w.N.

[69] Vgl. dazu *Stadelmann*, Die Entwicklung der kritisierenden Werbung in Deutschland und in Frankreich, S.143 ff.; *Gülbay*, Vergleichende Werbung, Subsidiarität und Europa, S. 48 ff.; *Ohly/ Spence*, The Law of Comparative Advertising, S. 43 m.w.N.

[70] Vgl. dazu *Gülbay*, Vergleichende Werbung, Subsidiarität und Europa, S. 51; *Stadelmann*, Die Entwicklung der kritisierenden Werbung in Deutschland und in Frankreich, S. 148 ff. m.w.N., vgl. dort auch zur geübten Kritik.

obwohl am ersten Entwurf nicht zuletzt kritisiert worden war, dass er das europäische Subsidiaritätsprinzip nicht ausreichend beachte[71].

Im Oktober 1997 wurde schließlich nach gut 20 Jahren die Richtlinie 97/55/EG zur Änderung der Richtlinie über irreführende Werbung zwecks Einbeziehung der vergleichenden Werbung[72] verabschiedet. Mit ihr wurde die Richtlinie zur irreführenden Werbung geändert[73].

A. Ziel und Zweck der Richtlinie

Zweck der Richtlinie 84/450/EWG n.F. ist der Schutz der Verbraucher, der Gewerbetreibenden und der Allgemeinheit, Art. 1 RL. Diese Schutzzwecktrias entspricht dem deutschen Verständnis der Rolle des Verbraucherschutzes im Wettbewerbsrecht. Der Zweckbestimmung liegt die Erwägung zugrunde, dass Werbung ein wichtiges Instrument zur wirksamen Erschließung neuer Märkte darstellt und damit der Vollendung des Binnenmarkts dient. Die unterschiedliche Beurteilung vergleichender Werbung in den Mitgliedstaaten könne den freien Waren- und Dienstleistungsverkehr behindern und Wettbewerbsverzerrungen hervorrufen. Daher sollten die wesentlichen Vorschriften für Form und Inhalt von Werbung vereinheitlicht werden[74].

Zudem soll grenzüberschreitende Werbung ermöglicht werden[75]. Man ist der Ansicht, Werbevergleiche dienten der Verbraucherinformation und ermöglichten rationale Verbraucherentscheidungen. Mit Zulassung vergleichender Werbung könnten die Vorteile der verschiedenen vergleichbaren Erzeugnisse objektiv herausgestellt werden. Neben der Verbraucherinformation soll damit auch der Wettbewerb zwischen den

---

[71] Vgl. *Gülbay*, Vergleichende Werbung, Subsidiarität und Europa, S. 51.

[72] Siehe oben Fußnote 1.

[73] Diese geänderte Richtlinie trägt nunmehr den Titel Richtlinie des Rates vom 10. September 1984 über irreführende und vergleichend Werbung; die Umsetzungsfrist der Richtlinie 97/55/EG lief am 23. April 2000 ab, sie betrug 30 Monate ab Veröffentlichung im Amtsblatt der EG; zur Rechtsgrundlage der Richtlinie 97/55/EG vgl. *Tilmann*, GRUR 1993, 133 und den Bericht der UWG-Arbeitsgruppe GRUR 1997, 201 (207).

[74] Erwägungsgrund 2 der Richtlinie 97/55/EG.

[75] Erwägungsgrund 3 der Richtlinie 97/55/EG; zur Wirkung vergleichender Werbung vgl. *Hucke*, Erforderlichkeit einer Harmonisierung des Wettbewerbsrechts in Europa, S. 452 m.w.N.

Anbietern gefördert werden[76]. Zu beachten ist jedoch, dass auch objektive Informationen über das Angebot eines Konkurrenten dessen Ruf schädigen können. Daher werden bei Zulassung vergleichender Werbung die Interessen der Konkurrenten, der Verbraucher und der Allgemeinheit gegeneinander abgewogen[77].

B. Regelungsgegenstand und -inhalt

Insbesondere die deutsche Literatur hat sich in großem Stil mit Regelungsgegenstand und -inhalt der Richtlinie 97/55/EG auseinandergesetzt. Dagegen finden sich in der englischen und französischen Literatur kaum Stimmen. Die wenigen sich äußernden englischen Autoren befürchten meist, die Richtlinienumsetzung werde die wettbewerbsfördernde liberale Haltung des englischen Rechts zunichte machen. Zwar befassen sich in der französischen Literatur mehr Autoren zumindest am Rande mit der Richtlinie. Sie untersuchen in der Regel aber nur ihre Auswirkungen auf die bestehende französische Rechtslage. Im Mittelpunkt steht daher meist die Frage, ob die Richtlinie abschließenden Charakter hat. Auslegungsfragen werden dagegen kaum erörtert. Zum Teil wird diskutiert, ob die Zulässigkeitsvoraussetzungen kumulativ oder alternativ geprüft werden müssen[78].

Die Klärung von Auslegungsfragen sowie insgesamt die Interpretation der Richtlinie obliegt gemäß Art. 234 Abs. 1 lit. b EGV dem EuGH[79]. Dieser legt Richtlinien im Licht des primären Gemeinschaftsrechts, insbesondere der Grundfreiheiten, aus[80]. Da das nationale Recht dem Gemeinschaftsrecht

---

[76] Erwägungsgrund 2 der Richtlinie 97/55/EG.

[77] *Ohly/ Spence* schlagen eine Abwägung anhand des Verhältnismäßigkeitsgrundsatzes vor: Ist die vergleichende Werbung dazu geeignet, rationales Verbraucherverhalten zu unterstützen und beeinträchtigt sie den guten Ruf des Konkurrenten nicht mehr als zu diesem Zweck erforderlich, so gibt das Verbraucherinteresse den Ausschlag zugunsten der Zulässigkeit des Werbevergleichs, vgl. *Ohly/ Spence*, GRUR Int. 1999, 681 (689).

[78] Zur Umsetzungsbestimmung Art. L. 121-8 f. C. consom. n.F. vgl. *Raymond*, Contr.-Conc.-Consom., 2001, comm. n° 83 (S. 30).

[79] Unter den Begriff „Handlungen der Gemeinschaft" fällt das gesamte sekundäre Gemeinschaftsrecht, also auch Richtlinien, vgl. *Krück* in: *Groeben/ Thiesing/ Ehlermann*, Rz. 21 zu Art. 177 EGV.

[80] Vgl. etwa EuGH Rs. C-47/90, Éts. Delhaize frères & Cie „le Lion" SA/ Promalvin SA und AGB Bodegas Undas SA, Slg. 1992, I-3669 Rz. 26; EuGH Rs. C-315/92, VSW/Clinique Laboratories, Slg. 1994, I-317, Rz. 12.

untergeordnet ist, sind die nationalen Umsetzungsvorschriften wiederum im Lichte des Wortlauts und des Zwecks der Richtlinie auszulegen, Art. 10 i.V.m. Art. 249 Abs. 3 EGV[81].

I. Anwendungsbereich – Legaldefinition

Den Anwendungsbereich der Richtlinie bestimmt Art. 2 RL. Gemäß Art. 2 Nr. 2 lit. a RL ist vergleichende Werbung jede Werbung, die unmittelbar oder mittelbar einen Mitbewerber oder die Erzeugnisse oder Dienstleistungen, die von einem Mitbewerber angeboten werden, erkennbar macht. Nach Erwägungsgrund 6 der Richtlinie 97/55/EG soll der Begriff vergleichende Werbung breit gefasst werden, so dass alle Arten vergleichender Werbung abgedeckt werden. Dies ist bei der Auslegung der Merkmale zu berücksichtigen.

1. Werbung

Art. 2 Nr. 1 RL definiert den Begriff der Werbung. Sie ist in jeder Äußerung zu sehen, die bei der Ausübung eines Handels, Gewerbes, Handwerks oder freien Berufs mit dem Ziel gemacht wird, den Absatz von Waren, einschließlich unbeweglicher Sachen, Rechte und Pflichten oder die Erbringung von Dienstleistungen zu fördern. Der Begriff gilt für alle Kommunikationsmittel uneingeschränkt. Unklar ist, ob unter „Äußerung" auch Aussagen gegenüber Einzelpersonen fallen. Wird der Begriff in diesem Sinn weit ausgelegt, fallen auch Angaben in einem Verkaufsgespräch in den Anwendungsbereich der Richtlinie[82].

---

81 Vgl. *Di Fabio*, NJW 1990, 947 (950 ff.); vgl. i.ü. *Schmidt* in: *Groeben/ Thiesing/ Ehlermann*, Rz. 40 zu Art. 189 EGV m.w.N.; das Gebot richtlinienkonformer Auslegung gilt unabhängig davon, ob der zugrunde liegende Fall einen reinen Inlands- oder zwischenstaatlichen Sachverhalt darstellt, vgl. *Köhler* in: *Köhler/ Piper*, Einf UWG Rz. 81.

82 Vgl. dazu *Ohly/ Spence*, GRUR Int. 1999, 681 (684); *Sack*, WPR 2001, 327 (336); *Scherer*, WRP 2001, 89 (92 f.); zur Frage, ob schon der Begriff „Werbung" selbst Äußerungen gegenüber einer einzelnen Person erfasst vgl. *Eck/ Ikas*, WRP 1999, 251 (252 f.); *Bornkamm* schlägt dagegen vor, den Begriff der Werbung auf öffentliche Werbung zu beschränken, vgl. *Bornkamm* in: *Schwarze*, Werbung und Werbeverbote im Lichte des europäischen Gemeinschaftsrechts, S. 141; zum Problem des Auskunftsvergleichs siehe unten S. 12 f.

2. Erkennbarkeit eines Mitbewerbers oder seiner Erzeugnisse

Gemäß Art. 2 Nr. 2 lit. a RL muss sich der Vergleich auf einen Mitbewerber oder seine Erzeugnisse beziehen. Aus dem Wortlaut geht nicht eindeutig hervor, ob auch Vergleiche erfasst werden, bei denen mehr als ein Mitbewerber erkennbar ist[83]. Dafür spricht neben dem Harmonisierungszweck der Richtlinie auch ihr Erwägungsgrund 6. Danach ist ausdrücklich von einem weiten Verständnis auszugehen. Andererseits ist die Richtlinie jedoch nicht auf solche Vergleiche anwendbar, die das eigene Produkt im Verhältnis zum gesamten Marktangebot hervorheben. In diesem Fall fehlt es an der Erkennbarkeit[84]. Es ist daher stets erforderlich, dass die gruppenangehörigen Unternehmen noch identifizierbar sind[85]. Der Bezug muss für den Werbeadressaten auf der Hand liegen und darf nicht erst bei längerem Nachdenken konstruierbar sein[86].

3. Erfordernis einer vergleichenden Beziehung

Der Vergleich selbst stellt kein Element der Legaldefinition des Art. 2 Nr. 2 lit. a RL dar[87]. Die Notwendigkeit eines Vergleichs könnte jedoch ergänzend in die Definition hineinzuinterpretieren ist. Hierzu nahm der EuGH in der Entscheidung *Toshiba*[88] ausdrücklich Stellung. Es ist jedoch nicht ganz klar, inwieweit er mit dieser Entscheidung das Erfordernis des Vergleichs über den konkreten Fall hinaus allgemein festschrieb.

Gegenstand des Verfahrens war der Katalog eines Anbieters von Ersatzteilen für Fotokopiergeräte. In diesem Katalog wurden die Artikelnummern des Geräteherstellers angegeben, die dieser für die von ihm selbst vertriebenen Ersatzteile verwendete. Ein ausdrücklicher Vergleich lag nicht vor. Der EuGH führte zunächst aus, es sei ohne Belang, ob ein Vergleich zwischen den Erzeugnissen und Dienstleistungen des

---

[83] Vgl. *Schricker*, GRUR Int. 1992, 347 (353); *Plassmann*, GRUR 1996, 377 (378).

[84] Vgl. dazu *Sack*, WRP 2001, 327 (334).

[85] Vgl. *Plaß*, NJW 2000, 3161 (3163).

[86] Vgl. *Henning-Bodewig*, GRUR Int. 1999, 385 (392).

[87] Vgl. dazu *Plaß*, die davon ausgeht, begrifflich könne nur dann von vergleichender Werbung gesprochen werden, wenn ein Vergleich enthalten sei, *Plaß*, NJW 2000, 3162.

[88] Vgl. EuGH Rs. C-112/99, Toshiba/Katun, Slg. 2001, I-7945 = GRUR Int. 2002, 354; vgl. zum Vorlagebeschluss OLG Düsseldorf GRUR 1999, 782.

Werbenden und denjenigen des Mitbewerbers vorliegt[89]. Andererseits folgerte das Gericht jedoch aus der Gegenüberstellung von Art. 2 Nr. 2 lit. a RL und Art. 3a Abs. 1 lit. c RL, dass Werbung, die keinen Vergleich enthält, nicht in den Anwendungsbereich der Richtlinie fällt. Andernfalls sei jede Angabe unzulässig, die einerseits einen Mitbewerber identifiziert, andererseits aber keinen Vergleich im Sinne des Art. 3a RL enthält.

Wie dieser scheinbare Widerspruch zu lösen ist, ist bislang offen. Zwar ging der EuGH in seiner späteren *Pippig*-Entscheidung[90] ausdrücklich auf das Vorliegen eines Vergleichs ein. Er vertrat dabei die Auffassung, der vom Werbenden durchgeführte Vergleich ergebe sich zwangsläufig aus der Beschreibung der Unterschiede zwischen den Waren[91]. Jedoch machte er diese Ausführungen nur im Hinblick auf die eigentliche Vorlagefrage der *Pippig*-Entscheidung[92]. Allgemein stellte er unter Bezugnahme auf die *Toshiba*-Entscheidung fest, es komme für das Vorliegen vergleichender Werbung einzig darauf an, dass die gegenständliche Äußerung auf einen Mitbewerber Bezug nimmt[93]. Dies spricht dafür, dass der EuGH das Vorliegen eines Vergleichs nicht grundsätzlich, sondern nur im Ausgangsfall der *Toshiba*-Entscheidung für erforderlich hielt[94].

4. Abschließende Regelung?

Es bleibt zu klären, ob die Richtlinie 84/450/EWG n.F. innerhalb ihres dargestellten (weiten) Anwendungsbereichs den Mitgliedstaaten die

---

[89] Vgl. EuGH Rs. C-112/99, Toshiba/Katun, Slg. 2001, I-7945, Rz. 30.

[90] EuGH Rs. C-44/01, Pippig Augenoptik GmbH & Co KG/Hartlauer Handelsgesellschaft mbH u.a., WRP 2003, 615.

[91] EuGH Rs. C-44/01, Pippig Augenoptik GmbH & Co KG/Hartlauer Handelsgesellschaft mbH u.a., WRP 2003, 615 (Rz. 36).

[92] Nämlich für die Frage, ob für die Irreführung nach den verschiedenen Bestandteilen des Vergleichs zu unterscheiden ist, siehe näher dazu unten S. 23 f.

[93] So auch *Sack*, WRP 2002, 363 (363 f. und 366 f.); anders dagegen *Köhler* in: *Köhler/ Piper*[3], Rz. 18 zu § 2 UWG; *Nordmann*, GRUR Int. 2002, 297 (298); zur Erforderlichkeit des Vergleichs vgl. auch *Ohly/ Spence*, GRUR Int. 1999, 681 (686); *Emmerich*, § 7 S. 90.

[94] So auch *Sack*, WRP 2002, 363 (363 f. und 366 f.); anders dagegen *Köhler* in: *Köhler/ Piper*[3], Rz. 18 zu § 2 UWG; *Nordmann*, GRUR Int. 2002, 297 (298); zur Erforderlichkeit des Vergleichs vgl. auch *Ohly/ Spence*, GRUR Int. 1999, 681 (686); *Emmerich*, § 7 S. 90.

Möglichkeit zusätzlicher nationaler Bestimmungen zu vergleichender Werbung gibt[95].

Für irreführende Werbung legt sie lediglich einen harmonisierten Mindeststandard fest, Art. 7 Abs. 1 RL. Die Mitgliedstaaten können diesbezüglich also strengere Bestimmungen anwenden[96]. Für Werbevergleiche bestimmt der neu eingefügte Art. 7 Abs. 2 RL, dass Absatz 1 insoweit nicht gilt, wie es sich um den Vergleich handelt. Die Richtlinie stellt diesbezüglich eine Obergrenze dar, so dass vergleichende Werbung stets zulässig ist, wenn sie die Voraussetzungen der Richtlinie erfüllt[97]. In Frankreich ist man zum Teil der Ansicht, die Richtlinie harmonisiere nur die inhaltlichen Voraussetzungen. Dagegen schließe sie strengere nationale Bestimmungen zur Frage, in welcher Form, also etwa auf welchem Werbeträger Werbevergleiche zulässig sind, nicht aus[98]. Dies ergebe sich aus Erwägungsgrund 11 Richtlinie 97/55/EG[99]. Dagegen spricht aber die Formulierung in Art. 3a Abs. 1 RL. Danach gilt vergleichende Werbung als zulässig, sofern sie die genannten Bedingungen erfüllt. Daher können weitere Voraussetzungen, egal ob sie sich auf die

---

[95] Vgl. *Borck*, WRP 2001, 1124 (1128 ff.); soweit ersichtlich, geht in der englischen Literatur einzig *McCormick* auf dieses Problem ein, vgl. *McCormick*, EIPR 1998, 41 (42).

[96] Deutschland erfüllte die Vorgaben der Richtlinie ohne Änderung des Wettbewerbsrechts; der deutsche Gesetzgeber hielt eine Änderung nicht für erforderlich, da § 3 UWG bereits den Anforderungen genüge, vgl. dazu *Schricker*, GRUR Int. 1990, 112 ff.

[97] EuGH Rs. C-44/01, Pippig Augenoptik GmbH & Co KG/Hartlauer Handelsgesellschaft mbH u.a., WRP 2003, 615 (Rz. 44); so auch *Plassmann*, GRUR 1996, 377 (381); *Tilmann*, GRUR 1997, 790; *Funke*, WM 1997, 1472 (1473); *Wehlau*, ZLR 1999, 393 (414 f.); *Gunther*, Contr.-Conc.-Consom., 1998, chron n° 2 (S. 4 f.); *Laurent*, Contr.-Conc.-Consom., 2001, chron n° 16 (S. 6).

[98] Vgl. *Picod*, D., 2001, doctr., 914 (916), der aus diesen Überlegungen den Schluss zog, dass die vorherige Mitteilungspflicht in Art. L. 121-12 C. consom. a.F. auch unter Geltung der Richtlinie beibehalten werden könne; a.A. *Gunther*, Contr.-Conc.-Consom., 1998, chron n° 2 (S. 6).

[99] Erwägungsgrund 11 Richtlinie 97/55/EG lautet: Die Bedingungen für vergleichende Werbung sollten kumulativ sein und uneingeschränkt eingehalten werden. Die Wahl der Form und der Mittel für die Umsetzung dieser Bedingungen bleibt gemäß dem Vertrag den Mitgliedstaaten überlassen, sofern Form und Mittel noch nicht durch diese Richtlinie festgelegt sind.

Form oder den Inhalt beziehen, nicht aufgestellt werden[100]. Diese Annahme wird auch durch den Zweck der Richtlinie, vergleichende Werbung grundsätzlich zuzulassen, gestützt. Dafür sprechen zudem systematische Überlegungen. Die Ausnahmeregelung in Art. 7 Abs. 4 und Abs. 5 RL wäre unnötig, ließe die Richtlinie schon dem Grundsatz nach restriktivere nationale Regelungen zu[101]. Fraglich bleibt jedoch, ob die Mitgliedstaaten liberalere Bestimmungen erlassen dürfen oder ob Art. 3a Abs. 1 RL auch einen Verbotskatalog enthält. Art. 3a Abs. 1 RL ist diesbezüglich offen. Er stellt zumindest kein ausdrückliches Verbot auf[102]. Da die Richtlinie Werbevergleiche grundsätzlich zulassen soll, wäre ein Verbot freierer mitgliedstaatlicher Bestimmungen eigentlich kontraproduktiv[103]. Andererseits soll sie jedoch die gleichen Bedingungen für Werbevergleiche schaffen. Dieses Ziel würde vereitelt, dürften die Mitgliedstaaten zusätzliche Bestimmungen erlassen[104].

Fällt eine Werbemaßnahme in den Anwendungsbereich der Richtlinie, ist ihre Lauterkeit somit ausschließlich nach den Kriterien des Art. 3a RL zu beurteilen[105]. Die Richtlinien setzt hinsichtlich der vergleichenden Werbung sowohl einen Mindest- als auch einen Höchststandard fest und

---

[100] Vgl. *Dilly*, Das Irreführungsverbot des Art. 3a der Richtlinie über irreführende und vergleichende Werbung, S. 12 mit weiteren Argumenten.

[101] Vgl. *Eck/ Ikas*, WRP 1999, 251 (253).

[102] In dem Richtlinienvorschlag von 1991 hieß es dagegen noch: „vergleichende Werbung ist zulässig, sofern...", ABl. Nr. c 180 v. 11.07.1991, S. 14, 15.

[103] Vgl. *Sack*, GRUR Int. 1998, 263 (270 f.); *Sack*, WRP 2001, 327 (330); vgl. auch *Baumbach/ Hefermehl*[22], Rz. 17 zu § 2 UWG.

[104] Vgl. *Gloy/ Bruhn*, GRUR 1998, 226 (239), vgl. auch *Plassmann*, GRUR 1996, 377 (381); *Tilmann*, GRUR 1997, 790; *Tilmann*, GRUR 1999, 546 (549 f.); *Funke*, WM 1997, 1472 (1473); *Dilly*, Das Irreführungsverbot des Art. 3a der Richtlinie über irreführende und vergleichende Werbung, S. 13 f.; *Bornkamm* in: *Schwarze*, Werbung und Werbeverbote im Lichte des europäischen Gemeinschaftsrechts, S. 139; *Sack* bezweifelt in diesem Zusammenhang, dass die Erwägungsgründe den Schluss auf eine beabsichtigte Vollharmonisierung zulassen, *Sack*, WRP 2001, 327 (330), er ist zudem der Ansicht, der EuGH habe sich in seiner *Toshiba*-Entscheidung (EuGH Rs. C-112/99, Toshiba/Katun, Slg. 2001, I-7945) für die Verbotskatalogtheorie ausgesprochen, vgl. *Sack*, WRP 2002, 363 (365).

[105] Vgl. etwa *Plaß*, NJW 2000, 3161 (3163); *Dilly*, Das Irreführungsverbot des Art. 3a der Richtlinie über irreführende und vergleichende Werbung, S. 15; *Scherer*, WRP 2001, 89 (90); *Storrer*, Bulletin d'actualité – Lamy droit économique 1997/ 11, S. 1 (2); a.A. dagegen *Sack*, WRP 2001, 327; *Borck*, WRP 2001, 1124 (1128).

lässt dem nationalen Gesetzgeber keinen Spielraum für eigenständige Regelungen[106].

II. Zulässigkeit vergleichender Werbung

Die allgemeinen Zulässigkeitsvoraussetzungen vergleichender Werbung enthält Art. 3a RL[107]. Er wirft zahlreiche Probleme und Fragen auf, die der endgültigen Klärung durch den EuGH bedürfen. Nur wenn Klarheit über die Voraussetzungen vergleichender Werbung besteht, wird der Verkehr diese Werbeform einsetzen[108]. Im Sinne einer Liberalisierung vergleichender Werbung spricht sich die englische Literatur für ein weites Verständnis der Zulässigkeitsvoraussetzungen aus[109].

1. Irreführungsverbot

Art. 3a Abs. 1 lit. a RL[110] bestimmt, dass vergleichende Werbung nicht irreführend im Sinn des Art. 2 Nr. 2, des Art. 3 und des Art. 7 Abs. 1 RL sein darf[111]. Unklar war zunächst, ob die Mitgliedstaaten für die Bewertung der Irreführung strengere nationale Vorschriften anwenden dürfen, als sie die Richtlinie vorsieht[112]. Diese Frage stellt sich, da lit. a einerseits für die

---

106 So auch *Ohly/ Spence*, The Law of Comparative Advertising, S. 51 f.; *Eck/ Ikas*, WRP 1999, 251 (256).

107 Die Formulierung „Vergleichende Werbung gilt als zulässig, sofern..." in Art. 3a Abs. 1 enthält eine Fiktion, die hinsichtlich der Gesetzgebungstechnik handwerklich etwas unsauber ist, vgl. *Eck/ Ikas*, WRP 1999, 251 (255, Fn. 65).

108 So *Harrison*, TMW September 1997, 18 (21).

109 Vgl. etwa *Willimsky*, EIPR 1996, 649 (650, 653); ähnlich auch *Harrison*, TMW September 1997, 18 (22).

110 Art. 3a Abs. 1 lit. a RL lautet: Sie ist nicht irreführend im Sinne des Art. 2 Nr. 2, des Art. 3 und des Art. 7Abs. 1.

111 *Wehlau* ist der Ansicht, dem Irreführungsvorbehalt des Art. 3a Abs. 1 lit. a RL verbleibe kein großer Anwendungsbereich, er diene nur als Auffangtatbestand, um flexibel auf Vergleichswerbung reagieren zu können, die zwar alle sonstigen Anforderungen der Richtlinie erfülle, aus anderen Gründen aber dennoch irreführend sei, vgl. *Wehlau*, ZLR 1999, 393 (411); vgl. auch *Dilly*, Das Irreführungsverbot des Art. 3a der Richtlinie über irreführende und vergleichende Werbung, S. 181 ff.

112 Kritisch zu dieser Bestimmung auch *Ohly/ Spence*, GRUR Int. 1999, 681 (689 f.); *Bornkamm* in: *Schwarze*, Werbung und Werbeverbote im Lichte des europäischen Gemeinschaftsrechts, S. 143 f.

Definition der irreführenden Werbung auf Art. 7 Abs. 1 RL[113] verweist[114]. Damit gilt die nationale Verschärfungsfreiheit. Andererseits bestimmt Art. 7 Abs. 2 RL[115], dass diese Verschärfungsfreiheit gerade nicht für Werbevergleiche gilt, soweit es sich um den Vergleich handelt[116].

Zu diesem scheinbaren Widerspruch nahm der EuGH jüngst in seiner Entscheidung *Pippig Augenoptik*[117] Stellung. Beklagte war ein Handelsunternehmen, dessen Filialen unter anderem über Optikabteilungen verfügen. In einem Preisvergleich stellte die Beklagte ihre Preise unter anderem denen der Klägerin gegenüber. Sie nannte diese dabei namentlich. Zwar bezog sich der Vergleich auf dasselbe Brillenmodell. Allerdings waren die verglichenen Modelle mit verschiedenen, wenn auch qualitativ vergleichbaren Gläsern ausgestattet. Auf diese unterschiedliche Herkunft der verwendeten Markengläser wies die Beklagte in ihrer Werbung nicht hin.

Der EuGH entschied, strengere nationale Irreführungsvorschriften seien auf vergleichende Werbung nicht anwendbar. Er trat damit dem Schlussantrag

---

[113] Art. 7 Abs. 1 RL lautet: Diese Richtlinie hindert die Mitgliedstaaten nicht daran, Bestimmungen aufrechtzuerhalten oder zu erlassen, die bei irreführender Werbung einen weiterreichenden Schutz der Verbraucher, der einen Handel, ein Gewerbe, ein Handwerk oder einen freien Beruf ausübenden Personen sowie der Allgemeinheit vorsehen.

[114] *Uecker* spricht von einer „misslungenen" Verweisungstechnik, vgl. *Uecker*, RIW 1998, 961 (962).

[115] Art. 7 Abs. 2 RL lautet: Absatz 1 gilt nicht für vergleichende Werbung, soweit es sich um den Vergleich handelt.

[116] Zu den verschiedenen Auslegungsmöglichkeiten der Verweisung vgl. *Dilly*, Das Irreführungsverbot des Art. 3a der Richtlinie über irreführende und vergleichende Werbung, S. 54 ff. mit zahlreichen Nachweisen; *Tilmann*, GRUR 1997, 790 (791 ff.); *Ahrens*, WRP 1999, 389 (391); *Menke*, WRP 1998, 811 (820); *Sack*, GRUR Int. 1998, 263 (271); Öst OGH GRUR Int. 2001, 776 (779); *Kotthoff*, BB 1998, 2217 (2219 f.); außer bei *Ohly/ Spence*, The Law of Comparative Advertising, S. 60 finden sich, soweit ersichtlich, weder in der englischen noch in der französischen Literatur Äußerungen zu diesem Problem; vgl. etwa *Laurent*, Contr.-Conc.-Consom., 2001, chron n° 16 (S. 7), der zwar auf die Verweisung eingeht, nicht aber auf diesen scheinbaren Widerspruch.

[117] EuGH Rs. C-44/01, Pippig Augenoptik GmbH & Co KG/Hartlauer Handelsgesellschaft mbH u.a., WRP 2003, 615 (Rz. 38 ff.).

des Generalanwalts Antonio Tizzano entgegen[118]. Es sei nicht zwischen den verschiedenen Bestandteilen des Vergleichs zu unterscheiden. Damit käme es nicht darauf an, ob sich die Irreführung aus den Angaben über das Angebot des Werbenden, den Angaben über das Angebot des Mitbewerbers oder aus dem behaupteten Verhältnis der Angebote zueinander ergebe. Der EuGH schloss dies aus den Erwägungsgründen 2, 3 und 18 der Richtlinie 97/55/EG. Danach nehme die Richtlinie eine abschließende Harmonisierung der Bedingungen vor, unter denen Werbevergleiche in den Mitgliedstaaten zulässig seien. Eine solche Harmonisierung setze naturgemäß voraus, dass allein anhand der vom Gemeinschaftsgesetzgeber aufgestellten Kriterien zu beurteilen sei, wann vergleichende Werbung in der ganzen Gemeinschaft zulässig sei. Folglich dürften strengere nationale Vorschriften zum Schutz gegen irreführende Werbung nicht auf vergleichende Werbung angewandt werden. Weiter führte der EuGH aus, für die Irreführung sei auf die mutmaßlichen Erwartungen eines durchschnittlich informierten, aufmerksamen und verständigen Durchschnittsverbrauchers abzustellen[119].

Mit dieser überraschenden Entscheidung zwingt der EuGH dazu, zwischen der Beurteilung irreführender Aussagen innerhalb und außerhalb von Werbevergleichen zu unterscheiden.

2. Gleicher Bedarf oder dieselbe Zweckbestimmung

Zunächst war vorgesehen, nur den Vergleich identischer Waren zuzulassen und so der französischen Regelung des *Code de la consommation* alter Fassung zu folgen. Dies Vorschlag wurde bei den Beratungen jedoch als zu eng abgelehnt[120]. Gemäß Art. 3a Abs. 1 lit. b RL[121] müssen Waren und Dienstleistungen für den gleichen Bedarf oder dieselbe Zweckbestimmung verglichen werden.

---

[118] Schlussanträge des Generalanwalts Antonio Tizzano vom 12.11.2002, Rs. C-44/01, Pippig Augenoptik GmbH & Co KG/Hartlauer Handelsgesellschaft mbH u.a., Rz. 44, herunterladbar von URL: http://www.curia.eu.int (zuletzt aufgerufen am 15.08.2003).

[119] EuGH Rs. C-44/01, Pippig Augenoptik GmbH & Co KG/Hartlauer Handelsgesellschaft mbH u.a., WRP 2003, 615 (Rz. 55).

[120] Vgl. *Gunther*, Contr.-Conc.-Consom., 1998, chron. n° 2 (S. 4).

[121] Art. 3a Abs. 1 lit. b RL lautet: sie vergleicht Waren oder Dienstleistungen für den gleichen Bedarf oder dieselbe Zweckbestimmung.

3. Voraussetzungen des Eigenschaftsvergleichs

Die Werbung muss zudem objektiv eine oder mehrere wesentliche, relevante, nachprüfbare und typische Eigenschaften der Waren, zu denen auch der Preis gehören kann, vergleichen, Art. 3a Abs. 1 lit. c RL[122]. Mit dieser Vorschrift soll verhindert werden, dass der Vergleich ein verzerrtes Gesamtbild der verglichenen Produkte zeichnet.

4. Keine Verwechslung

Art. 3a Abs. 1 lit. d RL[123] verbietet Werbevergleiche, die zu Verwechslungen zwischen dem Werbenden und einem Mitbewerber oder dessen Unterscheidungszeichen führen[124]. Fraglich ist, was unter „Unterscheidungszeichen" zu verstehen ist. Die Erwägungsgründe 13 bis 15 der Richtlinie 97/55/EG sprechen dafür, nur kennzeichenrechtlich geschützte Ausschließlichkeitspositionen hierunter zu subsumieren[125]. Eine an Sinn und Zweck orientierte Auslegung führt jedoch zu einem weiteren Verständnis. Wegen des abschließenden Charakters der Richtlinie wären ansonsten alle Merkmale, die nicht geschützte Unterscheidungszeichen im Sinne der Markenrechtsrichtlinie sind, nicht vor Verwechslungen geschützt. Diese weite Interpretation gebietet auch der Verbraucherschutz. Verwechslungen verbessern die Markttransparenz nicht[126].

Ebenfalls unklar ist bislang, ob schon eine bloße Verwechslungsgefahr unter das Verbot fällt oder ob nur tatsächliche Verwechslungen erfasst

---

[122] Art. 3a Abs. 1 lit. c RL lautet: sie vergleicht objektiv eine oder mehrere wesentliche, relevante, nachprüfbare und typische Eigenschaften dieser Waren und Dienstleistungen, zu denen auch der Preis gehören kann; er geht auf Art. L. 121-8 des französischen *Code de la consommation* a.F. zurück, vgl. *Köhler* in: *Köhler/ Piper*[3], Rz. 34 zu § 2 UWG; zur ratio der Vorschrift und insbesondere zur erwarteten Folge, dass sie vergleichende Imagewerbung verbietet vgl. *Ohly/ Spence*, GRUR Int. 1999, 681 (693 f.); die Bestimmung hat keinen „Auffangcharakter", vgl. *Plaß*, WRP 1999, 766 (768) m.w.N.; zur Anwendbarkeit auf den Auskunftsvergleich siehe unten S. 12 f.

[123] Art. 3a Abs. 1 lit. d RL lautet: sie verursacht auf dem Markt keine Verwechslung zwischen dem Werbenden und einem Mitbewerber oder zwischen den Marken, den Handelsnamen, anderen Unterscheidungszeichen, den Waren oder den Dienstleistungen des Werbenden und denen eines Mitbewerbers.

[124] Zur Bedeutung dieser Vorschrift neben Art. 3a Abs. 1 lit. a RL vgl. *Ohly/ Spence*, GRUR Int. 1999, 681 (691).

[125] Vgl. *Plaß*, WRP 1999, 766 (769 f.).

[126] Vgl. *Eck/ Ikas*, WRP 1999, 251 (268); vgl. auch *Aigner*, Die Auswirkungen der Richtlinie zur irreführenden Werbung auf das deutsche Wettbewerbsrecht, S. 131 ff.

werden. Aus dem Wortlaut geht dies nicht eindeutig hervor. Dafür, dass schon die Gefahr unter das Verbot fällt spricht, dass Art. 2 Nr. 2 RL auch schon bei Täuschungseignung von irreführender Werbung ausgeht[127]. Dafür spricht auch die Bezugnahme auf die Markenrechtsrichtlinie und auf das Ausschließlichkeitsrecht Dritter im 13. Erwägungsgrund[128] der Richtlinie 97/55/EG.

5. Keine Herabsetzung oder Verunglimpfung

Art. 3a Abs. 1 lit. e RL[129] bestimmt, dass vergleichende Werbung den Mitbewerber nicht herabsetzen oder verunglimpfen darf[130]. Ob tatsächlich Werbevergleiche denkbar sind, die die Voraussetzungen des Eigenschaftsvergleichs erfüllen und nicht irreführend sind, aber gleichzeitig den Konkurrenten herabsetzen ist zweifelhaft. Zutreffenderweise ist davon auszugehen, dass lit. e Fälle erfasst, die noch objektiv sind und unter der Irreführungsschwelle bleiben, die den Konkurrenten aber dennoch herabsetzen[131]. Da eine gewisse Abwertung einem kritischen Werbevergleich immanent ist, stellt aber nicht jede Negativwirkung eine Herabsetzung in diesem Sinn dar[132]. Wo hier im

---

[127] Vgl. *Ohly/ Spence*, GRUR Int. 1999, 681 (691).

[128] Vgl. *Eck/ Ikas*, WRP 1999, 251 (268); vgl. auch *Plaß*, WRP 1999, 766 (769); *Plassmann*, GRUR 1996, 377 (380); *Aigner* begründet dieses Ergebnis auch mit der Entstehungsgeschichte der Richtlinie, vgl. *Aigner*, Die Auswirkungen der Richtlinie zur irreführenden Werbung auf das deutsche Wettbewerbsrecht, S. 134 ff.; vgl. dazu auch *Funke*, WM 1997, 1472 (1473); a.A. *Berlit*, BB 2000, 1305 (1307); *Ohly/ Spence*, GRUR Int. 1999, 681 (691); *Hubmann/ Götting*, Gewerblicher Rechtsschutz, § 52, Rz. 7.

[129] Art. 3a Abs. 1 lit. e RL lautet: durch sie werden weder die Marken, die Handelsnamen oder andere Unterscheidungszeichen noch die Waren, die Dienstleistungen, die Tätigkeiten oder die Verhältnisse eines Mitbewerbers herabgesetzt oder verunglimpft.

[130] *Eck/ Ikas* ordnen das Merkmal „Herabsetzung" der Abwertung im Hinblick auf die verglichenen Eigenschaften zu und verstehen unter „Verunglimpfung" nicht-sachbezogene Negativaussagen, *Eck/ Ikas*, WRP 1999, 251 (252 f.); dies hält *Aigner* zutreffend für willkürlich, vgl. *Aigner*, Die Auswirkungen der Richtlinie zur irreführenden Werbung auf das deutsche Wettbewerbsrecht, S. 140 ff. m.w.N.

[131] Vgl. dazu *Ohly/ Spence*, GRUR Int. 1999, 681 (694).

[132] *Harrison* ist der Ansicht, diese Voraussetzung verbiete es Anbietern von objektiv hochwertigeren Ware, diese als denen der Konkurrenz überlegen darzustellen, vgl. *Harrison*, TMW September 1997, 18 (21).

Einzelnen die Grenzen gezogen werden, wird insbesondere Gegenstand der Länderberichte sein.

Die in lit. e genannten Bezugspunkte (Marken, Handelsnamen etc.) sind weit auszulegen. Denn alle Merkmale, die nicht erfasst werden, können wegen des abschließenden Charakters der Richtlinie Gegenstand von Diffamierungen sein[133].

6. Waren mit Ursprungsbezeichnung

Gemäß Art. 3a Abs. 1 lit. f RL[134] (sog. Champagner-Klausel[135]) dürfen Waren mit Ursprungsbezeichnung nur mit Waren der gleichen Bezeichnung verglichen werden. Was unter Ursprungsbezeichnung im Sinn der Vorschrift zu verstehen ist, ist unklar. Aus dem Verweis in Erwägungsgrund 12 der Richtlinie 97/55/EG ist zu schließen, dass der Begriff mit der Legaldefinition des Art. 2 Abs. 2 lit. a VO Nr. 2081/92[136] übereinstimmt. Geographische Angaben i.S.v. Art. 2 Abs. 2 lit. b VO Nr. 2081/92 werden dagegen nicht erfasst. Dies entspricht auch der europäischen Terminologie[137].

Schon diese Unterscheidung ist nicht sachgerecht[138]. Zudem entbehrt die Regel der Systematik. Dies ist darauf zurückzuführen, dass sie auf Wunsch

---

133 Vgl. *Eck/ Ikas*, WRP 1999, 251 (269).

134 Art. 3a Abs. 1 lit. f RL lautet: bei Waren mit Ursprungsbezeichnung bezieht sie sich in jedem Fall auf Waren mit der gleichen Bezeichnung.

135 Vgl. *Sack*, WRP 2002, 363 (366).

136 Verordnung VO Nr. 2081/92 des Rates vom 14. Juli 1992 zum Schutz von geographischen Angaben und Ursprungsbezeichnungen für Agrarerzeugnisse und Lebensmittel; zu den Definitionen vgl. *Knaak*, GRUR 1995, 103 (110 ff.).

137 Vgl. *Plassmann*, GRUR 1996, 377 (380); *Gloy/ Bruhn*, GRUR 1998, 226 (238); *Plaß*, WRP 1999, 766 (770); *Sack*, WRP 2001, 327 (347); *Aigner* kommt dagegen zu dem Ergebnis, Art. 3a Abs. 1 lit. f RL erfasse auch geographische Bezeichnungen, die eine bestimmte geographisch bedingte Beschaffenheit oder Qualität des Erzeugnisses verbürgen; sie begründet dies mit dem in der französischen Fassung der Richtlinie verwendeten Begriff *appellation d'origine*, der solche Bezeichnungen einschließt, vgl. *Aigner*, Die Auswirkungen der Richtlinie zur irreführenden Werbung auf das deutsche Wettbewerbsrecht, S. 147 ff.

138 *Eck/ Ikas* werfen die Frage auf, ob diese Differenzierung mit dem Gleichheitssatz vereinbar ist, vgl. *Eck/ Ikas*, WRP 1999, 251 (270).

Frankreichs aus politischen Gründen eingefügt wurde[139]. Insgesamt stieß Art. 3a Abs. 1 lit. f RL auf deutliche Kritik[140]. Durch das Erfordernis wird die Möglichkeit eines Werbevergleichs bei Waren mit Ursprungsbezeichnung stark eingeschränkt. Letztlich bleibt nur noch Raum für den Preisvergleich identischer Waren[141]. Diese Beschränkung hat keinen ersichtlichen Grund. Denn für Verbraucher besteht auch am Verhältnis von Erzeugnissen mit Ursprungsbezeichnung zu solchen ohne Ursprungsbezeichnung ein Informationsinteresse. Es ist davon auszugehen, dass die Verbraucherentscheidung darüber, ob der in der Regel vorhandene Preisaufschlag gerechtfertigt ist, meist von einem solchen Vergleich abhängt[142].

7. Verbotene Rufausbeutung

Art. 3a Abs. 1 lit. g RL[143] verbietet Werbevergleiche, die den Ruf des Unterscheidungszeichens eines Mitbewerbers oder der Ursprungsbezeichnung von Konkurrenzerzeugnissen in unlauterer Weise auszunutzen[144]. Ähnlich wie beim Herabsetzungsverbot sind kaum Werbevergleiche denkbar, die objektiv wesentliche, relevante und typische Eigenschaften vergleichen, aber gleichzeitig die Wertschätzung des Kennzeichens unlauter ausnutzen oder beeinträchtigen[145].

Für den Begriff des Unterscheidungszeichens griff der EuGH in seiner *Toshiba*-Entscheidung auf die „Unterscheidungskraft" der Marke zurück[146]. Unter den Begriff fallen somit die von einem Unternehmen verwendeten

---

139 Es werden die nach der VO Nr. 2081/92 ebenfalls zu schützenden geographischen Angaben nicht erfasst, vgl. *Gloy/ Bruhn*, GRUR 1998, 226 (238).

140 *Eck/ Ikas* bezeichnen die Bestimmung als „Sündenfall", vgl. *Eck/ Ikas*, WRP 1999, 251 (270); *Tilmann* nennt sie einen „Unglücksfall", vgl. *Tilmann*, GRUR 1997, 790 (797); vgl. auch *Wehlau*, ZLR 1999, 393 (413 f.).

141 Vgl. *Ohly/ Spence*, GRUR Int. 1999, 681 (692); *Plassmann*, GRUR 1996, 377 (370).

142 Vgl. *Aigner*, Die Auswirkungen der Richtlinie zur irreführenden Werbung auf das deutsche Wettbewerbsrecht, S. 150 f. m.w.N.

143 Art. 3a Abs. 1 lit. g RL lautet: sie nutzt den Ruf einer Marke, eines Handelsnamens oder anderer Unterscheidungszeichen eines Mitbewerbers oder der Ursprungsbezeichnung von Konkurrenzerzeugnissen nicht in unlauterer Weise aus.

144 Kritisch zur Bedeutung von Art. 3a Abs. 1 lit. g RL neben Art. 3a Abs. 1 lit. c RL vgl. *Ohly/ Spence*, The Law of Comparative Advertising, S. 83.

145 Vgl. *Ohly/ Spence*, The Law of Comparative Advertising, S. 83.

146 Vgl. EuGH Rs. C-112/99, Toshiba/Katun, Slg. 2001, I 7945, Rz. 48 ff.

Zeichen, die der Verkehr als von einem bestimmten Unternehmen stammend identifiziert. Abzustellen ist auf eine durchschnittlich informierte, aufmerksame und verständige Person, unter Berücksichtigung der Verkehrskreise, an die sich die Werbung richtet.

Zugleich entschied der EuGH, unlautere Rufausbeutung liege noch nicht vor, wenn der Vergleich das Unterscheidungsmerkmal des Mitbewerbers nur aufführt. Andernfalls sei jeder Werbevergleich unzulässig, da dies zur begrifflichen Voraussetzung eines Vergleichs gehöre. Aus Erwägungsgrund 15 der Richtlinie 97/55/EG[147] folge zudem, dass auch der Hinweis auf ein Zeichen des Konkurrenten nicht unter das Verbot falle, wenn er Voraussetzung für wirksamen Wettbewerb auf dem in Rede stehenden Markt ist. Unter besonderen Umständen verstoße die Nichtangabe der angeseheneren Marke sogar gegen das Irreführungsverbot des Art. 3a Abs. 1 lit. a RL. Dies sei der Fall, wenn die Werbung ohne die erforderliche Angabe geeignet ist, ihre Adressaten zu täuschen[148]. Andererseits dürfe die Zielgruppe nicht veranlasst werden, den Ruf der Konkurrenzerzeugnisse auf die Erzeugnisse des Werbenden zu übertragen. Auch dürfe die Werbung keinen falschen Eindruck über die Beziehungen zwischen Werbendem und Markeninhaber hervorrufen[149]. Bei der Prüfung, ob dies der Fall sei, seien die inmitten stehenden Interessen gegeneinander abzuwägen. Dabei sei die legitime Funktion vergleichender Werbung und der Verhältnismäßigkeitsgrundsatz zu berücksichtigen. Die beanstandete Werbung müsse insgesamt beurteilt werden. Maßgeblich sei, ob der Vergleich auch unter geringerer Rufausnutzung erreichbar gewesen wäre[150].

---

[147] Danach stellt die Benutzung einer Marke oder eines Unterscheidungszeichens keine Verletzung der Rechts an der Marke dar, wenn sie unter Beachtung der in der Richtlinie aufgestellten Bedingungen erfolgt und nur eine Unterscheidung der Erzeugnisse und Dienstleistungen des Werbenden von denjenigen seines Mitbewerbers bezweckt, durch die Unterschiede objektiv herausgestellt werden sollen.

[148] Vgl. EuGH Rs. C-44/01, Pippig Augenoptik GmbH & Co KG/Hartlauer Handelsgesellschaft mbH u.a., WRP 2003, 615 (Rz. 52 f.)

[149] Vgl. EuGH Rs. C-112/99, Toshiba/Katun, Slg. 2001, I-7945, Rz. 55.

[150] *Wehlau* stellt daher auf die Notwendigkeit der Abbildung eines Unterscheidungszeichens ab, vgl. *Wehlau*, ZLR 1999, 393 (412 f.).

8. Darstellung als Imitation oder Nachahmung

Art. 3a Abs. 1 lit. h RL[151] bestimmt, dass Werbevergleiche unzulässig sind, die Waren als Imitation oder Nachahmung einer Ware mit geschütztem Kennzeichen oder geschütztem Handelsnamen darstellen[152]. Dieses Verbot geht auf einen Änderungsvorschlag des Europäischen Parlaments zurück, der von der französischen Regierung unterstützt worden war. Die Kommission hatte den Vorschlag zunächst abgelehnt, weil er Werbevergleiche zu weit einschränken würde[153]. Das Verbot soll Hersteller von Originalware schützen, die sich nicht gegen die Imitation als solche wehren können. Unklar ist, ob damit die Behauptung untersagt wird, die eigene Ware sei eine Nachahmung des Vergleichsprodukts oder ob verwehrt wird, das fremde Produkt als Nachahmung des eigenen Produkts zu bezeichnen. Nach richtigem Verständnis verbietet lit. h ersteres und untersagt die Darstellung des eigenen Produkts als Nachahmung des fremden Produkts. So wird verhindert, dass durch den Hinweis auf die Nachbildung ein besonderer Kaufanreiz für die beworbene Ware geschaffen wird. Die umgekehrte Aussage wird zudem als Herabsetzung bereits von lit. e erfasst[154].

9. Sonderangebote

Art. 3a Abs. 2 RL enthält eine Spezialregelung für Vergleichsreklame mit Sonderangeboten[155]. Er konkretisiert das Irreführungsverbot des

---

[151] Art. 3a Abs. 1 lit. h RL lautet: sie stellt nicht eine Ware oder eine Dienstleistung als Imitation oder Nachahmung einer Ware oder Dienstleistung mit geschützter Marke oder geschütztem Handelsnamen dar.

[152] *Emmerich* nennt sie „Parfumklausel", vgl. *Emmerich*, § 7 S. 94; an Sinn und Zweck dieser Vorschrift zweifelnd, *Fröndhoff*, Die Inhaltsbeschränkungen irreführender und vergleichender Werbung, S. 122 m.w.N.

[153] Vgl. Gesetzesbegründung BT-Drucks. 14/2959, S. 12; *Ohly/ Spence* kritisieren, diese Vorschrift verhindere die Veröffentlichung von Informationen, die für den Verbraucher relevant seien, sie verhindere insbesondere Generikawerbung, die zur Kostendämpfung im Gesundheitswesen beitragen kann, vgl. *Ohly/ Spence*, GRUR Int. 1999, 681 (695).

[154] Vgl. dazu *Aigner*, Die Auswirkungen der Richtlinie zur irreführenden Werbung auf das deutsche Wettbewerbsrecht, S. 162 ff. m.w.N.; vgl. auch *Köhler* in: *Köhler/ Piper*[3], Rz. 60 zu § 2 UWG; *Wehlau*, ZLR 1999, 393 (414); *Plaß*, WRP 1999, 766 (771); so auch *Emmerich*, § 7 S. 94.

[155] Art. 3a Abs. 2 RL lautet: Bezieht sich der Vergleich auf ein Sonderangebot, so müssen klar und eindeutig der Zeitpunkt des Endes des Sonderangebots und, wenn das

Art. 3a Abs. 1 lit. a RL. Mit der Bestimmung sollen Verzerrungen durch Werbung mit nicht erkennbaren, kurzfristigen Preissenkungen verhindert werden[156].

III. Beweislast

Grundsätzlich trägt der Kläger die Beweislast[157]. Dies geht sowohl aus der prinzipiellen Zulässigkeit vergleichender Werbung als auch aus Art. 6 RL hervor. Art. 6 RL sieht unter den dort genannten Voraussetzungen Beweiserleichterungen vor[158]. Danach muss der Werbende die Richtigkeit der in der Werbung enthaltenen Tatsachenbehauptungen beweisen, wenn dies angemessen erscheint. Wird dieser Beweis nicht oder nur unzureichend erbracht, ist die Tatsachenbehauptung als unrichtig anzusehen. Daraus ist jedoch nicht zu schließen, dass der Werbende stets die Beweislast für die Voraussetzungen des Art. 3a Abs. 1 RL trägt[159].

C. Zusammenfassung

Die Richtlinie bestimmt detailliert die Voraussetzungen vergleichender Werbung. Sie enthält keine allgemeinen Abwägungskriterien, anhand derer die Lauterkeit zu beurteilen ist. Die vielen Kriterien, die erfüllt werden müssen, sind unflexibel und zum Teil unklar[160]. Dabei kommt der Katalog aber dennoch nicht ohne Wertungsklauseln (Irreführung, Herabsetzung, Rufausbeutung) aus. Durch sie kann Rechtseinheit und -sicherheit nur scheinbar gewährleisten werden.

Zudem nimmt der rigide Katalog den Grundsatz der Zulässigkeit sehr weit zurück. Es erscheint daher fraglich, ob der Grundsatz nicht letztlich in ein nur ausnahmsweise durchbrochenes Verbot verkehrt wird. Von der

---

Sonderangebot noch nicht gilt, der Zeitpunkt des Beginns des Zeitraums angegeben werden, in dem der Sonderpreis oder andere besondere Bedingungen gelten; gegebenenfalls ist darauf hinzuweisen, dass das Sonderangebot nur so lange gilt, wie die Waren und Dienstleistungen verfügbar sind.

[156] Vgl. *Gloy/ Bruhn*, GRUR 1998, 226 (236 f.).

[157] Vgl. *Plaß* in: HK WettbR, Rz. 511 zu § 1 UWG; so auch *Dilly*, Das Irreführungsverbot des Art. 3a der Richtlinie über irreführende und vergleichende Werbung, S. 185 ff.

[158] Vgl. *HdbWettbR-Ergänzungsband/ Hasselblatt*, § 46 Rz. 46.

[159] Vgl. dazu *Kotthoff*, BB 1998, 2217 (2219).

[160] Vgl. dazu *Bachmann*, Comparative Advertising in Germany, S. 82.

Handhabung der zahlreichen Voraussetzungen hängt es ab, ob bezugnehmende Werbung insgesamt tatsächlich zugelassen wird. Insbesondere in den Ländern mit bisherigem Verbot liegt es auf der Hand, dass sich lediglich die Akzente verschieben. Denn ein grundsätzliches Verbot mit weiten Ausnahmen führt oft zu dem gleichen Ergebnis wie eine an zahlreiche, strenge Bedingungen geknüpfte Erlaubnis[161]. Zwar können die Wertungsklauseln durchaus liberal gehandhabt werden. Ob dies aber rechtseinheitlich geschieht ist fraglich.

[161] So auch *Ohly*, GRUR 1998, 828 (829).

3.Teil Recht der vergleichenden Werbung

Die in Teil A besprochenen Bestimmungen der Richtlinie sollen nun in ihrer praktischen Auswirkung analysiert werden. Zu diesem Zweck wird im Folgenden das Recht der Werbevergleiche in Deutschland, England und Frankreich jeweils vor und nach Erlass der Richtlinie gegenübergestellt. Es wird untersucht, ob dieser Rechtsbereich liberalisiert wurde. Im abschließenden Rechtsvergleich wird die angestrebte Harmonisierungswirkung der Richtlinie durchleuchtet.

A. Deutschland

In Deutschland lag und liegt der Schwerpunkt der Werbekontrolle auf der „Fremdkontrolle" durch die Rechtsprechung. Die Selbstkontrolle spielt im Gegensatz zu England nur eine sehr untergeordnete Rolle[162].

I. Auslegung von Werbeaussagen – Verbraucherleitbild

Der BGH ging zunächst von einem flüchtigen Durchschnittsverbraucher aus, der Werbebehauptungen oberflächlich und unkritisch wahrnimmt[163]. Dieses Bild wurde situationsbedingt korrigiert. Zudem nahm der BGH an, dass fachlich geschulte Abnehmer von Spezialartikeln Werbeaussagen meist sorgfältiger prüfen, als Durchschnittsverbraucher Werbung für Dinge des täglichen Bedarfs[164]. Von diesem traditionellen Verbraucherbild entfernte sich der BGH in den 1990er Jahren mehr und mehr. In seiner *Orientteppichmuster*-Entscheidung[165] revidierte er es grundlegend. Hierin stellte er auf einen durchschnittlich informierten und verständigen

[162] Vgl. dazu den Überblick bei *Fröndhoff*, Die Inhaltsbeschränkungen irreführender und vergleichender Werbung, S. 170; *Hartlage*, Vergleichende Werbung in England und Deutschland, S. 140; *Brandmair*, Die freiwillige Selbstkontrolle der Werbung, S. 185.

[163] Vgl. etwa BGH GRUR 1970, 425 (426) – *Melitta Kaffee*; GRUR 1969, 415 (416) – *Kaffeerösterei*; vgl. insgesamt zum deutschen Verbraucherleitbild *Hucke*, Erforderlichkeit einer Harmonisierung des Wettbewerbsrechts in Europa, S. 153 ff. m.w.N

[164] Vgl. *Ulmer/ Reimer*, Rz. 431.

[165] BGH GRUR 2000, 619 (621) – *Orientteppichmuster*.

Verbraucher ab, der situationsadäquat aufmerksam ist[166]. Der BGH näherte sich damit zwar dem Verbraucherbild des EuGH an[167]. Jedoch geht er davon aus, dass der Verbraucher insbesondere Werbung nur flüchtig und ohne besondere Aufmerksamkeit wahrnimmt[168].

Im übrigen ist für die Auslegung von Werbeaussagen stets die objektive Durchschnittsauffassung der umworbenen Verkehrskreise entscheidend[169]. An wen sich die Werbung richtet, ist aus der Art der Ware und der Werbung zu schließen. Dabei ist nicht nur auf die Sachinformation der Werbeaussage abzustellen. Auch die Selbstkundgabe des Werbenden und seine Beziehung zum Konsumenten und zur Konkurrenz, also der Gesamtkontext, sind zu berücksichtigen[170]. Marktschreierischen Übertreibungen misst der Verkehr selten einen sachlichen Gehalt bei. Ob eine solche Übertreibung vorliegt, ist jedoch sorgfältig zu prüfen.

---

[166] Auch in BGH GRUR 2002, 1450 (1453) – *Warsteiner III* wurde ausgeführt, das Verbraucherleitbild in der Rechtsprechung habe sich geändert, der BGH gehe inzwischen vom Leitbild eines durchschnittlich informierten und verständigen Verbrauchers aus, der das fragliche Werbeverhalten mit einer der Situation angemessenen Aufmerksamkeit verfolge; vgl. auch BGH GRUR 2000, 528 (529) – *L-Carnitin*; BGH GRUR 2000, 820 (821) – *Space Fidelity Peep Show*; BGH GRUR 2000, 619 (621) – *Orientteppichmuster*; BGH GRUR 2001, 1061 (1169) – *Mitwohnzentrale.de*; BGH GRUR 2001, 1166 (1169) – *Fernflugreise*.

[167] EuGH Rs. C-470/93, Slg. 1995, I-1923, Verein gegen Unwesen in Handel und Gewerbe/ Mars; EuGH Rs. C-210/96, Slg. 1998, I-4681, Gut Springheide GmbH/ Rudolf Tusky; EuGH Rs. C-220/98, GRUR Int. 2000, 354 (356), Estée Lauder Cosmetics GmbH & Co. OHG/ Lancaster Group GmbH; zu den vermuteten Folgen vgl. *Piper* in: *Köhler/ Piper*[3], Rz. 51 a zu § 3 UWG, der den Wandel terminologisch nennt und bei der Beurteilung des Einzelfalls wenig gravierende Unterschiede zwischen den verschiedenen Verbraucherleitbildern erkennen kann.

[168] Vgl. *Hucke*, Erforderlichkeit einer Harmonisierung des Wettbewerbsrechts in Europa, S. 167.

[169] RG GRUR 1938, 61 (64) – *Eri-Wapro-Fett*; BGH GRUR 1969, 415 – *Kaffeerösterei*; BGH GRUR 1968, 702 (703) – *Hamburger Volksbank*; BGH GRUR 1959, 365 (366) – *English Lavendel*; BGH GRUR 1970, 425 (426) – *Melitta-Kaffee*; *HdbWettbR/ Helm*, § 49, Rz. 28 f.; *Godin*, Wettbewerbsrecht, Rz. 117 zu § 1 UWG; *von Gamm*, Wettbewerbsrecht, Kap. 22, Rz. 7.

[170] Vgl. *Moeser*, NJW 1987, 1789 (1790).

II. Rechtslage vor Erlass der Richtlinie 97/55/EG

1. Arten bezugnehmender Werbung

Das deutsche Gesetz verwendete den Begriff vergleichende oder bezugnehmende Werbung vor Umsetzung der Richtlinie nicht. Er war nicht fest umrissen[171]. Nach einigen terminologischen Unstimmigkeiten[172] gebrauchten deutsche Literatur und Rechtsprechung jedoch überwiegend den Oberbegriff bezugnehmende Werbung. Dieser fasste verschiedene Formen bezugnehmender Werbung zusammen[173]. Voraussetzung für ihr Vorliegen war stets die Bezugnahme.

a) Bezugnahme – Alleinstellungswerbung und Systemvergleich

Jede Werbung hat das Ziel, die Vorteile und Überlegenheit der angepriesenen Ware hervorzuheben. Die damit implizierte mittelbare Vergleichswirkung ist der Werbung eigen. Sie gehörte daher grundsätzlich nicht in den Bereich bezugnehmender Werbung[174]. Etwas anderes galt, wenn deutlich wird auf welchen Konkurrenten die Werbung abzielt. Man war der Ansicht, der Konkurrent könne in diesem Fall als Mittel zur Erhöhung der eigenen Leistung missbraucht[175] und durch den Vergleich

---

[171] Vgl. *Kohler*, MuW XVI, 127; *Nerreter*, GRUR 1933, 8 (10); *Hoffmann*, GRUR 1940, 129.

[172] Zunächst wurde bezugnehmende Werbung als „persönliche Reklame" bezeichnet, im Gegensatz zur „sachlichen Reklame", die sich auf die Anpreisung der eigenen Ware beschränkte, ohne auf die Leistung oder Person eines Mitbewerbers einzugehen, vgl. RGZ 116, 277 (280) – *Konsumverein*; RG GRUR 1931, 986 – *Kaffee-Hag II*; *Kohler*, MuW XVI, 127; *Nerreter*, GRUR 1933, 8 (10); *Hoffmann*, GRUR 1940, 129; schon *Nolting-Hauff* hielt den Begriff „persönliche Reklame" für „wenig glücklich" und stellte klar, dass diese nur rein persönliche Verhältnisse zum Gegenstand haben kann; er differenzierte bereits zwischen Ausbeutung des guten Rufs des Konkurrenten (anlehnend vergleichende Werbung) und der abfälligen Beurteilung der Leistung des Konkurrenten (kritisierend vergleichende Werbung), vgl. *Nolting-Hauff*, GRUR 1931, 342 (343 f.; 347); die Begriffe selbst gehen auf *Nerreter* zurück, vgl. *Nerreter*, GRUR 1933, 8 (11); ähnlich *Herzog*, Vergleichende Reklame, S. 11; die Rechtsprechung vollzog den terminologischen Wandel in RG GRUR 1933, 256 (257) – *Gesenkhammer*; RG GRUR 1935, 445 – *Plakatanschlagwesen*.

[173] Vgl. *Droste*, GRUR 1951, 140.

[174] BGH GRUR 1997, 227 (228) – *Aussehen mit Brille*.

[175] RG GRUR1931, 1299 – *Hellegold*; *Borck*, GRUR 1986, 365 (367).

beeinträchtigt werden[176]. Daher wurde diese Werbeform an enge Zulässigkeitskriterien gebunden. Gemeinsames Merkmal aller Arten bezugnehmender Werbung war daher die erkennbare und individuell gezielte Bezugnahme auf die Person, die Ware oder die Leistung eines bestimmten Mitbewerbers. Die Werbung musste so auf einen oder mehrere Mitbewerber gerichtet sein, dass der Konkurrent von einem nicht unerheblichen Teil des angesprochenen Verkehrskreises erkannt wurde[177]. Entscheidend war stets das Verständnis des umworbenen Verkehrskreises, bei objektiver Gesamtwürdigung[178]. Wendete sich die Werbung an Fachkreise, war deren Spezialwissen zu berücksichtigen[179].

Daneben spielten verschiedene Gesichtspunkte eine Rolle, etwa die Ausdrucksform[180]. Auch Marktfaktoren wurden berücksichtigt[181]. Insbesondere auf Märkten mit nur kleiner Mitbewerberzahl wurden Aussagen, die auf einem Markt mit vielen Wettbewerbern nur eine mittelbare Bezugnahme darstellten, als (direkte) Bezugnahme auf den

---

[176] RG GRUR 1944, 154 – *Kalkpräparat*; BGH GRUR 1952, 416 (417) – *Dauerdose*; BGH GRUR 1967, 30 (33) – *Rum-Verschnitt*; BGH GRUR 1986, 548 (549) – *Dachsteinwerbung*; a. A. *Strothmann*, GRUR 1988, 588 (590 f.); *Borck* GRUR 1961,1 (2).

[177] BGH GRUR 1952, 582 – *Sprechstunde*; BGH GRUR 1955, 37 – *Cupresa*; *Baumbach/ Hefermehl*[21], Rz. 339 zu § 1 UWG.

[178] RG GRUR 1938, 61 (64) – *Eri-Wapro-Fett*; *HdbWettbR/ Helm*, § 49, Rz. 28 f.; *Godin*, Wettbewerbsrecht, Rz. 117 zu § 1 UWG; *Moeser*, NJW 1987, 1789 (1790).

[179] Zum einen ist davon auszugehen, dass Fachkreise den Markt kennen, vgl. RG GRUR 1934, 473 (476) – *Konfektionswatte*; BGH GRUR 1954, 337 (341) – *Radschutz*; BGH GRUR 1963, 371 (374) – *Wäschestärkemittel*; BGH GRUR 1973, 270 (271) – *Der sanfte Bitter*; BGH GRUR 1985, 982 (983) – *Großer Werbeaufwand*; zum anderen betrachten sie Werbung in der Regel sorgfältig, BGH GRUR 1961, 237 (239) – *TOK-Band*; vgl. auch *Reimer*, Persönliche und vergleichende Werbung, S. 51.

[180] Vgl. BGH GRUR 1981, 823 – *Odol*; BGH GRUR 1963, 371 m. Anm. v. *Krieger – Wäschestärkemittel*; BGH GRUR 1973, 534 m. Anm. v. *Neubert – Mehrwert II*; BGH GRUR 1997, 227 (228) – *Aussehen mit Brille*; BGH GRUR 1985, 982 (983) – *Großer Werbeaufwand*; *Baumbach/ Hefermehl*[21], Rz. 354 zu § 1 UWG; *Ulmer/ Reimer*, Rz. 439; *Schönherr*, GRUR Int. 1964, 177 (191 f.); *Reimer*, Persönliche und vergleichende Werbung, S. 25; *Ulmer/ Reimer*, Rz. 438.

[181] Vgl. dazu *Peschel*, Die anlehnend vergleichende Werbung im deutschen und französischen Wettbewerbs- und Markenrecht, S. 148 ff. m.w.N.

einzigen oder den stärksten Mitbewerber verstanden[182]. Wirkte die Werbung nur in einem örtlich begrenzten Bereich, so sah man alle Wettbewerber dieses Gebietes als betroffen an[183]. Gleiches galt für Werbende mit lokal begrenztem Geschäftsbereich. Betroffenheit konnte auch durch zeitliches Zusammentreffen oder Aufeinanderfolgen der Werbung mit der eines Konkurrenten entstehen[184].

Ein Vergleich mit der eigenen Ware, etwa „das beste Persil, das es je gab", gehörte grundsätzlich nicht hierher[185]. Der Eigenvergleich nahm somit eine Sonderstellung ein[186]. Auch allgemein gehaltene Vergleiche ohne erkennbare Bezugnahme auf Konkurrenten[187] (sog. abstrakte

---

[182] Vgl. RG GRUR 1934, 473 (479) – *Konfektionswatte*; BGH GRUR 1961,85 (90) – *Pfiffikus-Dose*; BGH GRUR 1954, 337 (341) – *Radschutz*; BGH WRP 1972, 195 (196) – *Statt Blumen ONKO Kaffee*; insbesondere zur zunehmenden Konzentration der Wirtschaft vgl. BGH GRUR 1970, 422 (423) – *Tauchkühler*; BGH GRUR 1967, 596 (599) – *Kuppelmuffenverbindung*; BGH GRUR 1987, 49 – *Cola-Test*; vgl. auch *Höfer*, WRP 1961, 206 (209 f.); *Baumbach/ Hefermehl*[21], Rz. 358 zu § 1 UWG; *HdbWettbR/ Jacobs – Hasselblatt*, § 46 Rz. 22; *Ingelmann*, WRP 1960, 178 (179); *Moeser* NJW 1987, 1789 (1790).

[183] BGH GRUR 1959, 488 (490) – *Konsumgenossenschaft*; BGH GRUR 1964, 208 (209) – *Fernsehinterview*; BGH GRUR 1968, 433 (437) – *Westfalen-Blatt II*; vgl. auch *Baumbach/ Hefermehl*[21], Rz. 359 zu § 1 UWG; *Ulmer/ Reimer*, Rz. 438; *Eichmann* wollte dagegen darauf abstellen, ob die umworbenen Waren zu denen des täglichen Bedarfs zählten, vgl. *Eichmann*, Vergleichende Werbung in Theorie und Praxis, S. 185 f.; ebenso OLG Köln GRUR 1962, 103 – *Bürobedarf*; vgl. auch *Ingelmann*, WRP 1960, 178 (179); *Godin/ Hoth*, Rz. 30 d) zu § 1 UWG.

[184] BGH GRUR 1952, 582 (584) – *Sprechstunde*; BGH GRUR 1985, 982 (983) – *großer Werbeaufwand*; ob dies nur zufällig geschah war unerheblich, die Vergleichswirkung war unabhängig vom Willen des Werbenden zu prüfen, vgl. *Eichmann*, Vergleichende Werbung in Theorie und Praxis, S. 182; *Tetzner*, NJW 1956, 1900 (1901); LG Köln DW 1959, 12 – *Weiterhin der Preisbrecher*; auf erhebliche Kritik stieß die Entscheidung RG GRUR 1931, 165 – *Odol I*, in der in dem Reklameschild „...ja, aber Odol ist besser", das neben die Werbung eines Konkurrenten gehängt worden war, keine Bezugnahme gesehen wurde; dagegen wandte sich ausführlich *Cahn*, MuW 1931, 241; vgl. auch *Sonderland*, DB 1951, 813 (813); *Borck*, WRP 1961, 70 (71).

[185] Anderes galt, wenn bei der Zielgruppe der Eindruck erweckt wurde, die eigene Ware werde mit der fremden verglichen, BGH GRUR 1961, 237 (240) – *TOK-Band*.

[186] Vgl. *Großkomm./ Brandner – Bergmann*, Rz. A 144 f. zu § 1 UWG.

[187] RG GRUR1931, 1299 – *Hellegold*; *Borck*, GRUR 1986, 365 (367).

Bezugnahmen[188]) waren im Rahmen der allgemeinen Zulässigkeitsvoraussetzungen grundsätzlich lauter[189]. Ein Werbevergleich allgemeiner Art lag vor, wenn sich die Werbung auf Mitbewerber oder Konkurrenzprodukte schlechthin oder auf einen unbestimmten, nicht individualisierten Konkurrentenkreis bezog[190]. Zwar war man der Auffassung, dass auch dieser Werbevergleich einen offensiven Charakter habe[191]. Es fehle aber an einer individuellen Behinderung. Typische Formen waren der System-[192] und Warenartvergleich[193], die Allein- und Spitzenstellungswerbung[194]. Hier handelte es sich nicht um Ausnahmen vom Verbot bezugnehmender Werbung. Vielmehr war der Tatbestand der bezugnehmenden Werbung gar nicht erfüllt[195]. Es fehlte gerade am wesentlichen Kriterium, der Bezugnahme.

Vor Umsetzung der Richtlinie 97/55/EG wurde je nach Bezugsart und -objekt zwischen sachlich kritisierender, persönlich kritisierender und anlehnend bezugnehmender Werbung unterschieden.

---

[188] Vgl. *Sack*, GRUR 1987, 51; *Mettang*, Die kritische werbliche Bezugnahme, S. 12, m.w.N.

[189] RG GRUR 1944, 154 - *Kalkpräparat*; BGH GRUR 1952, 416 (417) - *Dauerdose*; BGH GRUR 1967, 30 (33) - *Rum-Verschnitt*; BGH GRUR 1986, 548 (549) - *Dachsteinwerbung*; vgl. auch *Ulmer/ Reimer*, Rz. 437; *Baumbach/ Hefermehl*[21], Rz. 339 zu § 1 UWG; *Eichmann*, Vergleichende Werbung in Theorie und Praxis, S. 175; *Sack*, GRUR 1987, 51 (52); *Strothmann*, GRUR 1988, 588 (590 f.); *Borck* GRUR 1961,1 (2).

[190] BGH GRUR 1972, 553 (554) - *Statt Blume ONKO-Kaffee.*

[191] Vgl. *Sack/ Amann/ Jaspers*, RWW, Rechtsfragen in Wettbewerb und Werbung, Kap. 3.2, Rz. 580.

[192] Zu den einzelnen Voraussetzungen des zulässigen Systemvergleichs vgl. *Mletzko*, Der wirtschaftliche System- und Fortschrittsvergleich, S. 43 ff.

[193] Vgl. dazu RG GRUR 1935, 382; BGH GRUR 1952, 416 - *Dauerdose*; BGH GRUR 1967, 596 (598) - *Kuppelmuffenverbindung*; a. A. *Baumbach/ Hefermehl*[21], Rz. 348 zu § 1 UWG.

[194] Der Begriff der Alleinstellung geht auf den Werberat zurück; BGH GRUR 1981, 910 (911) - *Der größte Biermarkt der Welt*; BGH GRUR 1983, 779 (780) - *Größter Schuhmarkt Deutschlands*; BGH GRUR 1964, 33 - *Bodenbeläge*; BGH GRUR 1983, 588 (589) - *Überall Westfalen-Blatt*; vgl. auch *Borck*, WRP 1961, 70 (75).

[195] Vgl. *Hartlage*, Vergleichende Werbung in England und Deutschland, S. 19 ff. m.w.N.

b) Kritisierend bezugnehmende Werbung

Kritisierende Werbung lag vor, wenn die Person oder Leistung des Konkurrenten in den Vergleich einbezogen und abgewertet wurde[196]. Je nach Vergleichsobjekt wurde von persönlich oder sachlich kritisierender Werbung gesprochen. Maßgeblich war, ob der Werbende die Waren des Konkurrenten oder dessen Person mit sich verglich. Diese Differenzierung bereitete jedoch insbesondere bei Bezugnahme auf persönlichkeitsgebundene Leistungen Schwierigkeiten. In diesen Fällen impliziert eine Aussage über die Leistung auch eine Aussage über die Person. Hier nach dem Schwerpunkt der Aussage zu unterscheiden barg Probleme, wenn bei der in bezuggenommenen Leistung die Person des Leistenden besonders wichtig war. Daher wurde auf den unmittelbaren Sachbezug der Aussage abgestellt. Fehlte dieser, lag persönlich kritisierende Werbung vor.

aa) Persönlich kritisierende Werbung

Von persönlich kritisierender Werbung wurde bei Vergleichen gesprochen, die auf persönliche Eigenschaften oder Verhältnisse (z.B. Rasse, Nationalität, Vorstrafen) des Mitbewerbers Bezug nahmen. Der Vergleich musste in kritisierender Form erfolgen und geeignet sein, den Konkurrenten in den Augen der Öffentlichkeit herabzuwürdigen[197]. Dabei fehlte ein Hinweis auf objektive Faktoren wie Qualität oder Preis[198]. Die persönliche Werbung wurde daher auch als „nicht unmittelbar sachbezogen" definiert[199]. Es genügte, wenn die besonderen Verhältnisse des fremden Unternehmens in den Wettbewerbskampf hineingezogen wurden[200].

---

[196] *Borck* war zwar der Auffassung, kritisierend bezugnehmende Werbung enthalte eine Anlehnung; er erkannte jedoch an, dass der Mitbewerber darüber hinaus herabgesetzt wird, *Borck*, WRP 1961, 70 (74).

[197] Vgl. *Emmerich*, § 7 S. 87.

[198] Vgl. *Schricker*, GRUR Int. 1990, 771 (776).

[199] Vgl. *Borck*, WRP 1961, 1 (2).

[200] Vgl. *Ulmer/ Reimer*, Rz. 428.

bb) Sachlich kritisierende Werbung

Als sachlich kritisierende Werbung[201] bezeichnete man dagegen Werbung, die sich auf die Waren oder Leistungen des Mitbewerbers bezog. Die ausdrückliche oder stillschweigende Anpreisung der eigenen Ware erfolgte durch Besserstellungsbehauptung[202], um sie so hervorzuheben[203]. Dies geschah etwa durch die Behauptung „besser als X“ oder „größer als Y“.

c) Anlehnend bezugnehmende Werbung

Unter anlehnend bezugnehmende Werbung[204] fiel Werbung, mit der der Werbende nicht einen Unterschied oder eine Besserstellung herausstrich, sondern den guten Ruf der fremden Ware für die eigene nutzbar machte[205]. Der Werbende „lehte sich an“[206]. Es wurden daher die Ausdrücke „Man pflügt das Feld mit fremdem Kalbe“[207] und „sonnt sich in fremdem Lichte“ geprägt[208]. Der Werbende wies auf die Vorzüge beider Waren hin und behauptete deren Gleichwertigkeit. Als Anlehnungstatbestände kamen insbesondere der Hinweis auf die Leistung, Beschaffenheit oder Güte, der Hinweis auf den Verwendungszweck und auf die Beziehungen zur Konkurrenz in Betracht[209]. Die fremde Ware sollte nicht mit der eigenen verwechselt werden. Es sollte nur eine gedankliche Verbindung zum

---

[201] Auch kritisierend vergleichende Werbung oder vergleichende Werbung genannt, vgl. *Baumbach/ Herfermehl*[21], Rz 330 zu § 1 UWG; *Meyer*, Die kritisierende vergleichende Werbung, S. 18; *Borck*, WRP 1986, 365 (366); *Bergmann*, Vergleichende Werbung durch wahrheitsgemäße Kritik, S. 14; *Droste*, GRUR 1951, 140 (141).

[202] RG GRUR 1933, 256 (257) – *Gesenkhammer*.

[203] Vgl. *Burhenne*, NJW 1951, 249 (251).

[204] Sie wurde häufig auch als anlehnende Werbung oder anlehnend vergleichende Werbung bezeichnet.

[205] BGH GRUR 1957, 23 – *Bünder Glas*; *Nerreter*, GRUR 1933, 8 (11); *Droste*, GRUR 1951, 140; dies geschah etwa in der Form: „Ebenso gut wie A“, „Ersatz für B“, „Identische mit C“ oder „in gleicher Qualität wie D“, vgl. RG MuW 1930, 120 – *Valvoline*; *Völp*, WRP 1960, 197.

[206] Vgl. *von Gamm*, Wettbewerbsrecht, 23. Kap. Rz 1.

[207] Vgl. *Lobe*, MuW XVI, 129.

[208] Vgl. *Nerreter*, GRUR 1933, 8 (11).

[209] RG GRUR 1938, 61 (64) – *Eri-Wapro-Fett*; BGH GRUR 1952, 582 (584) – *Sprechstunden*; *Baumbach/ Hefermehl*[21], Rz 548 f. zu § 1 UWG.

fremden Erzeugnis hergestellt werden[210]. Daher wurde die unterschiedliche betriebliche Herkunft der Erzeugnisse offen gelegt. Somit gewann der Gesichtspunkt unlauterer Annäherung und Rufausbeutung einen Schutzcharakter, der den wettbewerblichen Leistungsschutz und die absoluten Schutzrechte ergänzt. Infolgedessen mussten hier die Wertungen und Interessensabwägungen der Spezialgesetze berücksichtigt werden. Bezog sich die behauptete Gleichstellung nur allgemein auf Qualität oder Exklusivität einer anderen Ware oder Leistung, so lag darin noch keine Anlehnung in diesem Sinn[211].

Die in bezuggenommenen Ware musste im Verkehr einen gewissen Ruf genießen, dem eine Werbewirkung und Ausstrahlung für das infrage stehende Warengebiet zukam[212]. Bei unmittelbarer Anlehnung konnte es genügen, wenn die fremde Ware im Verkehr bekannt war und damit Gütevorstellungen verbunden wurden. Erfolgte die Anlehnung dagegen nur mittelbar, war ein überragender Ruf erforderlich[213]. Zudem musste der Ruf der in Bezug genommenen Ware auf dem Warengebiet des Werbenden auch wirtschaftlich verwertbar sein. Daher war erforderlich, dass die angesprochenen Verkehrskreise die in Bezug genommene Ware kannten[214] und ihre Gütevorstellungen auf das umworbene Produkt übertrugen.

2. Unvereinbarkeit mit § 1 UWG

Gemäß § 1 UWG darf eine Wettbewerbshandlung nicht gegen die guten Sitten verstoßen[215]. Der unbestimmte Rechtsbegriff „gute Sitten" wird von der Rechtsprechung konkretisiert (sog. Rechtsfortbildungsauftrag)[216]. Sie

---

[210] Vgl. *von Gamm*, Wettbewerbsrecht, 23. Kap. Rz. 2.

[211] Man war der Auffassung, hierdurch komme beim Verkehr nicht die Vorstellung auf, dass die Werbung an den fremden Ruf anknüpft, vgl. BGH GRUR 1983, 247 (248) – *Rolls-Royce*; kritisch hierzu *Sambuc*, GRUR 1983, 533 (536); vgl. i. ü. *von Gamm*, Wettbewerbsrecht, 23. Kap. Rz 6.

[212] BGH GRUR 1991, 465 m. Anm. v. *Rohnke – Salomon.*

[213] Vgl. *von Gamm*, Wettbewerbsrecht, 23. Kap. Rz 7.

[214] BGH GRUR 1985, 550 (552) m. Anm. v. *Tilmann – Dimple*; BGH GRUR 1991, 465 (467) – *Salomon.*

[215] Zur Generalklausel des § 3 UWG-E, die auf den Begriff der guten Sitten verzichtet, siehe oben S. 10.

[216] Statt vieler vgl. *Baudenbacher*, GRUR 1981, 19 (20); *Nerreter*, GRUR 1937, 167 (170); *Sack*, WRP 1985, 1 (3); *Sack*, NJW 1985, 761 (764); *Piper* in *Köhler/ Piper*, Einf UWG Rz. 178; *Baumbach/ Hefermehl*[21], Einl UWG Rz. 71.

erhält somit "normbildende Autorität"[217]. Dabei muss auf den Schutzzweck des UWG abgestellt und eine umfassende Güter- und Interessenabwägung vorgenommen werden[218]. Entscheidend ist, ob die Wettbewerbshandlung gegen das Anstandsgefühl des verständigen Durchschnittsgewerbetreibenden verstößt[219] oder von der Allgemeinheit missbilligt wird[220]. In der Regel wird die Unlauterkeit aus einer Vielzahl verschiedener Kriterien gefolgert. Um grundlegende Verhaltensregeln an die Hand zu geben, entwickelten Rechtsprechung und Lehre Fallgruppen, anhand derer das Unwerturteil getroffen wird[221]. Eine allgemein formulierte Regel, die sämtliche Situationen einer Fallgruppe erfasst, kann zu einer Fallgruppennorm erstarken[222]. Ein Beispiel hierfür ist der in der *Betonzusatzmittel*-Entscheidung[223] allgemein formulierte Ausnahmetatbestand vom ehemaligen Verbot vergleichender Werbung. Die Fallgruppen sind teilweise jedoch sehr uneinheitlich. Dies zeigt insbesondere die frühere

---

[217] Vgl. *von Bülow*, Gesetz und Richteramt, S. 16 ff.

[218] Vgl. *Piper* in: *Köhler/ Piper*, Einf UWG Rz. 176; *von Gamm*, Wettbewerbsrecht, 18. Kap. Rz. 7; *Baumbach/ Hefermehl*[21], Rz. 337 zu § 1 UWG.

[219] Zunächst stellte die Rechtsprechung wie bei § 826 BGB auf das Anstandsgefühl aller billig und gerecht Denkenden (sog. Anstandsformel) ab, RGZ 48, 114 (124), da dieser vor Einführung des § 1 UWG an dessen Stelle angewandt wurde. Da aber Beurteilungsgegenstand, Bewertungsmaßstab, Zweck und Rechtsfolge der beiden Vorschriften unterschiedlich sind, wurde später auf den Durchschnittsgewerbetreibenden abgestellt; bei Divergenz der in Betracht kommenden „Anstandsgefühle" entscheidet der strengere Maßstab, BGH WRP 1955, 206.

[220] RGZ 48, 114 (124) – *Frachttarife*; BGH GRUR 1957, 131 (136) – *Arzneimittelfertigwaren*; BGH GRUR 1970, 523 (524) – *Fernsprechwerbung*; BGH GRUR 1982, 53 (55) – *Bäckereifachzeitschrift*; BGH GRUR 1957, 365 (367) – *Suwa*; BGH GRUR 1994, 220 (222) – *PS-Werbung II*; BGH GRUR 1994, 222 (224) – *Flaschenpfand*; *Nordemann* formuliert überspitzt, sittenwidrig sei, was dem Anstandsgefühl des zuständigen BGH-Senats zuwiderliefe, *Nordemann*, Rz. 46.

[221] Zur Gefahr der Erstarrung von § 1 UWG und einer zu starken Schematisierung durch die Schaffung von Fallgruppen vgl. *Tetzner*, NJW 1962, 1087; *Mettang*, Die kritische werbliche Bezugnahme, S. 3.

[222] Vgl. dazu *Ohly*, Richterrecht und Generalklausel im Recht des unlauteren Wettbewerbs, S. 300 ff.

[223] BGH GRUR 1962, 45 (48) m. Anm. v. *Reimer – Betonzusatzmittel*; siehe näher dazu unten S. 42 f.

Beurteilung bezugnehmender Werbung[224]. *Baumbach/ Hefermehl* sahen die anlehnend vergleichende Werbung als Unterfall der Ausbeutung, die persönlich und die sachlich kritisierende Werbung als Behinderung[225]. *Jacobs/ Hasselblatt* behandelten die bezugnehmende Werbung einheitlich als Werbebehinderung[226] und sprachen die persönlich vergleichende Werbung nur am Rande an. Die Rechtsprechung entwickelte dagegen eine eigenständige Kategorie für bezugnehmende Werbung[227].

Vor Erlass der Richtlinie 97/55/EG hielt die Rechtsprechung bezugnehmende Werbung wegen Verstoß gegen § 1 UWG grundsätzlich für unlauter[228]. Der Mitbewerber werde zum Gegenstand und Mittel der Werbung gemacht, anstatt die eigene Leistung anzupreisen[229]. Der Werbende und nicht der Kunde vergleiche die Leistungen. Er werfe sich damit zum Richter in eigener Sache auf, obwohl sein eigenes Interesse das Urteil notwendigerweise färbt[230]. Idealerweise sollten die Konkurrenten jedoch nebeneinander und nicht gegeneinander um die Gunst des Publikums kämpfen[231].

---

[224] Kritisch daher auch *Ohly*, Richterrecht und Generalklausel im Recht des unlauteren Wettbewerbs, S. 283 f.

[225] Vgl. *Baumbach/ Hefermehl*[21], Rz. 331 zu § 1 UWG; dieser Einteilung folgt auch *Köhler* in: *Köhler/ Piper*, Rz. 130 ff., 155 ff., 308 ff. zu § 1 UWG; *Piper* in: *Köhler/ Piper*, Rz. 308 ff. zu § 1 UWG; *Speckmann*, Wettbewerbssache, Rz. 197 ff. und Rz. 185 ff.; *Berlit*, Wettbewerbsrecht, Rz. 126 ff. und Rz. 95 ff.; vgl. auch *HdbWettbR/ Jacobs – Hasselblatt*, § 46 Rz. 24 ff.

[226] Vgl. *HdbWettbR/ Jacobs – Hasselblatt*, § 46 Rz. 19.

[227] Vgl. *Ohly*, Richterrecht und Generalklausel im Recht des unlauteren Wettbewerbs, S. 284.

[228] Vgl. *Köhler* in: *Köhler/ Piper*, Rz. 134 zu § 1 UWG m.w.N.; *Gülbay* spricht von einem Verbotstatbestand mit weiten Ausnahmen, vgl. *Gülbay*, Vergleichende Werbung, Subsidiarität und Europa, S. 184.

[229] Vgl. *von Gamm*, Wettbewerbsrecht, 22. Kap. Rz. 2; *Reimer*, Wettbewerbsrecht, 30. Kap., Rz. 2; *Ulmer/ Reimer* Rz. 433 f.; zu Grund und Reichweite des wettbewerblichen Verbots der vergleichenden Werbung vgl. auch *Schricker*; AcP 1972, 203 (218).

[230] Dieses Bild stammt von *Kohler*, MuW 1916/ 1917, 127 (128) und wurde von der Rechtsprechung übernommen, RG GRUR 1931, 1299 (1301) – *Hellegold*; BGHZ GRUR 1968, 645 – *Pelzversand*.

[231] Vgl. *Nordemann*, Rz. 1, 299; vgl. kritisch hierzu *Leo*, WRP 1960, 293 (294); *Wenzel*, NJW 1962, 81.

Auch im Schrifttum galt bezugnehmende Werbung überwiegend als grundsätzlich unzulässig[232]. Ihr fehle es an Objektivität, sie berge die Gefahr der Irreführung und verletze die schutzwürdigen Interesse der Mitbewerber, nicht als Vorspann für fremde Leistungen missbraucht zu werden. Sie sei unvereinbar mit den Anschauungen des anständigen und verständigen Durchschnittsgewerbetreibenden, weil der Konkurrent zur Förderung der eigenen Leistung eingesetzt werde[233]. Andere wollten bezugnehmende Werbung grundsätzlich zulassen[234]. Durch sie werde die Markttransparenz verbessert[235] und das Grundrecht auf freie Meinungsäußerung (Art. 5 Abs. 1 GG) gewährleistet[236]. In der Praxis ergaben sich kaum Unterschiede zwischen diesen Ansätzen. Beide ließen Ausnahmen zu und kamen dadurch oft zu ähnlichen Ergebnissen. Sie wirkten sich jedoch bei der Beweislastverteilung aus, da derjenige, der sich auf eine Ausnahme beruft, deren Vorliegen nachweisen muss. Somit trug der Kläger die Beweislast für die Unzulässigkeit[237] vergleichender Werbung, wenn man von deren grundsätzlicher Zulässigkeit ausging und umgekehrt.

---

[232] Vgl. *Reimer*, Wettbewerbsrecht, 30. Kap. Rz. 23; *Ulmer/ Reimer*, Rz. 436; *Tetzner*, Rz. 131 zu § 1 UWG; *Godin*, Wettbewerbsrecht, Rz. 115 zu § 1 UWG; *Tetzner*, NJW 1953, 87 (90); *Rosenthal*, Rz. 55 ff. zu § 1 UWG; *Spengler*, DW 1960, 75 (78); *Leo*, WRP 1960, 293; *Krieger*, BB 1962, 240; *Reimer*, Persönliche und vergleichende Werbung, S. 18; *Peschel*, Die anlehnend vergleichende Werbung im deutschen und französischen Wettbewerbs- und Markenrecht, S. 113 ff. m.w.N.; *Reimer*, GRUR 1962, 50; *Borck*, WRP 1961, 1 (4); *Borck*, WRP 1962, 249; *Borck*, WRP 1986, 365 (366); *Droste*, GRUR 1951, 140; *Seubert*, BB 1960, 965 (966); *Moser von Filseck*, GRUR 1963, 182.

[233] Vgl. *Ulmer/ Reimer* Rz. 434.

[234] Vgl. *Köhler* in: *Köhler/ Piper*, Rz. 134 zu § 1 UWG; *Kloepfer/ Michael*, GRUR 1991, 170 (179); *Völp*, WRP 1960, 197; *Völp*, WRP 1961, 134 (135); *Koenigs*, NJW 1961, 1041 (1044); *Rinck*, BB 1962, 105; *Wenzel*, NJW 1962, 81; *Schwamberger*, NJW 1961, 1185; *Burhenne*, NJW 1951, 249.

[235] Vgl. *Kloepfer/ Michael*, GRUR 1991, 170; *Rinck*, BB 1962, 105; *Wenzel*, NJW 1962, 81 (82); hiergegen *Borck*, WRP 1961, 1 (3); *Bohrer*, MA 1956, 345; *Menke*, GRUR 1991, 661.

[236] Vgl. *Burhenne*, NJW 1951, 249 (251); *Wenzel*, NJW 1962, 81 (84); *Kloepfer/ Michael*, GRUR 1991, 170 ff.; *Braun*, WRP 1982, 510 ff.; *Tilmann*, GRUR Int. 1983, 598 (601 f.).

[237] Vgl. *Baumbach/ Hefermehl*[22], Rz. 336 zu § 1 UWG.

a) Persönlich kritisierende Werbung

Vor Einführung der lauterkeitsrechtlichen Generalklausel hielt das Reichsgericht wahre persönliche Werbung für grundsätzlich zulässig, da wahre Vorgänge verbreitet werden dürften. Eine Grenze wurde dort gezogen, wo besondere Umstände hinzutraten[238], etwa schikanös und nicht mehr geschäftlich motiviert vorgegangen wurde. Dies stieß in der Literatur auf deutliche Kritik[239]. Daraufhin distanzierte sich das Reichsgericht ausdrücklich von dieser Beurteilung. Es erklärte persönlich vergleichende Werbung jedoch nicht für grundsätzlich unzulässig[240], sondern stellte darauf ab, ob ein Rechtfertigungsgrund vorlag[241]. Erst später setzte sich die Meinung durch, persönlich vergleichende Werbung sei unlauter, weil der Hinweis auf persönliche Verhältnisse wettbewerbsfremd sei[242]. In der Werbung solle nicht auf die Person des Konkurrenten Bezug genommen werden, um sie im Wettbewerbskampf auszuschlachten[243]. Umstände, die nicht zum Vergleich stehen, beeinflussten die Entscheidung von vornherein gefühlsmäßig und unsachlich zuungunsten des Mitbewerbers[244]. Dies verwirre den Kunden. Statt dessen sollten die gewerblichen Leistungen miteinander konkurrieren[245].

---

238 RGZ 76, 110 (111) – *Zeitungsausschnitte.*

239 Vgl. etwa *Wertheimer*, GRUR 1912, 60; *Lobe* war schon 1910 der Auffassung, es sei objektiv unlauter, wenn die zum Vergleich stehenden Kräfte mit nicht zum Vergleich stehenden vermischt würden, *Lobe*, GRUR 1910, 3 (5).

240 RG GRUR 1932, 86 (87); RG GRUR 1933, 504 (505) – *Operumbau*; in der NS-Zeit ließ das RG zwar den Hinweis auf die Ausländereigenschaft oder auf die jüdische Volkszugehörigkeit zu, vgl. RG GRUR 1939, 652 (654) – *Dachpappenfabrik*; RG GRUR 1938, 648 (652) – *Auslandsfirma*; zum Teil wurde versucht, dies zu relativieren, vgl. RG GRUR 1933, 507 (508) – *Dunlop*; RGZ 150, 55 (57); RG GRUR 1940, 301 (304) – *Coramin*; RG GRUR 1935, 519 (520) – *Multigraph*; kritisch hierzu auch *Burhenne*, NJW 1951, 249 (251).

241 RG JW 1925, 2328.

242 RG MuW 1932, 81 – *Briefumschläge*; RG GRUR 1935, 445 (449) – *Plakatanschlagwesen*; *Großkomm./ Brandner – Bergmann*, Rz. A 90 zu § 1 UWG; OLG Koblenz GRUR 1989, 355 – *Stammkunden.*

243 Vgl. *von Gamm*, Wettbewerbsrecht, 22. Kap. Rz 16.

244 RG GRUR 1935, 445 (447) – *Plakatanschlagwesen*; BGH GRUR 1966, 92 (94) – *Bleistiftabsätze.*

245 *Baumbach/ Hefermehl* sehen daher die persönliche Werbung auch als Behinderung, vgl. *Baumbach/ Hefermehl*[21], Rz. 331 zu § 1 UWG.

Von diesem grundsätzlichen Verbot wurden unter strengen Voraussetzungen Ausnahmen zugelassen. Sie waren zum Teil in Fallgruppen aufgeteilt. Die Werbeaussage musste wahr sein[246] und für den Bezug auf persönliche Verhältnisse ein sachlich gerechtfertigtes Interesse bestehen[247]. Ein solches wurde bejaht, wenn ein hinreichender Anlass gegeben war und sich die Kritik im Rahmen des Erforderlichen hielt[248]. Hieran fehlte es in der Regel[249]. Anerkannt war jedoch die wettbewerbliche Abwehr[250]. Sie stellte einen Unterfall des Rechtfertigungsgrunds Abwehr eines gegenwärtigen rechtswidrigen Angriffs dar. Hatte sich der Angegriffene seinerseits reklamemäßig mit der Person des Werbenden beschäftigt und setzte sich dieser zur Abwehr nun ebenfalls mit den persönlichen Verhältnisse des Konkurrenten auseinander, so handelte er gerechtfertigt. Der sogenannte Abwehrvergleich entsprang dem Notwehrgedanken, vergleichbar mit § 227 BGB und § 32 StGB. Wer gegenwärtig widerrechtlich angegriffen wurde, durfte sich in notwendigem Maß verteidigen. Jedoch musste die Abwehr sachlich, wahr, geeignet und bestimmt sein[251]. Eine weitere anerkannte Ausnahme war die Wahrnehmung berechtigter Interessen[252]. Zudem griffen in der Regel die für kritisierend vergleichende Werbung geltenden Ausnahmen[253].

---

246 RG GRUR 1935, 445 (446 f.) – *Plakatanschlagwesen*; BGHZ 50, 1 (7) – *Persianer-Stückemantel*; BGH GRUR 1962, 34 (35 f.) – *Torsana*; BGH GRUR 1958, 35 (37) – *Die Fundstelle*; BGH GRUR 1966, 92 (94) – *Bleistiftabsätze*; BGH GRUR 1954, 333 (335) – *Molkereizeitung*.

247 BGH GRUR 1954, 333 (335) – *Molkereizeitung*.

248 BGH GRUR 1962, 45 (48) – *Betonzusatzmittel*; BGH GRUR 1965, 96 (100) – *Listenpreis*; BGH GRUR 1966, 92 (94) – *Bleistiftabsätze*.

249 Vgl. *Ulmer/ Reimer*, Rz. 446.

250 RG GRUR 1945, 445 (448) – *Plakatanschlagwesen*; RG GRUR 1944, 34 (35) – *Stahlseitenbeton*; BGH GRUR 1962, 45 (47) – *Betonzusatzmittel*; BGH GRUR 1967, 308 (310) – *Backhilfsmittel*.

251 Gegen diese Ausnahme sprach, dass es keinen allgemeinen Grundsatz gibt, wonach der Einzelne Unrecht selbst vergelten darf; das Gewaltmonopol liegt beim Staat und es besteht in aller Regel keine echte Notwehrsituation im Sinne einer nicht anders abwendbaren Gefahr, vgl. *Meyer*, Die kritisierende vergleichende Werbung, S. 93 f.

252 RG GRUR 1938, 53 (56) – *Madaus-Kajoka*; BGH GRUR 1959, 488 (490) – *Konsumgenossenschaft*.

253 Siehe dazu sogleich.

b) Sachlich kritisierende Werbung

Zunächst ließ das Reichsgericht kritisierend vergleichende Werbung grundsätzlich zu[254]. Unlauter war sie nur, wenn besondere Umstände hinzutraten, der Mitbewerber etwa grob herabgewürdigt wurde[255] oder Irreführungsgefahr bestand[256]. Ein grundsätzlicher Rechtsprechungswandel kündigte sich mit den Entscheidungen *Preisvergleich*[257] und *Konsumverein*[258] an und vollzog sich vollständig mit der *Hellegold*-Entscheidung[259]. Das Reichsgericht entschied, sachlich kritisierende Werbung sei grundsätzlich unzulässig, weil es sich Mitbewerber nicht gefallen lassen müßten, in fremden Anpreisungen als Mittel zur Erhöhung der fremden Leistungsfähigkeit verwendet zu werden[260] (sog. *Hellegold*-Motiv)[261]. Der BGH bestätigte diese Rechtsprechung nach dem 2. Weltkrieg und führte sie fort[262]. In der Entscheidung *Dauerdose*[263] sprach er aus, es widerspreche grundsätzlich dem anständigen Wettbewerb, die Kritik an der Leistungsfähigkeit eines Mitbewerbers als Vorspann für die eigene Kundenwerbung zu verwenden.

Von diesem grundsätzlichen Verbot wurden Ausnahmen zugelassen. Dies geschah zunächst anhand von Falltypen[264]. So war, ähnlich wie bei

---

[254] RG NJW 1908, 482 – *Backostwasser*; RG GRUR 1931, 983 (984, 986) – *Deutsche Normen*; RG MuW XII, 337 – *Sunlight*; RG GRUR 1931, 1302 – *Kaffee Haag*.

[255] RG JW 1905, 20 – *Deutsche Hausfrau*; RG JW 1908, 133 – *Schmutzige Prahlerei*.

[256] RGZ 88, 183 (185) – *Sack-Pflüge*; RG GRUR 1927, 486 – *Preisvergleich*.

[257] RG GRUR 1927, 486 – *Preisvergleich*; in dieser Entscheidung stellte das Reichsgericht erstmals darauf ab, dass sich der Werbende durch den Werbevergleich „gewissermaßen zum Richter in eigener Sache“ aufwerfe.

[258] RGZ 116, 277 – *Konsumverein*.

[259] RG GRUR 1931, 1299 – *Hellegold*; vgl. etwa auch RG GRUR 1939, 205 (208) – *Gummibänder*.

[260] RG GRUR 1931, 1299 (1301) – *Hellegold*.

[261] Vgl. *Borck*, WRP1961, 70 (73); *Borck*, WRP 1962, 249 (250); *Borck*, WRP 1986, 365 Fn. 18.

[262] Vgl. etwa BGH GRUR 1952, 416 – *Dauerdose*; BGH GRUR 1952, 582 (585) – *Sprechstunde*; BGH GRUR 1953, 293 (294) – *Fleischbezug*; BGH GRUR 1954, 337 (341) – *Radschutz*.

[263] BGH GRUR 1952, 416 (417) – *Dauerdose*.

[264] Schon nicht unter den Begriff der bezugnehmenden Werbung fielen dagegen der System- und der Warenartvergleich, siehe oben S. 12 ff.

persönlich kritisierender Werbung, der sog. Abwehrvergleich zulässig[265]. Der sog. Fortschrittsvergleich wurde zur Illustration technischer Unterschiede erlaubt[266], etwa wenn die Neuerung nicht anders darstellbar war[267]. Man war der Ansicht, dies entspreche dem berechtigten Interesse des Werbenden und diene zudem der Allgemeinheit[268]. Auch vom Kunden konkret und ausdrücklich verlangte Vergleiche (sog. Auskunftsvergleiche) waren zulässig. Der Werbende musste jedoch die Initiative des Kunden nachweisen, was sich oft schwierig gestaltete[269]. Das abgegebene Urteil musste wahr, sachlich, zurückhaltend[270] und überprüfbar sein. Hintergrund dieser Ausnahme war, dass der Wettbewerber dem Verlangen des Kunden nicht anders nachkommen konnte ohne fühlbaren Schaden zu erleiden[271].

In der *Betonzusatzmittel*-Entscheidung[272] stellte der BGH erstmals auf einen generellen Ausnahmetatbestand ab[273]. Hierin lag jedoch kein grundsätzlicher Wandel hin zur Zulässigkeit vergleichender Werbung[274].

---

265 RG MuW 1935, 148 – *Virilium*; RG GRUR 1933, 249 – *Paraffinkerze*; RG GRUR 1934, 322 – *Bromural*; RG GRUR 1934, 473 – *Konfektionswatte*; BGH GRUR 1954, 337 – *Radschutz*; BGH GRUR 1960, 384 (387) – *Mampe halb und halb*; siehe oben S. 46 f.

266 BGH GRUR 1952, 416 (417) – *Dauerdose*; BGH GRUR 1958, 343 (345) – *Bohnergerät*; BGH GRUR 1961, 85 (90 f.) – *Pfiffikus-Dose*; BGH GRUR 1961, 237 (240) – *TOK-Band.*

267 BGH GRUR 1967, 30 (33) – *Rum-Verschnitt*; BGH GRUR 1967, 596 (598) – *Kuppelmuffenverbindung*; BGH GRUR 1969, 283 (285) – *Schornsteinauskleidung*; BGHZ 49, 325 (329) – *40% können Sie sparen.*

268 RG GRUR 1931, 344 – *Dextropur;* RG GRUR 1937, 941 – *Pendelastic.*

269 RG GRUR 1936, 813 (816) – *Holzimprägnierung*; BGH GRUR 1957, 23 – *Bünder Glas.*

270 RG GRUR 1938, 57 – *Madaus.*

271 RG GRUR 1944, 154; vgl. auch *Cyrus*, GRUR 1961, 11 (18); *Höfer*, WRP 1961, 206.

272 BGH GRUR 1962, 45 m. Anm. v. *Reimer – Betonzusatzmittel.*

273 Hintergrund war, dass die Werbung mehr und mehr zu nicht nachprüfbaren, allgemein gehaltenen Angaben überging und es erwünscht war, den Verbraucher durch sachbezogene Werbung wahrheitsgemäß aufzuklären, BGH GRUR 1969, 284 (285) – *Schornsteinauskleidung.*

274 *Krieger* sah in der *Wäschestärkemittel* Entscheidung die Andeutung, es genüge nun, dass der Vergleich zweckmäßig ist, um Unterschiede darzustellen, vgl. BGH GRUR 1963, 371 m. Anm. v. *Krieger – Wäschestärkemittel*; kritisch *Knopp*, GRUR 1968, 446 (447); BGH GRUR 1971, 159 (160) m. Anm. v. *Schulze zur Wiesche* –

Vielmehr wurden die Ausnahmevoraussetzungen lediglich nicht mehr schematisch anhand von Sonderfällen festgestellt. Die bisherigen Einzelausnahmen hatten nur noch beispielhaften Charakter. Kritisierend vergleichende Werbung sollte nunmehr zulässig sein, wenn die in den Vergleich einbezogenen Waren und Leistungen vergleichbar waren[275]. Der Werbende musste seine wahrheitsgemäße und sachliche Kritik nach Art und Maß im Rahmen des Erforderlichen halten. Darüber hinaus musste ein hinreichender Anlass[276] bestehen. Letzteres wurde bei Wahrnehmung eines berechtigten Interesses bejaht. Dieses konnten sowohl in der Person des Werbenden liegen als auch durch ein Bedürfnis der Allgemeinheit nach sachgemäßer Aufklärung begründet sein[277]. Es wurde nur ausnahmsweise anerkannt, weil der geschäftliche Verkehr in aller Regel nicht altruistisch handelt[278]. Grundsätzlich wurde der Vergleich umso strenger beurteilt, je deutlicher auf bestimmte Mitbewerber Bezug genommen wurde[279]. Somit ergab sich eine Wechselbeziehung zwischen Bezugnahme und berechtigtem Interesse[280]. Die Erörterung musste sich auf die Fragen beschränken, die durch den gerechtfertigten Anlass aufgeworfen wurden[281]. Zudem musste sie in sachlicher Form erfolgen, also nicht über das hinausgehen, was zu einer erfolgsversprechenden Wahrnehmung der berechtigten Interessen unbedingt notwendig war[282].

Motorjacht; BGH GRUR 1974, 666 (668) m. Anm. v. *Pietzcker – Reparaturversicherung*; BGH GRUR 1981, 748 (749) – *Lesestrukturanalyse*; BGH GRUR 1986, 618 (620) – *Vorsatz-Fensterflügel.*

275 BGHZ 49, 325 (330) – *40% können Sie sparen*; BGH GRUR 1959, 488, (491) – *Konsumgenossenschaft*; BGH GRUR 1964, 208 (210) – *Fernsehinterview.*

276 Auf einen hinreichenden Anlass stellte schon *Nerreter* ab, vgl. *Nerreter*, GRUR 1933, 8 (14).

277 BGH GRUR 1971, 159 (160) m. Anm. v. *Schulze zur Wiesche – Motorjacht*; BGHZ GRUR 1968, 443 (445) m. Anm. v. *Knopp – 40% können Sie sparen*; BGH GRUR 1970, 422 (424) m. Anm. v. *Knopp – Tauchkühler*; vgl. auch *Meyer*, WPR 1991, 765 (766).

278 Vgl. *von Gamm*, Wettbewerbsrecht, 22. Kap. Rz 38.

279 Vgl. *Simon*, WuW 1956, 48 (56); *von Gamm*, Wettbewerbsrecht, 22. Kap. Rz 38; *Meyer*, WPR 1991, 765 (766).

280 So auch *Meyer*, WPR 1991, 765 (766).

281 BGH GRUR 1960, 384 (387) – *Mampe Halb und Halb*; BGH GRUR 1959, 488 (491) – *Konsumgenossenschaft.*

282 BGH GRUR 1967, 308 (312) – *Backhilfsmittel.*

Insgesamt nahm die Rechtsprechung zwischen den 1980er und den 1990er Jahren eine immer liberalere Haltung ein. Während man anfangs noch in fast jedem kritischen Vergleich eine sittenwidrige Herabsetzung sah, wurde dies später erst bejaht, wenn besondere Umstände hinzutraten. Kritisierend vergleichende Werbung war nur dann unzulässig, wenn der Wettbewerber über das Maß hinaus herabgesetzt und verächtlich gemacht wurde, das mit jeder Werbung notgedrungen verbunden ist[283]. Dies verdeutlichen zwei Entscheidungen zu zwei Werbeslogans eines Brillenfilialisten, die trotz eines ähnlichen Inhalts unterschiedlich beurteilt wurden. In der Entscheidung aus dem Jahr 1987 wurde der Werbesatz „Weil niemand gern zuviel bezahlt: F." für unzulässig herabsetzend gehalten[284]. Zehn Jahre später wurde dies für „F.: Lieber besser aussehen als viel bezahlen" verneint[285].

c) Anlehnend bezugnehmende Werbung

Auch die anlehnend bezugnehmende Werbung hielt das Reichsgericht zunächst für zulässig[286]. Es begann aber schon früh diese Beurteilung zu ändern[287]. Der Rechtsprechungswandel vollzog sich vollends mit der *Aspirin*-Entscheidung[288]. Seit dieser Entscheidung wurde anlehnend vergleichende Werbung als grundsätzlich unzulässig erachtet[289], um so Wettbewerbsanreize zu schaffen[290]. Es wurde als unlauter angesehen, den Arbeitserfolg und guten Ruf eines Mitbewerbers durch Bezugnahme als Vorspann für den eigenen Wettbewerb auszunutzen[291]. Dabei waren die

---

[283] Vgl. *Bornkamm* in: *Schwarze*, Werbung und Werbeverbote im Lichte des europäischen Gemeinschaftsrechts, S. 146 f. m.w.N.

[284] OLG Düsseldorf WRP 1987, 673.

[285] BGH GRUR 1997, 227 – *Aussehen mit Brille.*

[286] RG Warneyer 1912, Nr. 96, S. 108 (111) - *Chartreuse*; RGZ 36, 123 (127) - *Garlocke.*

[287] RGZ 36, 123 (125) – *Garlocke.*

[288] RG JW 1926, 46 (48) – *Aspirin.*

[289] RGZ 143, 362 (366) - *Bromural*; BGH GRUR 1956, 23 - *Bünder Glas*; BGH GRUR 1989, 602 (603) - *Die echte Alternative*; BGH GRUR 1990, 453 (456) - *L-Thyroxin.*

[290] Vgl. *Meyer*, Die kritisierende vergleichende Werbung, S. 23.

[291] BGH GRUR 1957, 23 - *Bünder Glas*, BGH GRUR 1994, 808 (811) - *Markenverunglimpfung I*; BGH GRUR 1995, 57 (59) - *Markenverunglimpfung II*; *Helm*, GRUR 1976, 630 (633).

dahinter stehenden Gründe teilweise nur schwer nachvollziehbar[292]. Maßgeblich war die Art der vertriebenen Ware, deren Qualität und Ansehen, ein damit verbundener Prestigewert und vor allem das Verhältnis dieser Ware zu derjenigen, für die der Ruf der Kennzeichnung ausgenutzt wurde[293].

Auch hiervon wurden unter besonderen Umständen Ausnahmen zugelassen. In der *Raziol*-Entscheidung[294] schien der BGH zunächst auf die selben Voraussetzungen abzuheben wie für kritisierend vergleichende Werbung. Später stellte er jedoch klar, dass wegen der erheblichen Unterschiede zwischen beiden Werbeformen die zur kritisierend vergleichenden Werbung entwickelten Grundsätze nicht allgemein, sondern nur hinsichtlich einzelner Kriterien angewandt werden könnten[295]. Es existierte kein allgemeiner Ausnahmegrundsatz. Statt dessen wurde von Fall zu Fall entschieden. Die Angaben mussten stets wahr und sachlich sein. Anerkannte Ausnahmen waren die Aufklärung auf ausdrückliches Verlangen des Kunden[296] oder die wettbewerbliche Abwehr[297]. Auch die Wahrnehmung berechtigter Interessen konnte unter strengen Voraussetzungen einen Rechtfertigungsgrund darstellen. So wurde etwa das schutzwürdige Bedürfnis der angesprochenen Verkehrskreise nach sachgemäßer Aufklärung nur anerkannt, wenn die Anlehnung notwendig war[298]. Zudem musste die Reklame zur Information geeignet sein und

---

[292] Vgl. dazu *Peschel*, Die anlehnend vergleichende Werbung im deutschen und französischen Wettbewerbs- und Markenrecht, S. 137 ff. m.w.N.

[293] BGH GRUR 1985, 550 (552) m. Anm. v. *Tilmann – Dimple*; BGH GRUR 1991, 465 (466) – *Salomon*; BGH GRUR 1991, 609 (612) m. Anm. v. *Bonn – SL*; BGH GRUR 1991, 863 (865) – *Avon.*

[294] BGH GRUR 1976, 375 (376) m. Anm. v. *Malzer – Raziol.*

[295] BGH WRP 89, 572 (575) – *Bioäquivalenz-Werbung; Waibel*, GRUR 1976, 407 (410); ob für die Rechtfertigung der anlehnend vergleichenden Werbung weitere besondere Umstände hinzutreten müssen, ließ BGH GRUR 1992, 625 (626) – *Therapeutische Äquivalenz* ausdrücklich offen; anders OLG Köln WRP 1993, 522 (523); vgl. auch *Moeser*, NJW 1987, 1789 (1790).

[296] BGH GRUR 1957, 23 (24) – *Bünder Glas.*

[297] BGH GRUR 1957, 23 (24) – *Bünder Glas* mit Bezugnahme auf BGH GRUR 1954, 337 (341) – *Radschutz.*

[298] BGH WRP 89, 572 (576) – *Bioäquivalenz-Werbung*; BGH GRUR 1989, 602 – *Die echte Alternative*; vgl. auch *von Gamm*, GRUR 1990, 313 (316).

durfte den Werbeeffekt nicht übertrieben in den Vordergrund stellen[299]. Denkbar war ein solch schutzwürdiges Bedürfnis auch, wenn die Bezugnahme sachlich notwendig war, um den Absatz der Ware zu ermöglichen[300], beispielsweise im Ersatzteil- und Zubehörgeschäft[301]. Der Hinweise auf die Zweckbestimmung musste notwendig sein, um die Eigenschaft der Ware, ihre Beschaffenheit und Gebrauchsmöglichkeit und ihren Verwendungszweck zu beschreiben[302]. Der Ersatzteilhändler musste jede Verwechslungsgefahr hinsichtlich der betrieblichen Herkunft vermeiden[303]. Er musste so auf die fremde Ware Bezug nehmen, dass deutlich wurde, dass die Ersatzteile lediglich zur Verwendung für die fremde Hauptware bestimmt waren[304].

III. Rechtslage nach Erlass der Richtlinie 97/55/EG

1. Umsetzung durch die Rechtsprechung

Die Richtlinie 97/55/EG wurde mit dem Gesetz zur vergleichenden Werbung und zur Änderung wettbewerbsrechtlicher Vorschriften vom 1. September 2000 mit Wirkung vom 14. September 2000 (verspätet) in deutsches Recht umgesetzt. Jedoch transformierte der BGH die Richtlinie schon vor In-Kraft-Treten des Umsetzungsgesetzes und insbesondere vor Ablauf der Umsetzungsfrist. Er legte die Generalklausel des § 1 UWG entsprechend aus.

---

299 BGH GRUR 1992, 625 (627) – *Therapeutische Äquivalenz.*

300 BGH GRUR 1958, 343 (344) – *Bohnergerät.*

301 Die Anlehnung an das fremde Erzeugnis war jedenfalls nur zulässig, wenn die Herstellung der Ersatzteile und des Zubehörs für das fremde Erzeugnis zulässig war, vgl. *Emmerich,* § 7 S. 89.

302 RG GRUR 1928, 394 (396) – *Globe-Separator*; RG GRUR 1929, 488 (490) – *Jupiter-Bleistift*; RG GRUR 1934, 598 (603) – *Yale*; BGH GRUR 1958, 343 (344) m. Anm. v. *Weber – Bohnergerät*; OLG München GRUR 1953, 491 (493 f.) – *Sieglinde*; BGH GRUR 1968, 49 (53) m. Anm. v. *Knopp – Zentralschlossanlage.*

303 RG GRUR 41, 117 – *Torpedo*; RG GRUR 1934, 598 – *Yale.*

304 RG MuW 1939, 239 – *Kfz-Ersatzteile*; OLG München GRUR 1953, 491 (493 f.) – *Sieglinde.*

a) Testpreis-Angebot-Entscheidung des BGH

Der BGH ging in seiner *Testpreis-Angebot*-Entscheidung[305] davon aus, auch schon vor Ablauf der Umsetzungsfrist zur Berücksichtigung der Richtlinie befugt zu sein. In dieser Entscheidung legte er § 1 UWG erstmals richtlinienkonform aus und nahm umfassend zu diesem Problem Stellung[306]. Er stellte klar, dass es die weite Fassung der Generalklausel des § 1 UWG stets ermögliche, die Rechtsprechung zu ändern. Dies verdeutliche die Entwicklung der vergleichenden Werbung in der Rechtsprechung[307]. Daher sei es auch möglich, aus eigenem Antrieb eine frühzeitige Anpassung an die europäische Rechtsentwicklung vorzunehmen. Ein Verhalten, das der europäische Gesetzgeber für grundsätzlich zulässig erachte, könne unabhängig von der Umsetzungsfrist nicht als Verstoß gegen die guten Sitten angesehen werden[308]. Zudem lasse die Richtlinie dem nationalen Gesetzgeber nur geringen Spielraum. Mit dem Urteil *Testpreis Angebot*[309] änderte der BGH ausdrücklich seine Rechtsprechung im Hinblick auf eine gebotene richtlinienkonforme Auslegung von § 1 UWG. Vergleichende Werbung sei nunmehr in Abkehr vom bisherigen Regel-Ausnahme-Verhältnis grundsätzlich zulässig, sofern die unter Art. 3a Abs. 1 RL genannten Voraussetzungen erfüllt seien[310].

Gegen die Berücksichtigung der Richtlinie schon vor Ablauf der Umsetzungsfrist könnten zunächst Bedenken aus dem

---

305 Vgl. BGH GRUR 1998, 824 (827) – *Testpreis-Angebot*; vgl. auch BGH GRUR 1999, 69 – *Preisvergleichsliste II*; BGH GRUR Int. 1999, 453 = GRUR 1999, 501 = NJW 1999, 948 – *Vergleichen Sie*; BGH GRUR 2001, 350 – *OP-Lampen*; OLG München ZLR 2000, 949 = NJWE-WettbR 2000, 177 – *Münchner Trinkwasser*.

306 Vgl. auch *Ohly*, GRUR 1998, 828 (829); so auch *Leible/ Sosnitza*, NJW 1998, 2507 (2508); *Menke*, WRP 1998, 811 (815); vgl. auch OLG Düsseldorf NJW-RR 1999, 408; OLG Stuttgart NJW-RR 1999, 266; OLG Saarbrücken NJW-RR 1999, 1424; OLG München ZUM 1999, 843; OLG Hamburg GRUR-RR 2001, 33 (34) – *Verkaufszahlen*; OLG Frankfurt/ Main GRUR-RR 2001, 89 – *Komfortanschluss*; OLG Köln NJWE-WbR 2000, 182 (183).

307 So auch *Bayreuther*, EuZW 1998, 478 (479).

308 Vgl. *Leible/ Sosnitza*, NJW 1998, 2507.

309 BGH GRUR 1998, 824 – *Testpreis-Angebot.*

310 Die darin zum Audruck kommenden Auslegungsansätze des BGH werden im Rahmen des § 2 UWG erörtert; da Gesetzes- und Richtlinientext sich weitgehend decken, ist davon auszugehen, dass die Ausführungen der Rechtsprechung zur Richtlinie auf die Auslegung des § 2 UWG übertragen werden können.

Gewaltenteilungsprinzip (Art. 20 Abs. 2 S. 2 GG) sprechen. Soweit aber die Judikative nicht unzulässig in den Kompetenzbereich der Legislative eingreift und es nicht zur Nichtanwendung nationaler Normen kommt, sondern das nationale Gericht legitimerweise Rechtsfortbildung betreibt und die Richtlinie dem nationalen Gesetzgeber zudem kaum Umsetzungsspielraum lässt[311], setzten sich diese Bedenken nicht durch. Zudem führt eine frühe Berücksichtigung der Richtlinie dazu, dass auftretende Auslegungsfragen frühzeitig dem EuGH vorgelegt werden. So wird rechtzeitig sichergestellt, dass das Ziel der Richtlinie bei Ablauf der Umsetzungsfrist tatsächlich erreicht wird. Daneben war streitig, ob nationale Gerichte zur vorzeitigen richtlinienkonformen Auslegung verpflichtet sind. Weder aus Art. 10 Abs. 1 i.V.m. Art. 249 Abs. 3 EGV noch aus der Entscheidung *Inter-Environnement Wallonie*[312] des EuGH folgt eine solche Pflicht[313]. Richtete sich diese Entscheidung auch an die Rechtsprechung und geböte, dass diese nicht das bisherige Recht anwendet, sondern nach den Richtlinienvorgaben entscheidet, hätte die Umsetzungsfrist keinerlei Bedeutung. Der Richtlinie käme eine quasi direkte Wirkung zu[314]. Die Verpflichtung der Gerichte zu richtlinienkonformer Auslegung ist zudem nur subsidiär[315]. Andererseits

---

[311] Vgl. BGH GRUR 1998, 824 (827) – *Testpreis-Angebot*; vgl. auch *Menke*, WRP 1998, 811 (813) m.w.N.; *Bayreuther* ist dagegen der Ansicht, der Richter dürfe vor Ablauf der Umsetzungsfrist nicht beurteilen, ob dem Gesetzgeber ein Umsetzungsspielraum verbleibt; dem Gesetzgeber sei die Entscheidung über den zeitlichen Verlauf der Umsetzung zu überlassen und bei einschneidenden Rechtsänderungen sei es gegebenenfalls geboten, mit der Umsetzung bis zum Ablauf der Umsetzungsfrist zu warten oder sich dem richtlinienkonformen Rechtszustand nur schrittweise anzunähern, vgl. *Bayreuther*, EuZW 1998, 478 (479); ähnlich *Wambach*, MDR 1998, 1239 (1240).

[312] EuGH Rs. C-129/96, Inter-Environnement Wallonie/ Région wallonne, Slg. 97, I-7411, Rz. 45.

[313] Vgl. dazu *Menke*, WRP 1998, 811 (814), der *Sack* entgegentritt; dieser bezog in die vom EuGH ausgesprochene Unterlassungspflicht alle Maßnahmen ein, die mit Inhalt und Zweck der Richtlinie unvereinbar sind, also auch Gerichtsentscheidungen, vgl. *Sack*, WRP 1998, 241 (243) m.w.N.; wie *Sack* wohl BGH GRUR 1998, 824 (827) – *Testpreis-Angebot*; vgl. auch *Leible/ Sosnitza*, NJW 1998, 2507 (2508).

[314] Vgl. *Bayreuther*, EuZW 1998, 478 (479); zudem richtet sich das Umsetzungsermessen vor allem an den nationalen Gesetzgeber, vgl. *Erdmann/ Bornkamm*, GRUR 1991, 877 (880).

[315] BGH GRUR 1998, 824 (826) – *Testpreis-Angebot*; vgl. auch *Erdmann/ Bornkamm*, GRUR 1991, 877 (880); sind die Gericht aber nur sekundär zuständig, kann ihre

wäre es nur schwer nachvollziebar, wenn eine richtlinienwidrige Rechtsprechungspraxis beibehalten werden müsste, obwohl bereits feststeht, dass diese Praxis demnächst aufgegeben werden muss. Daher ist davon auszugehen, dass die Rechtsprechung befugt ist, nationale Bestimmungen schon vor Ablauf der Umsetzungsfrist richtlinienkonform auszulegen[316].

b) Erforderlichkeit eines Umsetzungsgesetzes

Zunächst war umstritten, ob ein Umsetzungsgesetz erforderlich war oder ob die frühzeitig erfolgte richtlinienkonforme Auslegung des § 1 UWG genügt[317]. Zur richtlinienkonformen Auslegung hätte die Rechtsprechung gegebenenfalls durch eine entsprechende dynamische Verweisung in § 1 UWG verpflichtet werden können[318]. Zudem folgen die Instanzgerichte auch ohne Bindungswirkung in aller Regel der höchstrichterlichen Rechtsprechung und sind die Gerichte gem. Art. 10 Abs. 1 EGV zur richtlinienkonformen Auslegung verpflichtet[319].

Nach dem Verständnis des EuGH verpflichtet Art. 249 Abs. 3 EGV den nationalen Gesetzgeber zwar nicht ausdrücklich, tätig zu werden. Die praktische Wirksamkeit (*effet utile*) des Gemeinschaftsrechts muss aber

---

Pflicht nicht weiter gehen als die des primärverpflichteten nationalen Gesetzgebers, der erst nach Ablauf der Umsetzungsfrist zur Transformation verpflichtet ist; diesen Zeitraum soll er frei von äußeren Zwängen für die Suche nach dem bestmöglichen Umsetzungsmodell nutzen können, vgl. *Leible/ Sosnitza*, NJW 1998, 2507 (2508).

[316] Vgl. *Leible/ Sosnitza*, NJW 1998, 2507.

[317] Vgl. dazu auch den Vorschlag für eine Stellungnahme des Fachausschusses für Wettbewerbs- und Markenrecht, GRUR 1999, 136; *Dilly*, Das Irreführungsverbot des Art. 3a der Richtlinie über irreführende und vergleichende Werbung, S. 33 ff.; vgl. auch *Sedelmeier*, ZRP 1991, 370 (374).

[318] Wie etwa in § 16a PatG, vgl. *Ohly*, GRUR 1998, 828 (829); *Sack*, GRUR Int. 1998, 263 (272); kritisch dazu *Himmelmann*, DÖV 1996, 145 (146) m.w.N.

[319] *Bornkamm* zieht einen Vergleich mit der Irreführungsrichtlinie, bei der keine Notwendigkeit gesehen wurde, die im wesentlichen auf Richterrecht gegründete Übereinstimmung des deutschen Rechts mit der gemeinschaftsrechtlichen Vorgabe durch eine entsprechende ausdrückliche Regelung festzuschreiben, vgl. *Bornkamm* in: *Schwarze*, Werbung und Werbeverbote im Lichte des europäischen Gemeinschaftsrechts, S. 138; ähnlich auch *Sack*, WRP 1998, 241 (244); sie verkennen jedoch, dass die herkömmliche Rechtsprechung zur vergleichenden Werbung, anders als im Fall der irreführenden Werbung, von den Anforderungen der Richtlinie abwich.

gewährleistet sein[320]. Die Richtlinie 97/55/EG lässt den Mitgliedstaaten kaum Umsetzungsspielraum. Sie legt genau fest, unter welchen Voraussetzungen vergleichende Werbung zuzulassen ist[321]. Auch rechtspolitische Gründe sprachen für ein Umsetzungsgesetz. Bei der Beurteilung vergleichender Werbung herrschte bislang erhebliche Rechtsunsicherheit, die zur geringen praktischen Bedeutung dieser Werbeform beitrug. Nur eine ausdrückliche Regelung konnte allgemeine Klarheit darüber schaffen, dass bestimmte Formen vergleichender Werbung in Zukunft erlaubt sind[322]. Aus diesen Erwägungen heraus erließ der deutsche Gesetzgeber das Gesetz zur vergleichenden Werbung und zur Änderung wettbewerbsrechtlicher Vorschriften.

2. Änderungsgesetz

Die hier interessierenden Richtlinienvorschriften des Art. 2 Nr. 2a RL und Art. 3a Abs. 1 RL wurden zwar nicht wörtlich, aber eng am Wortlaut orientiert im Wesentlichen als neuer § 2 UWG in deutsches Recht umgesetzt[323]. Während Absatz 1 die vergleichende Werbung definiert, zählt Absatz 2 die Zulässigkeitsvoraussetzungen auf. Absatz 3 setzt die besonderen Kriterien für den Vergleich von Sonderangeboten fest. Daneben wurde § 3 S. 2 UWG eingefügt, wonach Angaben über geschäftliche Verhältnisse im Sinn des § 3 S. 1 UWG auch Angaben im Rahmen vergleichender Werbung sind[324].

Allein Art. 3a Abs. 1 lit. f RL, die sog. Champagner-Klausel, wurde nicht in deutsches Recht umgesetzt. In der Begründung des Regierungsentwurfs heißt es dazu, man sei der Auffassung, diese Vorschrift gehe nicht über die

---

320 Vgl. insgesamt zu den inhaltlichen Anforderungen an die Umsetzung von EG-Recht *Himmelmann*, DÖV 1996, 145 (146 ff.) m.w.N.

321 Siehe oben S. 22 ff.

322 Vgl. *Ohly*, GRUR 1998, 828 (829); ob mit der nunmehr geltenden Regelung dieses Ziel erreicht wurde, wird zu untersuchen sein.

323 Zu den Alternativvorschlägen in der Literatur vgl. *Berlit*, BB 2000, 1305 (1306) m.w.N.; daneben wurde § 11 Abs. 2 HWG neu eingefügt, der den Vergleich von Humanarzneimitteln außerhalb der Fachkreise weiterhin verbietet, vgl. *Berlit*, Vergleichende Werbung, Rz. 24 f.; *Fröndhoff*, Die Inhaltsbeschränkungen irreführender und vergleichender Werbung, S. 125 f.; vgl. dazu auch *Völker*, MDR 2000, 1360 (1362).

324 Der Gesetzgeber hat dabei die Empfehlungen der Arbeitsgruppe „Überprüfung des Wettbewerbsrechts" weitgehend übernommen, vgl. dazu ausführlich *Berlit*, BB 2000, 1305.

Regelung des Art. 13 der VO Nr. 2081/92/EWG des Rates vom 14.07.1992 zum Schutz von geografischen Angaben und Ursprungsbezeichnungen für Agrarerzeugnisse und Lebensmittel hinaus. Dieser sei aber schon unmittelbar geltendes Gemeinschaftsrecht. Deshalb habe Deutschland gemeinsam mit anderen Mitgliedstaaten eine Protokollerklärung abgegeben, wonach Art. 3a Abs. 1 lit. f RL neben bereits geltendem EG-Recht keine eigenständige Bedeutung habe[325]. *Sack* kritisiert hieran zu Recht, der Anwendungsbereich der Verordnung sei wesentlich enger als der von Art. 3a Abs. 1 lit. f RL. Die Verordnung sei auf Agrarerzeugnisse und bestimmte Lebensmittel beschränkt. Art. 1 Abs. 1 VO schließe Weinbauerzeugnisse und andere alkoholische Getränke ausdrücklich aus, so dass die VO die sog. Champagner-Klausel gerade nicht überflüssig mache[326]. Die entstehende Umsetzungslücke dürfte sich dadurch schließen lassen, dass Art. 3a Abs. 1 lit. f RL über § 1 UWG Anwendung findet[327].

Gegenstand der nachfolgenden Untersuchung ist vor allem die Handhabung der Umsetzungsbestimmungen durch die deutsche Rechtsprechung.

a) Legaldefinition vergleichender Werbung (§ 2 Abs. 1 UWG)

In § 2 Abs. 1 UWG wird vergleichende Werbung legal definiert. Er orientiert sich dabei stark an Art. 2a RL. Vergleichende Werbung liegt danach vor, wenn ein Mitbewerber oder die von einem Mitbewerber angebotenen Waren oder Dienstleistungen mittelbar oder unmittelbar erkennbar gemacht werden. Der Begriff der vergleichenden Werbung hat somit keine wirkliche Änderung erfahren[328]. Was unter Werbung zu verstehen ist, bestimmt das deutsche Umsetzungsgesetz nicht näher. Insoweit ist auf Art. 2 Nr. 1 RL zurückzugreifen[329].

---

[325] Vgl. Gesetzesbegründung BT-Drucks. 14/2959, S. 8.

[326] Vgl. *Sack*, WRP 2001, 327 (347 f.) mit weiteren Argumenten; kritisch auch, jedoch mit anderer Begründung *Plaß*, NJW 2000, 3161 (3169).

[327] Vgl. *Sack*, WRP 2001, 327 (348); a. A. *Plaß*, NJW 2000, 3161 (3169).

[328] BGH GRUR 1998, 824 (827) – *Testpreis-Angebot*; vgl. auch BGH GRUR 1999, 69 – *Preisvergleichsliste II*; BGH GRUR 1999, 501 – *Vergleichen Sie*; OLG München OLGR 2001, 349.

[329] Siehe dazu oben S. 17.

aa) Bezugsobjekt

Gemäß § 2 Abs. 1 UWG muss sich der Vergleich auf Mitbewerber oder seine Erzeugnisse beziehen. Der Eigenvergleich fällt also, anders als der Vergleich ausschließlich fremder Leistungen[330], nicht in den Anwendungsbereich des § 2 UWG[331]. Auch nach der neueren deutschen Rechtsprechung setzt die Stellung als Mitbewerber voraus, dass die Leistungen objektiv oder aus Sicht des angesprochenen Verkehrs in einem Konkurrenz- oder Austauschverhältnis stehen. Zwischen ihnen muss ein Wettbewerbsverhältnis bestehen[332]. Wie vor Richtlinienerlass sind im Interesse eines wirksamen Wettbewerbs an dessen Vorliegen keine strengen Anforderungen zu stellen. Es kann genügen, wenn sich der Verletzter in Wettbewerb zu dem Betroffenen stellt, so dass trotz fehlender Substituierbarkeit der Waren durch die Werbung selbst eine gegenseitige Absatzbehinderung eintritt. So bejahte das OLG Hamburg bei einem Werbevergleich zwischen einer Lotteriegesellschaft und einer Wirtschaftszeitung das Wettbewerbsverhältnis zwischen beiden Produkten[333]. Dagegen besteht zwischen einer Börsenzeitschrift, die die Ergebnisse eines von ihr geführten fiktiven Musterdepots mit der Entwicklung des Deutschen Aktienindex DAX vergleicht, und dem Deutschen Aktienindex kein Wettbewerbsverhältnis[334].

---

[330] OLG Dresden GRUR 2000, 916 – *Hochleistungstarif*; *Münchner Anwaltshandbuch Gewerblicher Rechtsschutz/ Eck – Ikas*, § 18 Rz. 18; vgl. dazu auch *Ohly/ Spence*, GRUR Int. 1999, 681 (685); *Nordmann*, GRUR Int. 2002, 297 (298 f.).

[331] Beachte dazu die Entscheidung BGH GRUR 1999, 501 – *Vergleichen Sie*, wonach der Satz „Es handelt sich um hochwertigen Designer-Modeschmuck zu akzeptablen Preisen. Vergleichen Sie einmal mit dem Katalog von `Pierre Lang`!“ in einem Werbeschreiben keine bloße Aufforderung zum Eigenvergleich darstellt; dies ergebe sich aus dem Zusammenhang, der Werbende mache erkennbar, hinsichtlich welcher Eigenschaften der Vergleich vorgenommen werden solle; *Eck/ Ikas* kritisieren hieran, auch die allgemeine Aufforderung, selbst zu vergleichen, die keine vergleichende Werbung darstellt, mache regelmäßig nur Sinn, wenn den Adressaten vorgegeben werde, unter welchem Aspekt sie vergleichen sollen; statt dessen sei darauf abzustellen, ob der Wettbewerber individualisiert und damit erkennbar gemacht werde, vgl. *Eck/ Ikas*, WRP 1999, 772; zum anonymisierten Vergleich vgl. KG GRUR 1999, 356 – *Krankenversicherungsangebote*.

[332] Vgl. *Köhler* in: *Köhler/ Piper*[3], Rz. 24 zu § 2 UWG m.w.N.

[333] OLG Hamburg GRUR 2000, 243 (244 f.) = AfP 1999, 502 – *Lottoschein*.

[334] Vgl. OLG Frankfurt/ Main GRUR 2000, 84 = WRP 1999, 1055 – *Deutscher Aktienindex DAX*; vgl. auch OLG München ZLR 2000, 949 – *Münchner Trinkwasser*.

Ob auch die persönlich vergleichende Werbung von § 2 UWG erfasst wird, ist unklar[335], weil weder die Richtlinie noch § 2 Abs. 2 UWG diesbezüglich ausdrückliche Regelungen treffen. Zwar wird in der Legaldefinition die Erkennbarmachung des Mitbewerbers genannt und deutet dies darauf hin, dass auch diese Werbevergleiche geregelt werden. Jedoch setzen § 2 Abs. 2 Nr. 1 und Nr. 2 UWG einen Waren- beziehungsweise Dienstleistungsvergleich voraus. Sieht man persönlich vergleichende Werbung von § 2 UWG erfasst und versteht die Vorschrift als Verbotskatalog, wäre diese Werbeform somit stets unzulässig, weil sie nicht den zwingenden Voraussetzungen der § 2 Abs. 2 Nr. 1 und Nr. 2 UWG entspricht[336]. Bei diesem Verständnis wäre die neue Rechtslage aber strenger als die frühere, unter der persönlich vergleichende Werbung bei hinreichendem Anlass ausnahmsweise zugelassen wurde. Dies würde dem Liberalisierungsziel der Richtlinie entgegenlaufen[337]. Denkbar wäre auch, diese Werbeform als nicht von § 2 UWG erfasst anzusehen[338]. Dem steht aber der Wortlaut von § 2 Abs. 1 UWG und der Richtlinie entgegen, zumal die Richtlinie vergleichende Werbung umfassend regelt. Zutreffend ist, dass persönlich vergleichende Werbung zwar von § 2 UWG erfasst wird, dass sich ihre Zulässigkeit aber nach § 1 UWG richtet, da § 2 UWG insoweit eine Regelungslücke aufweist[339]. Bei der Anwendung von § 1 UWG sind allerdings auch die Zulässigkeitskriterien der Richtlinie für Waren- und Dienstleistungsvergleiche entsprechend heranzuziehen. Dieser

---

[335] Vgl. dazu auch *Emmerich*, § 7 S. 87 f.

[336] Vgl. *Gloy/ Bruhn*, GRUR 1998, 226 (233 f.); *Menke*, WRP 1998, 811 (825); *Plaß* in: HK WettbR, Rz. 430 zu § 1 UWG; *Sack*, GRUR Int. 1998, 263 (270); *Sack*, WRP 2001, 327 (331); *Sack*, WRP 2002, 363 (364); *Kotthoff*, BB 1998, 2217 (2218); *Funke*, WM 1997, 1472 (1473); *Eck/ Ikas*, WRP 1999, 251 (253); *Köhler* in: *Köhler/ Piper*^{3}, Rz. 11 zu § 2 UWG; *Borck*, WRP 2001, 1124 (1126 f.).

[337] Vgl. *Ohly/ Spence*, GRUR Int. 1999, 681 (686).

[338] Vgl. *Plassmann*, GRUR 1996, 377 (378) m.w.N.; *Tilmann*, GRUR 1997, 790 (795); noch zum Richtlinievorschlag vgl. *Piper*, WRP 1992, 685 (688).

[339] Vgl. *Tilmann*, GRUR 1999, 546 (547); *Tilmann* in: *Schricker/ Hennig-Bodewig*, Neuordnung des Wettbewerbsrechts, S. 112; vgl. auch *Dilly*, Das Irreführungsverbot des Art. 3a der Richtlinie über irreführende und vergleichende Werbung, S. 26 f.; *Ohly/ Spence* schlagen dagegen vor, die persönliche Werbung als Angabe über die Dienstleistung des Konkurrenten zu betrachten, vgl. *Ohly/ Spence*, GRUR Int. 1999, 681 (686).

Ansatz wurde von der Gesetzesbegründung übernommen[340]. Er wird dem Informationsinteresse der Verbraucher gerecht. Außerdem ermöglicht er eine Wertung im Einzelfall, statt persönliche Werbevergleiche kategorisch zu verbieten. Das größte Problem der persönlich vergleichenden Werbung dürfte die Erfüllung der Voraussetzungen des Eigenschaftsvergleichs sein.

bb) Erkennbarkeit eines Mitbewerbers – Alleinstellungswerbung und Systemvergleich

Die Werbung muss auf einen oder mehrere bestimmte Mitbewerber oder deren Leistungen so deutlich gerichtet sein, dass ein nicht ganz unerheblicher Teil der angesprochenen Verkehrskreise[341] sie als vom Vergleich betroffen ansieht. Damit werden Eigenvergleiche ausgegrenzt.

Fraglich ist jedoch, wer Mitbewerber in diesem Sinne ist. Weder das deutsche Umsetzungsgesetz noch die Materialien zur Richtlinie geben hierüber Aufschluss. Durch vergleichende Werbung soll die Verbraucherinformation verbessert werden. Der Begriff „Mitbewerber" ist daher auf Fälle zu beschränken, in denen die verglichenen Waren oder Leistungen in einem Konkurrenzverhältnis stehen. Nur dann ist ein Werbevergleich als Hilfe für eine sachgerechte Verbraucherwahl sinnvoll[342]. Mitbewerber ist daher nur, wer in einem tatsächlichen oder potentiellen Wettbewerbsverhältnis zum werbenden Unternehmen steht[343].

Der Mitbewerber oder seine Waren müssen individualisierend „unmittelbar oder mittelbar" erkennbar gemacht werden[344]. Ein direkter Bezug, etwa eine namentliche Nennung ist somit nicht nötig[345]. Jedoch wird nicht festgelegt, welche Anforderungen an die mittelbare Erkennbarkeit zu stellen sind. Auf ein subjektives Element im Sinne einer gezielten

---

340 Vgl. Gesetzesbegründung BT-Drucks. 14/2959, S. 10; vgl. auch *Berlit*, BB 2000, 1305; *Berlit*, Vergleichende Werbung, Rz. 47 ff.

341 Vgl. Gesetzesbegründung BT-Drucks. 14/2959, S. 10.

342 Vgl. *Henning-Bodewig*, GRUR Int. 1999, 385 (392).

343 Vgl. dazu auch *Plaß* in: HK WettbR, Rz. 401 zu § 1 UWG; *Sack*, WPR 2001, 327 (334 f.).

344 BGH GRUR 1997, 539 (541) – *Kfz-Waschanlagen*; OLG München OLGR 2001, 349; OLG Hamburg GRUR-RR 2001, 84 (85) – *Handzahnbürsten*; OLG Saarbrücken EuZW 1999, 575; vgl. *Köhler* in: *Köhler/ Piper*[3], Rz. 25 zu § 2 UWG m.w.N.

345 Vgl. *Dilly*, Das Irreführungsverbot des Art. 3a der Richtlinie über irreführende und vergleichende Werbung, S. 22 Fn. 168 m.w.N.

Bezugnahme kommt es nicht an[346]. Es genügt nicht, wenn der Werbende lediglich die Vorzüge der eigenen Ware hervorhebt und damit unausgesprochen zum Ausdruck bringt, dass nicht alle Mitbewerber die gleichen Vorteile bieten. Eine „nur um zehn Ecken gedachte" Bezugnahme genügt nicht[347]. So stellt folgender Werbetext keine Bezugnahme dar: „(...) Jedes verordnete B.-Generikum unterstützt langfristig die innovative Arzneimittel-Forschung, weil zukünftig ein Teil des Gewinns in diesen Bereich zurückfließt"[348]. Für die Beurteilung der Erkennbarkeit sind neben der Werbung selbst auch außerhalb liegende Umstände heranzuziehen[349]. Zu berücksichtigen sind die konkret herrschenden Marktverhältnisse[350], der zeitliche Zusammenhang mit anderer Werbung[351] und die besonderen örtlichen Bedingungen[352]. Insoweit hat die Richtlinie die Rechtslage nicht geändert. Maßgeblich hängt die Erkennbarkeit im Einzelfall davon ab, welches Verbraucherleitbild zu Grunde gelegt wird und für welchen Teil

---

[346] Vgl. *Eck/ Ikas*, WRP 1999, 251 (254); daher kann auch eine als Eigenvergleich entworfene Werbung, die von den angesprochenen Verkehrskreisen auf einen Mitbewerber bezogen wird, in den Anwendungsbereich der Richtlinie fallen.

[347] Vgl. BGH GRUR 1999, 1100 (1101) – *Generika-Werbung*, der damit *Hennig-Bodewig*, GRUR Int. 1999, 385 (391) folgt; vgl. dazu auch BGH GRUR 2001, 752 (753) – *Eröffnungswerbung*; OLG Hamburg WRP 1998, 72 (73) – *Leistungsvergleiche bei Krankenversicherungen*; OLG München OLGR 2001, 349 (350).

[348] Vgl. BGH GRUR 1999, 1100 – *Generika-Werbung*; vgl. auch BGH WRP 2001, 1291 (1293) = GRUR 2002, 75 – *SOOOO...BILLIG!?*.

[349] Vgl. *Lux*, GRUR 2002, 682 (683); vgl. etwa OLG Köln NJWE-WbR 2000, 182 (183).

[350] Das Kammergericht entschied, dass mit der Werbeaufschrift „Die beste Werbung für S. sind die Angebote der Konkurrenz" im überschaubaren Markt der Mietwagenfirmen für die angesprochenen Verkehrskreise erkennbar auf überregional tätige, bekannte Konkurrenten bezuggenommen werde, vgl. KG WRP 1999, 339; vgl. auch OLG Hamburg GRUR 2000, 530 (531) – *CSE-Hemmer*; BGH GRUR 2001, 752 (753) – *Eröffnungswerbung*; OLG Köln WRP 1998, 1013 (1016) – *Kreditangebot „AutoCash"*; in einer Entscheidung des OLG München ergab sich die Erkennbarkeit daraus, dass in einer Vergleichsliste der Bestellnummernkern der Originalprodukte der Weltmarktführerin übernommen wurde, vgl. OLG München OLGR 2001, 349 (350).

[351] Vgl. *Wehlau*, ZLR 1999, 393 (395); OLG Hamburg GRUR-RR 2002, 169 = ZUM-RD 2002, 141 – *Speedw@y*; KG GRUR 2000, 242 = WRP 2000, 103 (105) – *Punkte-Vergleich*.

[352] Vgl. *Sack*, WPR 2001, 327 (333 f.) m.w.N.

der angesprochenen Verbraucherkreise eine Bezugnahme auf bestimmte Mitbewerber erkennbar sein muss[353].

Ob Alleinstellungswerbung und Systemvergleiche in den Anwendungsbereich des § 2 Abs. 1 UWG fallen, bestimmen weder die Richtlinie noch § 2 Abs. 1 UWG ausdrücklich[354]. Bei der Alleinstellungswerbung wird mit der eigenen Leistungsfähigkeit geworben[355]. Die Bewertung Dritter erfolgt lediglich reflexartig. Dennoch entschied das OLG Hamburg in seiner *Handzahnbürsten*-Entscheidung[356], die Alleinstellungsberühmung müsse den Kriterien der Richtlinie standhalten. Der Senat stellte zugleich fest, der angesprochene Konkurrent sei wegen des engen Markts durch die gewählte Bezugnahme konkret erkennbar[357]. Zwar scheint das OLG hier die Alleinstellungsberühmung unter den Begriff der vergleichenden Werbung zu subsumieren und damit in den Anwendungsbereich des § 2 UWG einzuschließen. Tatsächlich geht der Senat jedoch von einer zumindest mittelbaren Erkennbarkeit des Konkurrenten aus. Diese reicht zweifellos für die Erkennbarkeit i.S.v. § 2 Abs. 1 UWG aus. Auch ist völlig unstreitig, dass für die Frage der Erkennbarkeit auf die Umstände des Einzelfalls abzustellen ist. Die Alleinstellungsberühmung, deren Charakteristikum gerade die fehlende Erkennbarkeit ist, ist dagegen aus dem Anwendungsbereich des § 2 Abs. 1 UWG ausgeschlossen[358].

---

[353] Insofern könnte sich die im Zusammenhang mit dem Irreführungsbegriff geführte Diskussion auf den Begriff der Erkennbarkeit ausdehnen, vgl. dazu *Eck/ Ikas*, WRP 1999, 251 (253); zu den verschiedenen Verbraucherleitbildern siehe S. 33, 92, 150.

[354] Vgl. dazu auch *Ohly/ Spence*, GRUR Int. 1999, 681 (685).

[355] Vgl. OLG Hamburg GRUR-RR 2002, 169 – *Speedw@y* für den Werbeslogan „...Online ist Europas größter Onlinedienst" und „Speedw@y ist, wenn Sie Ihre Konkurrenz auf der `letzten Meile` abhängen".

[356] OLG Hamburg GRUR-RR 2001, 84 (85) – *Handzahnbürsten*, zum Streitgegenstand siehe S. 77.

[357] Der Senat schloss in den Kreis der „führenden Handzahnbürsten" alle Produkte ein, die einen Marktanteil von mindestens 1% erreichten, was insgesamt 17 Produkte waren. Ob daraus auf eine (zumindest mittelbare) Bezugnahme geschlossen werden kann, ist zweifelhaft.

[358] Vgl. dazu auch *Lux*, GRUR 2002, 682 (683 ff.), der der Auffassung ist, auch Alleinstellungswerbung identifiziere die Mitbewerber, auf die Bezug genommen werde, nämlich alle; zudem sei es sachlich sinnvoll, auch die Alleinstellungswerbung den Voraussetzungen des § 2 UWG zu unterstellen; letztlich stellt jedoch auch er klar, dass ein „abstrakter Werbevergleich" einzelne Wettbewerber nicht erkennbar macht,

Für den Systemvergleich hatte es zunächst den Anschein, als subsumiere der BGH diesen nunmehr unter den Begriff der vergleichenden Werbung. In der *Testpreis-Angebot*-Entscheidung[359] hielt der BGH nämlich die Konkurrenten durch den Werbesatz „Billige Composite-Rackets (Graphit-Fiberglas) muten wir Ihnen nicht zu“ für hinreichend erkennbar[360]. Tatsächlich dürfte es sich hierbei jedoch lediglich um eine sprachliche Ungenauigkeit gehandelt haben[361]. Der Systemvergleich zeichnet sich ebenfalls gerade durch die fehlende Erkennbarkeit des Mitbewerbers aus[362]. In der Entscheidung *Münchner Trinkwasser*[363] wandte das OLG München zwar die Maßstäbe der Richtlinie 97/55/EG auch auf die pauschale Herabsetzung einer ganzen Produktgattung an[364]. Der Senat hielt dabei aber die in der Werbung zum Ausdruck gebrachte Bezugnahme auf alle Anbieter von in Flaschen abgefülltem Mineralwasser für ausreichend. Bei 350 Mineralbrunnenbetreibern in Deutschland kann dem jedoch nicht gefolgt werden. In einem solchen Fall ist eine Erkennbarkeit eines oder mehrerer konkreter Wettbewerber nicht gegeben[365].

---

und somit nicht von § 2 UWG erfasst wird; tatsächlich scheint *Lux* damit von einem anderen Begriff der Alleinstellungswerbung auszugehen, der die Erkennbarkeit des Mitbewerbers voraussetzt.

[359] BGH GRUR 1998, 824 (827) – *Testpreis-Angebot*; vgl. auch BGH GRUR 1999, 69 – *Preisvergleichsliste II*; BGH GRUR 1999, 501 – *Vergleichen Sie*.

[360] BGH GRUR 1998, 824 (827) – *Testpreis-Angebot*; vgl. auch BGH GRUR 1999, 69 – *Preisvergleichsliste II*; BGH GRUR 1999, 501 – *Vergleichen Sie*; so *Ohly*, GRUR 1998, 828 (829), der zutreffend die daraus folgenden Konsequenzen kritisiert, dass nämlich der Systemvergleich die Voraussetzungen der Richtlinie erfüllen muss.

[361] Vgl. *Fröndhoff*, Die Inhaltsbeschränkungen irreführender und vergleichender Werbung, S. 104; *Wambach*, MDR 1998, 1239; *Leible/ Sosnitza*, NJW 1998, 2507 (2508); *Hennig-Bodewig*, GRUR Int. 1999, 385 (390 f.); *Bayreuther*, EuZW 1998, 478 (478).

[362] OLG Hamburg ZUM-RD 2002, 141 – *Speedw@y*.

[363] OLG München ZLR 2000, 949 (954) – *Münchner Trinkwasser*, in der streitgegenständlichen Werbung war ein Wasserhahn abgebildet, an dem ein Etikett angebracht war, das sich sehr stark an die üblicherweise für Mineralwasserflaschen verwendeten Etikette anlehnte.

[364] Vgl. kritisch hierzu *Eck/ Ikas*, ZLR 2000, 956 (959); OLG Saarbrücken NJW-RR 1999, 268 wendet (stillschweigend) § 1 UWG und nicht die Richtlinie 97/55/EG auf den Systemvergleich an.

[365] Vgl. auch BGH NJW 2002, 3399 = WRP 2002, 1138 – *Die Steinzeit ist vorbei* zum gleichlautenden Werbungssatz eines Unternehmens, das Häuser in ökologischer

Tatsächlich geht es bei dem Problem, ob Alleinstellungswerbung und Systemvergleiche vom Begriff der vergleichenden Werbung erfasst werden, darum, welche Anforderungen an die zumindest mittelbare Bezugnahme zu stellen sind. Wird die Bezugnahme bejaht, scheidet das Vorliegen von Alleinstellungswerbung oder Systemvergleich schon begrifflich aus. Auch wenn gemäß Erwägungsgrund 6 der Richtlinie 97/55/EG von einem weiten Begriff der vergleichenden Werbung auszugehen ist, sollte die mittelbare Bezugnahme nicht zu extensiv interpretiert werden. Wird der Konkurrent nicht namentlich genannt, muss er so deutlich angesprochen werden, dass sein Name oder seine Marke für die Werbeadressaten auf der Hand liegt[366]. Aus der Regierungsbegründung zum deutschen Umsetzungsgesetz geht zudem hervor, dass weder die Alleinstellungsbehauptung noch der Systemvergleich in den Anwendungsbereich von § 2 UWG. fallen, weil dabei nicht auf bestimmte, individualisierbare Mitbewerber Bezug genommen wird[367]. Es gelten vielmehr die bisherigen Grundsätze, also § 1 UWG[368].

Holzrahmen-Bauweise herstellte; der BGH entschied, im Hinblick auf die große Zahl von Anbietern entsprechender Leistungen auf dem Bausektor könne nicht von einer Werbung ausgegangen werden, die die betroffenen Mitbewerber erkennbar mache; vgl. auch OLG Frankfurt/ Main GRUR-RR 2001, 221 – *Systemvergleich* zur Werbeanzeige der Deutschen Bahn, die ein kreisendes Flugzeug mit dem Text „Deutschlands Manager machen zu viele Überstunden" zeigte; eine Bezugnahme auf bestimmte Luftfahrtgesellschaften wurde der Anzeige nicht entnommen, ein solcher Systemvergleich sei nicht nach § 2 UWG, sondern nach § 1 UWG zu beurteilen; vgl. auch BGH GRUR 1999, 1100 (1101) – *Generika-Werbung*; BGH WRP 2001, 1291 (1293) – *SOOOO...BILLIG!?*; BGH GRUR 2001, 752 (753) – *Eröffnungswerbung*.

[366] Vgl. *Henning-Bodewig*, GRUR Int. 1999, 385 (390).

[367] Vgl. Gesetzesbegründung BT-Drucks. 14/2959, S. 10; vgl. auch *Berlit*, BB 2000, 1305 (1306).

[368] BGH GRUR 1999, 1100 (1102) – *Generika-Werbung*; BGH GRUR 2001, 752 (753) = WRP 2001, 688 – *Eröffnungswerbung*; BGH WRP 2001, 1291 (1294) – *SOOOO...BILLIG!?*; LG Karlsruhe WRP 1998, 1122 – *Wir melken lieber Kühe...*; *Berlit*, Vergleichende Werbung, Rz. 262 ff. und Rz. 284 ff. m.w.N.; vgl. auch *Dilly*, Das Irreführungsverbot des Art. 3a der Richtlinie über irreführende und vergleichende Werbung, S. 28 f.

cc) Ausnahme: Anlehnung?

In wieweit der EuGH in seiner *Toshiba*-Entscheidung[369] klar gestellt hat, dass Art. 2a RL und in richtlinienkonformer Auslegung somit auch § 2 Abs. 1 UWG[370], um das Merkmal des Vergleichs zu ergänzen ist, ist noch nicht eindeutig geklärt[371]. Nur wenn man vom Erfordernis eines Vergleichs ausgeht, ist fraglich, ob anlehnend bezugnehmende Werbung in den Anwendungsbereich des § 2 Abs. 1 UWG fällt[372], da es hier an einer Gegenüberstellung fehlt[373]. *Köhler* verneint diese Frage. Er ist vielmehr der Meinung, hier gelten die allgemeinen Grundsätze der Anlehnung und Rufausbeutung[374]. Nach der hier vertretenen Auffassung ist die *Toshiba*-Entscheidung nicht in diesem Sinne zu interpretieren. Daher fällt anlehnend vergleichende Werbung in den Anwendungsbereich des § 2 UWG[375]. Davon geht auch die Gesetzesbegründung aus und darauf deutet auch das Verbot der Rufausbeutung in Art. 3a Abs. 1 lit. g RL hin. Auch Erwägungsgrund 6 der Richtlinie 97/55/EG hebt hervor, dass der Begriff der vergleichenden Werbung alle Arten abdecken soll[376]. In der

---

369 Vgl. EuGH Rs. C-112/99, Toshiba/Katun, Slg. 2001, I-7945; vgl. für den Vorlagebeschluss OLG Düsseldorf GRUR 1999, 782.

370 Vgl. dazu OLG Hamburg GRUR 2000, 243 (245) – *Lottoschein*; OLG Hamburg GRUR 2000, 530 (531) – *CSE-Hemmer*; OLG Düsseldorf NJW-RR 2002, 910 (911); noch zur richtlinienkonformen Auslegung des § 1 UWG vgl. BGH GRUR 1999, 1100 (1101) – *Generika-Werbung*; Saarbrücken EuZW 1999, 575 (576); OLG Hamburg WRP 1999, 349 (353) – *Bildertheke im Billigmarkt*; OLG Hamburg GRUR-RR 2001, 33 (35) – *Verkaufszahlen*.

371 Siehe dazu oben S. 18 f.

372 Ob der Begriff anlehnende Werbung auch unter Geltung der Richtlinie verwendet werden kann, bezweifeln *Ohly/ Spence*, weil dies ein Unwerturteil impliziere, das unter Geltung der Richtlinie nicht aufrecht erhalten werden könne; sie schlagen vor, statt dessen von „Gleichwertigkeitsbehauptung“ zu sprechen, vgl. *Ohly/ Spence*, GRUR Int. 1999, 681 (682, Fn. 5).

373 BGH WRP 2001, 1291 (1293) – *SOOOO...BILLIG!?*; OLG München OLGR 2001, 349 (350); vgl. auch *Köhler* in: *Köhler/ Piper*³, Rz. 18 zu § 2 UWG.

374 Vgl. *Köhler* in: *Köhler/ Piper*³, Rz. 19 zu § 2 UWG.

375 Vgl. Gesetzesbegründung BT-Drucks. 14/2959, S. 10.

376 So auch *Ohly/ Spence*, GRUR Int. 1999, 681 (686); *HdbWettbR-Ergänzungsband/ Hasselblatt*, § 46 Rz. 41 f.; *Tilmann*, GRUR 1997, 790; *Gloy/ Bruhn*, GRUR 1998, 226 (233); *Plassmann*, GRUR 1996, 377 (378); *Sack*, GRUR Int. 1998, 263 (270); *Plaß* in: HK WettbR, Rz. 419 ff. zu § 1 UWG; noch zum Richtlinienvorschlag *von Gamm*, WRP 1992, 143 (145).

Duftvergleichslisten-Entscheidung[377] ging das entscheidende OLG zwar auf die Frage, ob überhaupt vergleichende Werbung vorliegt, nicht ein. In der *Ersetzt*-Entscheidung des BGH subsumiert der Senat die anlehnende Werbung jedoch unter § 2 UWG[378].

b) Zulässigkeit vergleichender Werbung (§ 2 Abs. 2 UWG)

Es fällt zunächst auf, dass § 2 Abs. 2 UWG – anders als die Richtlinie – die Zulässigkeit oder Unzulässigkeit vergleichender Werbung nicht unmittelbar, sondern nur mittelbar über § 1 UWG regelt[379]. Durch diese Gesetzestechnik wurde der Begriff der guten Sitten für den Bereich der vergleichenden Werbung festgeschrieben. Ob dies mit dem Geist der Generalklausel vereinbar ist, ist zweifelhaft[380]. Zudem lässt der Wortlaut offen, ob vergleichende Werbung über die ausdrücklich genannten Verbote hinaus untersagt werden darf. Die richtlinienkonforme Auslegung des § 2 UWG gebietet es, in § 2 UWG das Wort „nur" hineinzuinterpretieren[381]. Anders als die Richtlinie ist § 2 UWG negativ formuliert. Es werden also die Voraussetzungen bestimmt, unter denen vergleichende Werbung unzulässig ist. § 2 UWG folgt damit der Regelungstechnik des UWG, das Verbotstatbestände festschreibt[382]. Hierdurch wird jedoch nicht deutlich gemacht, dass vergleichende Werbung erlaubt ist, sofern nicht einer der Verbotstatbestände eingreift. Es wird auch nicht zweifelsfrei festgeschrieben, dass der Kläger die Darlegungs- und Beweislast trägt. § 2 UWG erweckt vielmehr den Eindruck, als werde der bisherige Grundsatz der Sittenwidrigkeit

---

377 OLG München WRP 2001, 820 – *Duftvergleichslisten.*

378 BGH WRP 2003, 637 (639) – *Ersetzt.*

379 Dadurch wird die vergleichende Werbung im Anwendungsbereich des § 1 UWG belassen, so dass es keiner gesonderten Regelung der Aktiv- und Passivlegitimation für Unterlassungsansprüche bedurfte.

380 Vgl. *Borck*, WRP 2001, 1124 (1127).

381 Vgl. *Sack*, WPR 2001, 327 (329); in seiner Entscheidung *Preisgegenüberstellung im Schaufenster* stellte der BGH klar, dass es auf die Erforderlichkeit des Vergleichs nicht mehr ankomme, BGH WRP 2001, 1441 (1444) – *Preisgegenüberstellung im Schaufenster.*

382 Vgl. *Hubmann/ Götting*, Gewerblicher Rechtsschutz, § 52, Rz. 3.

vergleichender Werbung beibehalten und liege die Darlegungs- und Beweislast für die Zulässigkeit weiterhin beim Werbenden[383].

aa) Gleicher Bedarf oder dieselbe Zweckbestimmung

Vergleichende Werbung verstößt gegen die guten Sitten, wenn sie sich auf Waren oder Dienstleistungen bezieht, die nicht dem gleichen Bedarf oder derselben Zweckbestimmung dienen, § 2 Abs. 2 Nr. 1 UWG[384]. Der BGH stellte für die Merkmale „gleicher Bedarf" und „dieselbe Zweckbestimmung" in der *Vergleichen Sie*-Entscheidung[385] auf die Funktionsidentität und darauf ab, ob die Waren aus der Sicht der angesprochenen Verbraucher als Substitutionsprodukte in Betracht kommen[386]. Maßgeblich ist also, ob die Produkte austauschbar sind[387] und das eine Produkt durch das andere ersetzt werden kann[388].

---

[383] Vgl. dazu die Stellungnahme des Max-Planck-Instituts, GRUR Int. 2000, 265 (266); OLG Hamburg GRUR-RR 2002, 362 (363) – *Beweislast* geht davon aus, der Kläger sei grundsätzlich beweisbelastet u.U. sei Beweiserleichterung zu gewähren (dies entspricht im Prinzip Art. 6 a RL); in OLG Hamburg GRUR-RR 2001, 84 (87) – *Handzahnbürsten* ging das OLG für die Frage der Irreführung davon aus, der Werbende trage die Beweislast für die Wahrheit seiner Aussage (dies entspricht Art. 6 b RL).

[384] Diese Regelung setzt Art. 3a Abs. 1 lit. b RL im Wesentlichen wörtlich um.

[385] BGH GRUR 1999, 501 – *Vergleichen Sie*.

[386] So auch *Kotthoff*, BB 1998, 2217 (2218); *Plassmann*, GRUR 1996, 377 (379); *Menke*, WRP 1998, 811 (822); *Wehlau*, ZLR 1999, 393 (400); *Ohly/ Spence* sehen sich mit der Formulierung an Art. 82 EGV erinnert, wo der EuGH zur Abgrenzung des sachlich relevanten Markts auf die funktionelle Austauschbarkeit abstellt, vgl. *Ohly/ Spence*, GRUR Int. 1999, 681 (691 f.).

[387] Vgl. *Plassmann*, GRUR 1996, 377 (379); *Menke*, WRP 1998, 811 (822); *Sack*, WRP 2001, 327 (341).

[388] Denkbar wäre auch, unter „Bedarf" die Primärfunktion (etwa bei einer Uhr ihre Eignung zur Zeitmessung), unter „Zweckbestimmung" die Sekundärfunktion (die Eignung der Uhr als Schmuckstück) eines Produkts zu verstehen und den Bedarf aus der Sicht des Bedarfsträgers, also des Verbrauchers, zu definieren; bei der Zweckbestimmung dagegen die werblichen Ziele des Werbenden zu berücksichtigen, vgl. *Eck/ Ikas*, WRP 1999, 251 (261); dagegen spricht jedoch, dass Art. 3a Abs. 1 lit. b RL leer liefe, käme es auf die Zweckrichtung an, die der Werbende dem Produkt beimisst; schließlich zeigt der Vergleich als solcher schon, dass der Werbende die Waren für substituierbar hält, so dass jeder Vergleich den Anforderungen des Art. 3a Abs. 1 lit. b RL genügen würde, vgl. *Plaß*, WRP 1999, 766 (768).

Der Vergleich identischer Produkte, etwa der Preisvergleich desselben Artikels, erfüllt jedenfalls diese Voraussetzung. Unklar ist aber, ob auch der Vergleich von nur gleichartigen Waren, insbesondere von No-Name-Produkten mit Markenartikeln, zugelassen wird. Denkbar ist, davon auszugehen, solche Waren dienten nicht dem identischen Bedarf. Vielmehr solle mit dem Vergleich nur das Ansehen des teureren Artikels auf das No-Name-Produkt übertragen werden. Bei einem reinen Preisvergleich wäre die Substituierbarkeit dann zu verneinen, wenn die Preisdifferenz so groß ist, dass die Produkte am Markt unbeeinflusst voneinander abgesetzt werden können. Erfolgt dagegen ein Qualitätsvergleich, könnte Vergleichbarkeit durchaus gegeben sein. Für die Zulässigkeit des Vergleichs wäre also entscheidend, welche Merkmale verglichen werden[389]. Dabei wird jedoch verkannt, dass es auf die verglichenen Merkmale erst im Rahmen von § 2 Abs. 2 Nr. 2 UWG ankommt und dass auch am Vergleich von Marken- mit No-Name-Produkten ein Informationsinteresse der Verbraucher besteht. Zudem steht grundsätzlich kein schutzwürdiges Interesse des Mitbewerbers entgegen[390]. Der gute Ruf einer Marke ändert nichts an der grundsätzlichen Austauschbarkeit der Produkte[391].

Als problematischer stellt sich dagegen der Vergleich ungleichartiger Produkte dar; von Waren also, die nicht dem gleichen Bedarf dienen (etwa mit dem Slogan *Statt Blumen ONKO Kaffee).* Geht man davon aus, dass der Vergleich auf Produkte der gleichen Sparte beschränkt werden soll, so sind Vergleiche dieser Art unzulässig[392]. Jedoch hat der Verbraucher ein Interesse daran, über die Sekundärfunktion eines Produkts informiert zu werden. Dadurch wird ihm möglicherweise erst bewusst, dass an sich völlig unterschiedliche Produkte eine identische Verwendungsmöglichkeit haben[393]. Aus diesem Grund sind auch solche Vergleich zulässig.

---

[389] Vgl. *Eck/ Ikas*, WRP 1999, 251 (262); ähnlich auch *Kotthoff*, BB 1998, 2217 (2218).

[390] Vgl. dazu auch *Wehlau*, ZLR 1999, 393 (400); *Gloy/ Bruhn*, GRUR 1998, 226 (235) mit weiteren Argumenten.

[391] Vgl. *Kotthoff*, BB 1998, 2217 (2218).

[392] Vgl. *Aigner*, Die Auswirkungen der Richtlinie zur irreführenden Werbung auf das deutsche Wettbewerbsrecht, S. 102 m.w.N.

[393] Vgl. dazu *Ohly/ Spence*, GRUR Int. 1999, 681 (692); *Eck/ Ikas*, WRP 1999, 251 (262); *Eck/ Ikas*, WRP 1999, 772 (773 f.); vgl. auch *Menke*, WRP 1998, 811 (822); *Plassmann*, GRUR 1996, 377 (379); *Sack*, WPR 2001, 327 (341); *Scherer*, WRP 2001, 89 (90 f.); *Wehlau*, ZLR 1999, 393 (400 f.); a.A. *Plaß*, WRP 1999, 766 (768);

Auch der BGH hält grundsätzlich den Vergleich nichtidentischer Produkte für zulässig[394]. Ähnlich entschied das LG Bochum, das Modeschmuck und Echtschmuck derselben Preisklasse für austauschbar und funktionsidentisch hielt. Sie lägen als Warengattungen nicht zu weit auseinander und deckten daher den gleichen Bedarf[395].

Besonders bemerkenswert sind hier zwei deutsche Entscheidungen zum selben Werbevergleich, die zu unterschiedlichen Ergebnissen kamen. In der streitgegenständlichen Werbung wurden die Hackfleischbrötchen „Whopper" des Werbenden und „Big Mäc" des Konkurrenten verglichen. Das OLG München hielt in seiner *Satte Mehrheit*-Entscheidung die verglichenen Produkte für untereinander substituierbar, sie dienten demselben Zweck[396]. Das LG Köln entschied dagegen, die Werbung sei wegen Verstoß gegen § 2 Abs. 2 Nr. 1 UWG unzulässig[397]. Die beiden miteinander verglichenen Produkte seien auf unterschiedliche Geschmäcker ausgerichtet und deshalb unterschiedlich zusammengestellt. Es fehle daher schon an derselben Zweckbestimmung. Die Entscheidung des LG Köln überzeugt nicht. Das Gericht nimmt die Zweckbestimmung aus Herstellersicht vor und verkennt dabei, dass die Sicht der Verbraucher

---

Aigner, Die Auswirkungen der Richtlinie zur irreführenden Werbung auf das deutsche Wettbewerbsrecht, S. 100 ff. m.w.N

394 Nach OLG Hamburg GRUR 2000, 243 (245) – *Lottoschein* werden mit dem Werbevergleich einer Wirtschaftszeitung mit einem Lottoschein Waren des gleichen Bedarfs bzw. derselben Zweckbestimmung miteinander verglichen, obwohl Lottospiele und Wirtschaftszeitungen auf den ersten Blick ganz unterschiedliche Dienstleistungen sind; der Wortlaut der Vorschrift und das anzuerkennende Informationsinteresse der Verbraucher sprächen aber für ein weites Verständnis im Sinne einer Vergleichbarkeit, die einen Werbevergleich grundsätzlich auch bei nichtidentischen Produkten zuließe, sofern diese nur funktionsidentisch seien und aus der Sicht der angesprochenen Verbraucher als Substitutionsprodukte in Betracht kämen; die Funktionsidentität zwischen Samstagslotto und der beworbenen Wirtschaftszeitung bestehe, da es in beiden Fällen um die Möglichkeit der Geldvermehrung gehe und beide Wege ein Mittel dafür sein könnten.

395 LG Bochum WRP 2000, 230 – *Die Zeit des Modeschmucks ist vorbei!*; OLG Frankfurt/ Main GRUR 2001, 358 = WRP 2001 297 – *Preisvergleich*; OLG Hamburg NJWE-WettbR 1999, 276.

396 OLG München WRP 1999, 692 (693) = NJW-RR 1999, 1423 – *Satte Mehrheit*.

397 LG Köln ZLR 1999, 522 – *Geschmackstest*.

maßgeblich ist[398]. Aus deren Sicht dienen beide Hackfleischbrötchen aber dem gleichen Bedarf, dem schnellen Verzehr als mittelgroße, fleischhaltige Mahlzeit[399].

Daneben fallen zwei weitere Entscheidungen auf, die (verschiedene) Anzeigen zweier Telekommunikationsdienstleister betrafen. Für den Werbevergleich zwischen SDSL und ISDN befand das OLG Hamburg in seiner *Speedw@y*-Entscheidung[400], die Produkte hätten eine unterschiedliche Zweckausrichtung[401]. Deshalb sprächen sie zum Teil verschiedene Zielgruppen an. Sie müssten aber insbesondere unterschiedliche Leistungseinschränkungen hinnehmen, um ihrem Haupteinsatzzweck gerecht zu werden[402]. Daher liege keine grundsätzliche Funktions- beziehungsweise Bedarfsidentität der Vergleichsobjekte vor. Anders entschied das OLG Frankfurt/ Main in seiner *Komfortanschluss*-Entscheidung[403]. In der dort streitgegenständlichen Werbeanzeige wurden ISDN-Anschlüsse verschiedener Anbieter miteinander verglichen. Der Senat entschied, die Leistungen seien vergleichbar, obwohl das Angebot

---

398 Vgl. dazu auch *Fröndhoff*, Die Inhaltsbeschränkungen irreführender und vergleichender Werbung, S. 109 f. m.w.N.

399 Beide Hackfleischbrötchen sind dazu bestimmt, in Schnellrestaurants als Mahlzeit verzehrt zu werden; sie dienen der Ernährung der Gäste und weichen in der Zusammenstellung (Brötchen, Hackfleischfrikadellen, Salat und Saucen) nur geringfügig voneinander ab; die Tatsache, dass ein Hackfleischbrötchen zwei kleine Frikadellen enthält, während das andere nur eine einzige, größere Frikadelle aufweist, führt ebenso wenig zu einer anderen Zweckbestimmung wie der Umstand, dass einmal Ketchup und einmal eine weiße Sauce Verwendung findet; marginale Unterschiede wie etwa verschiedenartige Saucen mögen auf den Geschmack Auswirkungen haben; an der Tatsache, dass diese für genau den gleichen Bedarf verwendet werden, ändert dies aber nichts, vgl. *Wehlau*, ZLR 1999, 393 (398).

400 Gegenstand der Entscheidung des OLG Hamburg GRUR-RR 2002, 169 – *Speedw@y* war der Werbeslogan „S-DSL: 35-mal schneller als ISDN".

401 Beide seien zwar für den Internet-Zugang, um den es in dem Werbevergleich vor alle ging, geeignet. Anders als SDSL, sei ISDN daneben aber für eine Reihe weiterer Telekommunikationsdienstleitungen konzipiert.

402 Bei SDSL gehe es um die Schnelligkeit des breitbandigen Internetzugangs zu Lasten der Flexibilität bzw. einer umfassenden Funktionalität für alle gängigen Telekommunikationsnutzungsarten. ISDN sei dafür vielseitiger, habe aber einen eingeschränkten Leistungs- bzw. Geschwindigkeitsumfang.

403 OLG Frankfurt/ Main GRUR-RR 2001, 89 – *Komfortanschluss*, der Werbeslogan lautete: „der ISDN-Anschluss der Telekom kann Makeln, Rückfragen und Dreierkonferenz. Unserer kann auch sparen".

des Werbenden, anders als das des Konkurrenten, keinen Anrufbeantworter im Netz enthielt. Ein zulässiger Preisvergleich setze nicht voraus, dass Qualität, Größe, Menge und Verwendbarkeit identisch seien[404]. Der Wortlaut von Art. 3a Abs. 1 lit. b RL und Erwägungsgrund 6 der Richtlinie sprächen für ein weites Verständnis. Der Werbevergleich nichtidentischer Produkte sei zulässig, sofern diese nur funktionsidentisch seien und aus der Sicht der angesprochenen Verbraucher als Substitutionsprodukte in Betracht kämen. Völlige Identität der Produkte sei nicht gefordert. Sinn und Zweck der Richtlinie sei es, dem Verbraucher auf objektiver Grundlage einen Leistungsvergleich zu ermöglichen. Der Senat erachtete daher einen Preisvergleich auch bei nur im Wesentlichen gleichen Leistungen für zulässig, wenn der Unterschied in Bezug auf eine Sonderleistung deutlich hervorgehoben wird. In eine ähnliche Richtung ging eine Entscheidung des OLG Hamburg zum Preisvergleich eines Billigfluganbieters[405]. Der Senat entschied, ein Verstoß gegen § 2 Abs. 2 Nr. 1 UWG liege nicht vor, obwohl Flugpreise für Flüge mit Abflugort Frankfurt-Hahn denen mit Abflugort Rhein-Main-Flughafen in Frankfurt am Main gegenüberstellt wurden. Angesichts der bei Flugreisen insgesamt zu überbrückenden Entfernungen und des zeitlichen Aufwands über die eigentliche Flugreise hinaus sei die Entfernung von 120 km zwischen den Flughäfen sowie der mit der Überwindung dieser Entfernung verbundene Zeitaufwand nicht so erheblich, dass die Flugangebote von diesen beiden Abflugsorten vom Verbraucher als Substitutionsprodukte nicht ernsthaft in Betracht gezogen würden[406].

Diese Entscheidungen zeigen, dass an die Substituierbarkeit sehr unterschiedliche Maßstäbe angelegt werden, die zum Teil zu restriktiv sind.

bb) Voraussetzungen des Eigenschaftsvergleichs

Ein Werbevergleich ist unzulässig, wenn er nicht objektiv auf eine oder mehrere wesentliche, relevante, nachprüfbare und typische Eigenschaften oder den Preis dieser Waren oder Dienstleistungen bezogen ist, § 2 Abs. 2 Nr. 2 UWG[407]. Der Preis ist gesondert aufgeführt, da es sich

---

404 Vgl. dazu auch die Entscheidung des OLG Frankfurt/ Main GRUR 2001, 358 – *Preisvergleich* zu verschiedenen Gebindegrößen.

405 OLG Hamburg VuR 2003, 105 (106 f.)

406 Siehe aber unten S. 90 zur Irrführung.

407 Mit dieser Regelung wird Art. 3a Abs. 1 lit. c RL umgesetzt.

hierbei nach deutscher Zivilrechtstradition nicht um eine Eigenschaft handelt[408].

(1) Objektiver Vergleich von Eigenschaften

Der Vergleich selbst muss objektiv vorgenommen werden. Auf das Vergleichsergebnis kommt es nicht an[409]. Mit dem Gebot eines objektiven Vergleichs soll vor allem das Sachlichkeitsgebot bekräftigt werden[410]. Objektivität setzt voraus, dass die Auswahl der zu vergleichenden Eigenschaften und der Vergleich selbst vom Bemühen um Sachlichkeit und Richtigkeit getragen sind und geeignet sind, dem Verbraucher nützliche Informationen zu geben[411]. Daher ist auf dessen Sicht abzustellen[412]. Es darf kein „schiefes Bild“ entstehen[413]. Nach einer Entscheidung des Kammergerichts[414] liegt ein Verstoß hiergegen vor, wenn die Auswahl der verglichenen Leistungskriterien subjektiv ist, offen bleibt, welche übrigen Leistungskriterien es gibt und warum diese nicht in den Vergleich aufgenommen wurden. Gleiches gilt, wenn sich der Grund für die Wahl der Vergleichskriterien nicht erschließt. Einer Entscheidung des OLG Hamburg, das einen Preisvergleich für nicht objektiv hielt, weil die verglichenen Produkte nicht unwesentliche Qualitätsunterschiede aufwiesen, ist jedoch nicht beizupflichten[415]. Neutralität ist für das

---

408 Vgl. Gesetzesbegründung BT-Drucks. 14/2959, S. 11; ausführlich zu den Zulässigkeitsvoraussetzungen des Preisvergleichs, insbesondere zur Auswahl der in einem solchen Vergleich gegenübergestellten Produkte vgl. *Bullinger/ Emmerich*, WRP 2002, 608.

409 Dies ergeben die französische und die englische Fassung, in denen Adverbien verwendet werden („elle compare objectivement“ bzw. „it objectively compares“).

410 BGH GRUR 1999, 69 – *Preisvergleichsliste II*; vgl. auch OLG Dresden GRUR 2000, 916 (916 f.) – *Hochleistungstarif.*

411 Vgl. *Köhler* in: *Köhler/ Piper*[3], Rz. 38 zu § 2 UWG; *Gloy/ Bruhn*, GRUR 1998, 226 (237); *Tilmann*, GRUR 1997, 790 (796); zu den mit diesem Erfordernis verbundenen Schwierigkeiten vgl. auch *Bornkamm* in: *Schwarze*, Werbung und Werbeverbote im Lichte des europäischen Gemeinschaftsrechts, S. 142 f.

412 Dafür spricht die englische („features“) und die französische Fassung („pertinentes“) der Richtlinie.

413 OLG Hamburg GRUR-RR 2002, 398 – *COX-2-Hemmer.*

414 KG GRUR 2000, 242 – *Punkte-Vergleich.*

415 OLG Hamburg VuR 2003, 105 (107), dies scheint doch eher eine Frage der Irreführung zu sein.

Vorliegen eines objektiven Vergleichs nicht erforderlich[416]. Ebenso wenig muss der Werbende alle wesentlichen Eigenschaften in den Vergleich einbeziehen[417].

Der Begriff „Eigenschaften“ ist weit zu verstehen[418]. Das OLG München definierte ihn in seiner *Satte Mehrheit*-Entscheidung[419] als jeden Umstand, der mit dem Produkt in Zusammenhang steht, sich in ihm niederschlägt und von den angesprochenen Verbrauchern grundsätzlich in gleicher Weise eingeordnet wird. Umstände, die keinen Einfluss auf das Produkt selbst haben, seien dagegen keine Eigenschaften. Der Senat legte damit die Begrifflichkeit des BGB zugrunde. Dies wird den Anforderungen einer autonomen Auslegung der Richtlinie zwar nicht gerecht. Dadurch wird die Einheit der europäischen Rechtsordnung gefährdet und die gleichmäßige Anwendung der Richtlinie in allen Mitgliedstaaten in Frage gestellt. Hierüber muss jedoch solange hinweggesehen werden, wie es keinen europäischen Begriff der Eigenschaften gibt. Dennoch darf dies nicht dazu führen, dass zur Begriffsbestimmung Adjektive herangezogen werden, die eine zusätzliche Hürde aufstellen[420].

In dieser *Satte Mehrheit*-Entscheidung[421] beurteilte das OLG München die streitgegenständliche Werbeanzeige auch unter dem Gesichtspunkt des Eigenschaftsvergleichs[422] grundlegend anders als das LG Köln dieselbe Werbung in seiner Entscheidung *Geschmackstest*[423]. Die streitgegenständliche Anzeige eines Hamburgerherstellers stellte unter der Überschrift

---

[416] Vgl. dazu OLG Dresden GRUR 2000, 916 (916 f.) – *Hochleistungstarif.*

[417] Vgl. dazu auch *Bullinger/ Emmerich*, WRP 2002, 608 (610) m.w.N.

[418] *Plaß* sieht davon alle Merkmale erfasst, die auf der natürlichen Beschaffenheit des Produkts oder der Dienstleistung beruhen; zudem fallen die tatsächlichen oder rechtlichen Verhältnisse und Beziehungen zur Umwelt darunter, soweit sie nach der Verkehrsanschauung für die Wertschätzung oder Verwendbarkeit von Bedeutung sind, vgl. *Plaß*, WRP 1999, 766 (768); vgl. dazu auch *Wehlau*, der darauf abstellt, ob ein Merkmal aus der Sicht des Verbrauchers bei der Auswahl eines Produkts von Bedeutung sein kann, ob es eine Entscheidungshilfe darstellt, *Wehlau*, ZLR 1999, 393 (404) mit Beispielen.

[419] OLG München WRP 1999, 692 (693) – *Satte Mehrheit.*

[420] Vgl. dazu auch *Wehlau*, ZLR 1999, 393 (402).

[421] OLG München WRP 1999, 692 (693) – *Satte Mehrheit.*

[422] Zur Beurteilung der Frage, ob § 2 Abs. 2 Nr. 1 UWG erfüllt ist, siehe oben S. 70.

[423] LG Köln ZLR 1999, 522 – *Geschmackstest.*

„Satte Mehrheit!" ein Säulendiagramm dar, bei dem eine „Whopper"-Säule mit 62 % einer „Big Mäc"-Säule mit 38 % gegenübergestellt wurde. Die Prozentbezeichnung war mit einem Sternchen-Hinweis erläutert. Danach hatte eine Umfrage ergeben, dass 62 % der Testpersonen der „Whopper" besser schmecke als der „Big Mäc" ihrer Konkurrentin. Das OLG München entschied, der bittere oder süße Geschmack eines Lebensmittels stelle eine Eigenschaft dar, nicht aber, ob es gut schmecke[424]. Die Feststellung, ob das Produkt dem einzelnen schmecke beinhalte, keine Feststellungen über das verglichene Produkt, sondern nur über die geschmacklichen Präferenzen der Verbraucher. Das Testergebnis liefere daher Erkenntnisse über einen dem steten Wandel unterliegenden Verbrauchergeschmack, jedoch keine Erkenntnisse über Eigenschaften der verglichenen Produkte[425]. Das LG Köln[426] war dagegen der Ansicht, der Geschmack sei eine Eigenschaft[427].

(2) Wesentlichkeit, Relevanz, Nachprüfbarkeit und Typizität

Die verglichenen Eigenschaften müssen wesentlich, relevant, nachprüfbar und typisch sein. So soll sichergestellt werden, dass der Verbraucher nur mit Informationen konfrontiert wird, die für ihn von Interesse sind. Es geht also um einen besonderen Irreführungsschutz. Zudem verbirgt sich hierin das Verhältnismäßigkeitsprinzip: Die Interessen des in Bezug genommenen Konkurrenten sollen nicht mehr beeinträchtigt werden, als im Interesse des Werbenden und der angesprochenen Verbraucher an sachlicher Aufklärung erforderlich[428]. Unklar ist, worin sich die Adjektive unterscheiden. Trotz einiger Überschneidungen handelt es sich um selbständige Aspekte[429].

---

[424] OLG München WRP 1999, 692 (693) – *Satte Mehrheit.*

[425] OLG München WRP 1999, 692 (693) – *Satte Mehrheit*; *Wehlau* hält dem entgegen, Merkmale einer Ware, die für den Verbraucher bei der Kaufentscheidung wichtig seien, müssten nicht unbedingt ihren Niederschlag in der Ware selbst finden, sie könnten dennoch Eigenschaften sein, vgl. *Wehlau*, ZLR 1999, 393 (408); vgl. dazu auch die Entscheidung des OLG München WRP 2001, 820 – *Duftvergleichslisten*, in der der Senat bezweifelte, ob es sich bei der Duftnote überhaupt um eine Eigenschaft handelt.

[426] LG Köln ZLR 1999, 522 – *Geschmackstest.*

[427] Es verneinte aber die Nachprüfbarkeit dieser Eigenschaft, siehe dazu unten S. 7674.

[428] Vgl. Gesetzesbegründung BT-Drucks. 14/2959, S. 11.

[429] Nur minimale Unterschiede sehen *Ohly/ Spence*, GRUR Int. 1999, 681 (691 f.); *Kotthoff* geht sogar davon aus, dass die Begriffe deckungsgleich sind, vgl. *Kotthoff*,

„Wesentlich" ist eher objektiv, „relevant" dagegen eher aus der Verbrauchersicht zu bestimmen [430]. Nach einer Entscheidung des OLG Dresden ist eine Eigenschaft wesentlich, die geeignet ist, einen gewissen Einfluss auf das Produkt zu haben[431]. So ist etwa bei einem Tarifvergleich privater Krankenversicherungen wesentlich, dass die Erstattung von Arzthonoraren nicht durch die Gebührenordnung begrenzt wird[432]. Relevanz setzt voraus, dass der Kaufentschluss einer nicht völlig unerheblichen Zahl von Verbrauchern durch die Eigenschaft beeinflusst wird.

Die verglichenen Eigenschaften müssen zudem nachprüfbar sein, Werturteile werden ausgegrenzt[433]. Tatsachenbehauptungen müssen also mit Mitteln des Beweises überprüfbar sein. Dies ist etwa beim Vergleich von Duftnoten nicht der Fall, weil die Duftwahrnehmung vom Geruchsempfinden des Einzelnen abhängt und damit ausgesprochen subjektiv ist[434]. Auch Pauschaläußerungen scheiden aus. Gleiches gilt für Äußerungen über den Geschmack. Dieser ist als Bezeichnung eines Sinnes keine nachprüfbare Eigenschaft[435]. Daran ändert sich grundsätzlich auch dann nichts, wenn der Geschmack durch das Ergebnis einer Meinungsumfrage referiert wird[436].

Offen ist jedoch, wann eine Aussage nachprüfbar ist, für wen die Aussage nachprüfbar sein muss und auf welchen Standard abzustellen ist[437]. Es ist

---

BB 1998, 2217 (2218); vgl. auch *Menke*, WRP 1998, 811 (824); *Eck/ Ikas*, WRP 1999, 251 (263).

430 Str.; vgl. *Ohly/ Spence*, GRUR Int. 1999, 681 (692) m.w.N.

431 Vgl. auch *Menke*, GRUR 1993, 718 (728).

432 OLG Dresden GRUR 2000, 916 (918 f.) – *Hochleistungstarif.*

433 Vgl. *Kotthoff*, BB 1998, 2217 (2219); *Eck/ Ikas*, WRP 1999, 251 (266); *Gloy/ Bruhn*, GRUR 1998, 226 (236); *Plassmann*, GRUR 1996, 377 (379).

434 OLG München WRP 2001, 820 – *Duftvergleichslisten.*

435 Vgl. *Kotthoff*, BB 1998, 2217 (2219); a. A. *Wehlau*, ZLR 1999, 393 (407).

436 Vgl. LG Köln ZLR 1999, 522 – *Geschmackstest*, zum Entscheidungsgegenstand siehe oben S. 74; *Wehlau* ist dagegen der Meinung, repräsentative Meinungsumfragen würden nach wissenschaftlichen Kriterien durchgeführt und seien daher verifizierbar, die Geschmacksbewertung werde durch die repräsentative Meinungsbefragung objektiviert und damit zu einer Tatsache, die Gegenstand vergleichender Werbung sein könne, vgl. *Wehlau*, ZLR 1999, 393 (402).

437 Vgl. dazu *Ohly/ Spence*, GRUR Int. 1999, 681 (692 f.); *Wehlau*, ZLR 1999, 393 (409).

nicht erforderlich, dass der angesprochene Verbraucher die im Werbevergleich angeführten Eigenschaften ohne weiteres nur auf Grund der darin gemachten Angaben nachprüfen kann[438]. Nach einer Entscheidung des OLG Hamburg[439] ist die Werbeaussage „Cross-Action – Entfernt signifikant mehr Plaque als jede andere führende Handzahnbürste" nachprüfbar in diesem Sinn. Es sei geboten, nach der konkreten Art und dem Inhalt der Werbung, den angesprochenen Verkehrskreisen und der Art und Komplexität des beworbenen Produkts zu differenzieren. Bei technisch komplizierten Waren, deren Wirksamkeit auf komplexen wissenschaftlichen Untersuchungen beruht, könne das Erfordernis der Nachprüfbarkeit nicht so verstanden werden, dass der Verbraucher selbst in die Lage versetzt werden muss, die Richtigkeit der Grundlagen, auf denen die Werbeaussage beruht, selbst nachzuprüfen[440].

In wieweit „typisch" hier ein weiteres neues Kriterium einführt, ist unklar. Vorausgesetzt wird wohl, dass die verglichenen Eigenschaften die verglichenen Produkte im Hinblick auf den Bedarf oder die Zweckbestimmung prägen und damit repräsentativ oder aussagekräftig für deren Wert als ganzes sind[441]. Dem liegt die Erwägung zugrunde, dass der Hinweis auf untypische Eigenschaften eines Produkts den

---

[438] Vgl. *Kotthoff*, BB 1998, 2217 (2219); in BGH GRUR 1999, 69 (71) – *Preisvergleichsliste II* wurde die Nachprüfbarkeit einer Werbung mit der Begründung bejaht, der angesprochene Betrieb könne sich zumindest über den Werbenden oder auch über den in der verwendeten Vergleichsliste genannten Lieferanten die nötige Klarheit verschaffen; unzutreffend gehen *Eck/ Ikas* davon aus, der BGH stelle in dieser Entscheidung auf das Kriterium der Nachvollziehbarkeit ab, vgl. *Eck/ Ikas*, WRP 1999, 772 (773 f.); vgl. auch BGH GRUR 1999, 501 – *Vergleichen Sie*, die Bezugnahme auf den Katalog des Werbenden reiche aus, da es so mit zumutbarem Aufwand möglich sei, die Behauptung auf ihre Richtigkeit hin zu überprüfen; anders scheint dies KG GRUR 2000, 242 – *Punkte-Vergleich* zu sehen.

[439] OLG Hamburg GRUR-RR 2001, 84 (86) – *Handzahnbürsten.*

[440] Ähnlich auch die Gesetzesbegründung BT-Drucks. 14/2959, S. 11, bei Eigenschaften wie Energieverbrauch oder Umweltverträglichkeit wird der Verbraucher die Werbebehauptung meist nicht durch einen selbst durchgeführten Vergleich nachvollziehen können. Hier muss es ausreichen, dass die Behauptung „dem Nachweis zugänglich, nachweisbar, beweisbar" ist; vgl. dazu auch BGH NJW 2003, 1671 (1672) – *Gesamtpreisangebot*, besprochen bei *Ohly*, NJW 2003, 2135, wonach den Werbenden grundsätzlich keine Pflicht zur umfassenden Aufklärung trifft.

[441] Vgl. *Tilmann*, GRUR 1997, 790 (796); *Wehlau* sieht als typisch solche Eigenschaften an, die bei abstrakter Betrachtung normalerweise vorhanden sind, vgl. *Wehlau*, ZLR 1999, 393 (411).

Informationsgehalt der Werbung nicht erhöht[442]. Es genügt, wenn die Eigenschaft zwar noch nicht typisch ist, dies aber werden kann. Andernfalls würde Werbung mit Innovationen unnötig beschränkt[443].

(3) Ausnahme: Auskunftsvergleich?

Es stellt sich die Frage, ob die strengen Voraussetzungen des Eigenschaftsvergleichs auch für den Auskunftsvergleich gelten. Da der Vergleich hier auf Verlangen des Kunden vorgenommen wird[444], entscheidet dieser selbst, welche Eigenschaften verglichen werden. Somit wird der Verbraucherinformation besonders gedient. Gleichzeitig besteht nur eine geringe Irreführungsgefahr.

Nach altem deutschem Recht war es zulässig, auf Verlangen des Kunden auch untypische Eigenschaften zu vergleichen[445]. Somit würde die Anwendung der Voraussetzungen des § 2 Abs. 2 Nr. 2 UWG auf den Auskunftsvergleich zur Verschärfung der bisherigen Rechtslage führen. Dies widerspricht dem Liberalisierungsziel der Richtlinie. Die deutsche Delegation nahm in einer Protokollerklärung zum Richtlinienentwurf zu dieser Frage den Standpunkt ein, Verkaufsgespräche fielen schon gar nicht unter den Werbebegriff des Art. 2 Nr. 1 RL. Sie müssten deshalb nicht die Voraussetzungen des Eigenschaftsvergleichs erfüllen[446]. Denkbar wäre auch, § 2 Abs. 2 Nr. 2 UWG teleologisch zu reduzieren, weil es am Schutzbedürfnis des Verbrauchers fehlt, wenn er einen Vergleich wünscht. Jedoch soll schützt die Bestimmung nicht nur den Verbraucher, sondern auch den in Bezug genommenen Mitbewerber[447]. Richtigerweise ist in Fällen des Auskunftsvergleichs der Begriff der Wesentlichkeit nicht objektiv, sondern aus der Sicht des betroffenen Verbrauchers zu

---

[442] Vgl. *Wehlau*, ZLR 1999, 393 (411).

[443] Vgl. *Köhler* in: *Köhler/ Piper*[3], Rz. 43 zu § 2 UWG; *Völker*, MDR 2000, 1360 (1361).

[444] *Nordmann* nennt als Beispiel die Frage an den Sommelier, welcher Wein zum Essen besser schmecke, *Nordmann*, GRUR Int. 2002, 297 (301).

[445] Vgl. *Ohly/ Spence*, GRUR Int. 1999, 681 (693).

[446] Europäische Union, Der Rat, Interinstitutionelles Dossier Nr. 00/0343 vom 1. September 1997, 10162/97 ADD.

[447] Vgl. Gesetzesbegründung BT-Drucks. 14/2959, S. 11.

bestimmen[448]. Denn bei einem individuellen Verkaufsgespräch ist nur der Gesprächspartner betroffen[449].

cc) Verwechslungsverbot – Verhältnis zum Markenrecht

Nach § 2 Abs. 2 Nr. 3 UWG[450] ist ein Vergleich unzulässig, wenn er im geschäftlichen Verkehr zu Verwechslungen zwischen dem Werbenden und seinem Mitbewerber oder zwischen den von ihm angebotenen Waren oder Dienstleistungen oder den von ihnen verwendeten Kennzeichen führt. Laut Gesetzesbegründung wird damit nicht schon die abstrakte Gefahr einer Verwechslung erfasst, sondern erst eine sich aus der tatsächlichen Situation ergebende Täuschung des Adressaten[451]. Zudem soll Nummer 3 auch Arten der Verwechslung zwischen dem Werbenden und einem Mitbewerber regeln, die sich nicht auf Kennzeichen beziehen. Mit umfasst sind Verwechslungen, die durch die Produktgestaltung hervorgerufen werden[452]. Verwechslungsgeeignet können demnach grundsätzlich alle Merkmale sein, die auf die Herkunft eines Produkts oder eines Anbieters hinweisen können. Entscheidungen zu § 2 Abs. 2 Nr. 3 UWG sind bislang nicht ersichtlich. Dies ist auch darauf zurückzuführen, dass vergleichende Werbung gerade nicht darauf bedacht ist, Verwechslungen hervorzurufen. Sie zielt eher darauf ab, sich vom Konkurrenten abzusetzen. Die Vermutung *Henning-Bodewigs* hat sich somit vorerst bestätigt[453].

Als problematisch erweist sich das Verhältnis des § 2 Abs. 2 Nr. 3 UWG zum Markenrecht, insbesondere zu § 14 Abs. 2 MarkenG. Es fragt sich, ob der Gebrauch einer Marke in einem Werbevergleich eine Markenrechtsverletzung darstellt. Entscheidend ist dafür zunächst, ob der Verletzungstatbestand des auf der Richtlinie 89/104/EWG basierenden

---

[448] So etwa *Köhler* in: *Köhler/ Piper*[3], Rz. 40 zu § 2 UWG m.w.N.

[449] Die Schwierigkeit, das Merkmal der Nachprüfbarkeit zu erfüllen, bleibt jedoch dennoch bestehen; vgl. auch *Nordmann*, der vorschlägt, bereits vor der Prüfung der Voraussetzungen des § 2 UWG ein Handeln zu Zwecken des Wettbewerbs zu verneinen, *Nordmann*, GRUR Int. 2002, 297 (301).

[450] Mit dieser Vorschrift wird Art. 3a Abs. 1 lit. d RL umgesetzt.

[451] Vgl. dazu auch *Nordmann*, GRUR Int. 2002, 297 (301 f.).

[452] Vgl. Gesetzesbegründung BT-Drucks. 14/2959, S. 11; ob dieses Verständnis mit der Richtlinie 97/55/EG vereinbar ist, wird der EuGH zu entscheiden haben.

[453] Vgl. *Henning-Bodewig*, GRUR Int. 1999, 385 (387).

Markengesetzes eine kennzeichenmäßige Benutzung[454] voraussetzt. Legt man dieses Verständnis zugrunde, stellt vergleichende Werbung in der Regel keine Markenverletzung i.S.v. § 14 Abs. 2 MarkenG dar. Denn hier wird die fremde Marke nicht für Waren des Werbenden benutzt, sondern als Bezugnahme auf den Markeninhaber und seine Produkte und um sich von diesem abzugrenzen[455]. Jedoch ist umstritten, ob das Markengesetz tatsächlich eine kennzeichenmäßige Verwendung voraussetzt[456] oder ob jede Art der Markenbenutzung genügt[457]. Der BGH ließ diese Frage bislang offen[458]. In seiner *BMW*-Entscheidung[459] deutete der EuGH ein eher weites Verständnis der Markenverletzung an[460]. Er rechnete auch die Benutzung in der Werbung zur Benutzung einer Marke[461]. Jedoch erklärt Erwägungsgrund 15 der Richtlinie 97/55/EG, dass der Markengebrauch in der vergleichenden Werbung keine Markenverletzung darstellt, sofern die

---

[454] D.h. eine Benutzung, bei der das Zeichen zur Unterscheidung der damit gekennzeichneten Waren von Waren anderer Herkunft dient, vgl. dazu *Ingerl/ Rohnke*, Rz. 48 zu § 14 MarkenG m.w.N.; *Schweyer* in:*Schultz*, Rz. 12 zu § 14 MarkenG m.w.N.

[455] Vgl. auch *Ohly/ Spence*, GRUR Int. 1999, 681 (687); *Ingerl*, WRP 2002, 861 (864 ff.).

[456] Für diese Auffassung wird insbesondere auf Art. 5 Abs. 5 Markenrechtsrichtlinie verwiesen, woraus sich ergebe, dass sich das MarkenG mit seiner der Richtlinie entsprechenden Regelung lediglich auf eine zeichenmäßige Benutzung beziehe, vgl. *Piper*, GRUR 1996, 429 (434); *Keller*, GRUR 1996, 607 ff.; vgl. auch die Gesetzesbegründung BT-Drucks. 14/2959, S. 11.

[457] Diese Meinung verweist auf den Wortlaut des § 14 MarkenG, der für eine solch einschränkende Interpretation keinen Raum lasse, und auf die amtliche Begründung zu § 14 MarkenG, wo es explizit heißt, dass nach den Abs. 2 und 3 jede Benutzung eines kollidierenden Zeichens im geschäftlichen Verkehr untersagt ist, vgl. *Fezer*, GRUR 1996, 566 (568); *Fezer*, Rz. 39 zu § 14 MarkenG; *Starck*, GRUR 1996, 688 (691).

[458] Vgl. BGH GRUR 1998, 697 (699) – *Venus Multi*; BGH GRUR 1999, 238 (239) – *Tour de Culture*; BGH GRUR 1999, 992 (994) – *BIG PACK*.

[459] EuGH Rs. C-63/97, Bayerische Motorenwerke AG (BMW) und BMW nederland BV/ Roland Karel Deenik, Slg. 1999, I-905.

[460] Vgl. nur *Schweyer* in: *Schultz*, Rz. 14 zu § 14 MarkenG; *Fezer*, Rz. 30c zu § 14 MarkenG.

[461] EuGH Rs. C-63/97, Bayerische Motorenwerke AG (BMW) und BMW nederland BV/ Roland Karel Deenik, Slg. 1999, I-905, Rz. 59 ff.

Zulässigkeitsbedingungen der Richtlinie erfüllt sind[462]. Dieser Erwägungsgrund lässt den Schluss zu, dass zunächst in jeder Vergleichswerbung, unabhängig von der wettbewerbsrechtlichen Beurteilung, eine Benutzungshandlung im Sinne des Markenrechts zu sehen ist. Diese ist jedoch unter den Vorbehalt des § 23 Nr. 2 MarkenG zu stellen[463]. Dieser Ansatz ist auch sachgerecht, da er gegen unzulässige Werbevergleiche mit Markenwaren parallel Marken- und Wettbewerbsschutz gewährt. Letztlich besteht jedenfalls Einigkeit darüber, dass die Verwendung einer Marke in einem zulässigen Werbevergleich keine Markenrechtsverletzung darstellt.

dd) Verbot der Beeinträchtigung oder Ausnutzung der Wertschätzung

Mit § 2 Abs. 2 Nr. 4 UWG[464] werden Werbevergleiche verboten, die die Wertschätzung des von einem Mitbewerber verwendeten Kennzeichens in unlauterer Weise ausnutzen oder beeinträchtigen. § 2 Abs. 2 Nr. 4 UWG verwendet also statt des Begriffs des Unterscheidungszeichens der Richtlinie den Begriff „Kennzeichen". Er ist richtlinienkonform auszulegen[465]. Die Wertschätzung eines Kennzeichens im Sinne des Rufs

---

462 Auch nach der Gesetzesbegründung zum MarkenG soll die Verwendung der Marke eines Konkurrenten in der vergleichenden Werbung in aller Regel keine Markenverletzung darstellen, weil üblicherweise die Marke nicht für die eigene Ware benutzt wird, sondern als Bezugnahme auf die des Konkurrenten (dem die Marke gehört), vgl. Begründung zum MarkenG, BT-Drucks. 12/6581 vom 14. Januar 1994, S. 75; *Fezer* kritisiert hieran, dadurch werde der markenrechtliche Schutz vor einer Benutzung der Marke in unzulässiger vergleichender Werbung unangemessen verkürzt, *Fezer*, Rz. 496 zu § 14 MarkenG.

463 Vgl. *Schweyer* in:*Schultz*, Rz. 14 zu § 14 MarkenG; *Fezer* weist jedoch darauf hin, dass der Markeninhaber die Benutzung der Marke in vergleichender Werbung nach § 23 Nr. 2 MarkenG nicht untersagen kann, vgl. *Fezer*, Rz. 496 zu § 14 MarkenG; *Kur* stellt auf den Grundsatz der Erschöpfung ab, da es um die Benutzung der Marke für Produkte gehe, die unter dieser Marke von ihrem Inhaber in der Gemeinschaft in Verkehr gebracht worden seien und sich der Markeninhaber dieser nur in Ausnahmefällen widersetzten könne, vgl. *Kur*, GRUR 1997, 241 (250).

464 Mit dieser Vorschrift werden Art. 3a Abs. 1 lit. g und teilweise lit. e RL in Anlehnung an die Formulierung des § 9 Abs. 2 Nr. 3 Alt. 2 und des § 14 Abs. 2 Nr. 3 Alt. 2 MarkenG umgesetzt. Die Umsetzung weicht damit vom Wortlaut der Richtlinie 97/55/EG ab, so dass eine richtlinienkonforme Auslegung in besonderem Maße geboten ist.

465 Siehe dazu oben S. 25 f.

setzt keine Bekanntheit voraus[466], sondern umfasst jede positive Assoziation, die der Verkehr mit der Marke verbindet[467]. Der Begriff ist weit zu verstehen.

Nicht jede mit kritisierend vergleichender Werbung verbundene Herabsetzung stellt eine unlautere Rufbeeinträchtigung in diesem Sinn dar[468]. Gleiches gilt für die Rufausbeutung. Sie liegt nicht schon dann vor, wenn der Vergleich das Unterscheidungsmerkmal nur aufführt[469]. Maßgeblich ist, ob der Vergleich auch unter geringerer Rufausnutzung möglich gewesen wäre[470]. Nach einer Entscheidung des OLG München[471] liegt keine unlautere Rufausnutzung vor, wenn der Einsatz kompatibler Zusatzbaugruppen nur dann mit vertretbarem Aufwand realisiert werden kann, wenn entweder identische Bestellnummernkerne oder Vergleichslisten verwendt werden. Dagegen lässt sich die Duftnote eines Parfums auch verbal beschreiben. So können etwa die Inhaltsstoffe angegeben werden, die beim angesprochenen Verbraucher eine Duftvorstellung auslösen. Die Verwendung von Duft-Vergleichslisten beziehungsweise Duftgenealogien ist dafür nicht erforderlich[472].

In der *Lottoschein*-Entscheidung[473] des OLG Hamburg sah der Senat in der Werbeanzeige einer Wirtschaftszeitung, in der ein Lottoschein mit der Unterschrift „Um Geld zu vermehren empfehlen wir ein anderes Papier“ abgebildet war, den guten Ruf des bekannten Lottoscheins nicht in unlauterer Weise ausgenutzt. Die Aussage, ein „anderes Papier“ werde zur

---

466 Str.; vgl. Gesetzesbegründung BT-Drucks. 14/2959, S. 8; *Köhler* in: *Köhler/ Piper*[3], Rz. 49 zu § 2 UWG m.w.N.

467 Vgl. *Berlit*, Vergleichende Werbung, Rz. 166 a.

468 Vgl. Gesetzesbegründung BT-Drucks. 14/2959, S. 12, die auf BGH GRUR 1999, 501 – *Vergleichen Sie* verweist.

469 Vgl. BGH GRUR 1999, 501 (503) – *Vergleichen Sie*; BGH WRP 2003, 637 (639) – *Ersetzt*; zustimmend *Eck/ Ikas*, WRP 1999, 772 (775); LG Bochum WRP 2000, 230 (232) – *Die Zeit des Modeschmucks ist vorbei!*.

470 Vgl. EuGH Rs. C-112/99, Toshiba/Katun, Slg. 2001, I-7945, Rz. 48 ff.

471 OLG München OLGR 2001, 349.

472 OLG München WRP 2001, 820 – *Duftvergleichslisten*, Gegenstand der Entscheidung war die Verwendung solcher Listen, in denen die Duftnoten eigener Produkte im Wesentlichen unter Bezugnahme auf bekannte Markenparfums beschrieben wurden.

473 OLG Hamburg GRUR 2000, 243 (246) – *Lottoschein*.

„Geldvermehrung" empfohlen, spreche vielmehr ausdrücklich dagegen. Der Senat stellte darauf ab, ob der Werbende etwa vom Prestige des Lottospiels profitierte. Lotto stelle aber kein Prestigeprodukt dar, dessen Image auf viele andere Produkte übertragbar sei. Wegen der ganz unterschiedlichen Angebote der Parteien komme die Übertragung von Qualitäts- oder Prestigevorstellungen durch den Verkehr nicht in Betracht. Auch das Argument einer denkbaren Lizenzierbarkeit der Abbildung des Lottoscheins greife nicht durch. Es sei keine greifbare Lizenzierungsmöglichkeit gegeben. Zudem werde der Kläger durch die blickfangmäßige Abbildung des Lottoscheins nicht wesentlich beeinträchtigt.

ee) Verbot der Herabsetzung und Verunglimpfung

Nach § 2 Abs. 2 Nr. 5 UWG[474] ist ein Vergleich unzulässig, wenn er die Waren, Dienstleistungen, Tätigkeiten oder persönlichen oder geschäftlichen Verhältnisse eines Mitbewerbers herabsetzt oder verunglimpft. Dies gilt unabhängig davon, ob die Herabsetzung oder Verunglimpfung erweislich wahr ist[475].

Dabei steht zwar fest, dass die mit jeder kritisierend vergleichenden Werbung zwangsläufig verbundene Herabsetzung nicht verhindert werden soll und dass grobe Herabwürdigungen verboten sind[476]. Es müssen vielmehr die Grenzen sachlicher Kritik überschritten werden. Jedoch ist unklar, wo die Grenze zwischen zulässiger Ironie und unzulässiger Verunglimpfung zu ziehen ist[477]. Diese Entscheidung ist aus der Sicht der angesprochenen Verkehrskreise zu treffen[478]. *Plassmann* hält es für

---

[474] Die Vorschrift setzt Art. 3a Abs. 1 lit. e RL um, soweit dies nicht schon durch § 2 Abs. 2 Nr. 4 UWG geschehen ist.

[475] Vgl. Gesetzesbegründung BT-Drucks. 14/2959, S. 12.

[476] So schon BGH GRUR 1998, 824 (827) – *Testpreis-Angebot*; vgl. auch BGH GRUR 1999, 501 (503) – *Vergleichen Sie*; OLG Saarbrücken EuZW 1999, 575 (576); OLG Hamburg GRUR 2000, 243 (245 f.) – *Lottoschein*; OLG Frankfurt/ Main GRUR 2000, 621 (623) = MD 2000, 434 – *Magentafarbener Pfeil*; BGH WRP 2001, 1441 (1443 f.) – *Preisgegenüberstellung im Schaufenster*; wohl a.A. jedoch OLG München ZLR 2000, 949 (954) – *Münchner Trinkwasser*.

[477] *Harrison* ist der Ansicht, diese Voraussetzung verbiete es Anbietern von objektiv hochwertigeren Ware, diese als denen der Konkurrenz überlegen darzustellen, vgl. *Harrison*, TMW September 1997, 18 (21).

[478] Vgl. *Tilmann*, GRUR 1997, 790 (797) m.w.N.

denkbar, nur grob und unverhältnismäßig abwertende Ausdrucksformen unter das Verbot zu subsumieren[479]. Dies geht jedoch zu weit[480]. Eine Herabsetzung liegt vor, wenn über das unvermeidliche Maß hinausgegangen, der Konkurrent etwa in grober und unsachlicher Weise kritisiert wird. Maßgebend ist, ob die Äußerung für den legitimen Zweck des Vergleichs (objektive Unterrichtung der Verbraucher über die Vorteile des eigenen Angebots und damit Verbesserung der Markttransparenz) erforderlich ist oder ob auch eine weniger einschneidende Äußerung möglich gewesen wäre[481].

In seiner *Testpreis-Angebot*-Entscheidung[482] stellte der BGH für das Merkmal der Herabsetzung auf die Darstellung als minderwertig ab[483]. Ein wirklicher Bedeutungswandel des Merkmals schien damit noch nicht vollzogen[484]. Mittlerweile kam aber in einigen Entscheidungen eine liberalere Haltung zum Ausdruck. Zwar wurde die Werbeaufschrift „Die beste Werbung für S. sind die Angebote der Konkurrenz", die ein Mietwagenanbieter auf Gepäckwagen an Flughäfen angebracht hatte, als pauschal abwertend eingestuft[485]. Gleiches galt für den Slogan „Also

---

[479] Vgl. *Plassmann*, GRUR 1996, 377 (389).

[480] Vgl. *Eck/ Ikas*, WRP 1999, 251 (270).

[481] Vgl. dazu auch *Bornkamm* in: *Schwarze*, Werbung und Werbeverbote im Lichte des europäischen Gemeinschaftsrechts, S. 146 f.

[482] BGH GRUR 1998, 824 (827) – *Testpreis-Angebot*, zum Werbesatz „Billige Composite-Rackets (Graphit-Fiberglas) muten wir Ihnen nicht zu." im Kundenschreiben eines Sportartikelhändlers.

[483] Es ist zweifelhaft, ob dieses Kriterium zur Abgrenzung geeignet ist; *Ohly* zieht die Begründung, die allgemeine Abwertung der Composite Rackets sei sachlich nicht berechtigt und damit irreführend vor, vgl. *Ohly*, GRUR 1998, 828 (830); *Henning-Bodewig* schlägt vor, auf verschiedene Faktoren und Begleitumstände der Werbung abzustellen, etwa darauf, wie leicht der Mitbewerber identifizierbar ist oder auf das Vorverhalten des Klägers, vgl. *Henning-Bodewig*, GRUR Int. 1999, 385 (393); vgl. auch *Menke*, WRP 1998, 811 (816).

[484] A.A. dagegen *Wambach*, der der Auffassung ist, dass schon und gerade das Herabsetzungsverbot zeige, wie sehr sich die Rechtslage geändert habe: galt bisher ein Vergleich unabhängig von seinem Inhalt grundsätzlich als herabsetzend, komme es nun auf den konkreten Inhalt an, *Wambach* MDR 1998, 1238 (1240).

[485] Das Kammergericht entschied, die angesprochenen Verbraucher verstünden die Anzeige wegen ihrer Allgemeinheit dahin, dass die Angebote des Konkurrenten allgemein deutlich schlechter seien: angesichts der Allgemeinheit der Aussage und der

warum genauso viel oder noch mehr bezahlen für Modeschmuck?“[486]. Dagegen wurde in der oben genannten Werbeanzeige einer Wirtschaftszeitung[487] mit der Unterschrift „Um Geld zu vermehren empfehlen wir ein anderes Papier“, keine Herabsetzung gesehen[488]. Auch der Werbeslogan „ich ruf dich zurück für die Hälfte“ stellte keine Herabsetzung dar[489].

Eher liberal wirkt auch die Entscheidung *Preisgegenüberstellung im Schaufenster*[490] des BGH. Der Werbende hängte die leicht vergrößerte Werbeanzeige eines Konkurrenten, mit der dieser auf eine PC Sonderaktion hinwies, in sein Schaufenster und versah sie mit dem handschriftlichen Hinweis „Dieser PC wird bei uns normal für 1.850 DM verkauft“. Der BGH hielt die Werbung nicht für unzulässig herabsetzend oder verunglimpfend. Er stellte dabei auch auf die in der Branche üblichen Verhaltensweisen ab. Der Vorwurf generell überhöhter Preise lasse sich nicht entnehmen. Ein bloß reflexartiger Effekt, der sich aus der Werbeaussage und der darin enthaltenen Information ergibt, genüge grundsätzlich nicht. Hieraus könne nicht darauf geschlossen werden, der Werbende selbst wolle den Bezug zu weiteren, über den Inhalt der Werbung hinausgehenden Sachverhalten herstellen. Auch allein die Herausstellung des Wortes „normal“ durch doppelte Unterstreichung stelle

---

Vielzahl denkbarer Leistungsmerkmale sei eine konkrete Überprüfung nicht möglich, jedenfalls aber fernliegend, KG WRP 1999, 339 (340).

486 OLG Hamm WRP 2000, 1316 (1317) – *Die Zeit des Modeschmucks ist vorbei!*; anders noch die erste Instanz LG Bochum WRP 2000, 230 (232).

487 Siehe oben S. 82.

488 OLG Hamburg GRUR 2000, 243 (245 f.) – *Lottoschein*, weder wird mit dieser Anzeige das Lottospielen als sinnlose Geldverschwendung herausgestellt noch wird es unterschwellig so bewertet oder in diese Richtung geschoben.

489 OLG Frankfurt/ Main GRUR 2000, 621 (623) – *Magentafarbener Pfeil*, zwar liegt in der Hervorhebung der Preisgünstigkeit des Angebots des Werbenden gegenüber dem Angebot des Mitbewerbers auch ein Element der kritisierenden Bezugnahme; gerade die Gegenüberstellung der Leistungen und die Hervorhebung der Preisgünstigkeit der eigenen Leistung wird durch die Richtlinie aber zugelassen und kann daher als solche nicht die Unlauterkeit der sonst nicht zu beanstandenden vergleichenden Werbung begründen; ähnlich auch OLG Hamburg WRP 1999, 349 (353) – *Bildertheke im Billigmarkt* zu dem Slogan „Ihre Fotoarbeiten sind bei photo d. in den besten und sichersten Händen (…). Wir meinen, dass Fotoarbeiten mit Namen und Adresse nicht für jedermann zugänglich sein dürfen. Unser Fachpersonal garantiert Sicherheit (…).“.

490 BGH WRP 2001, 1441 (1443 f.) – *Preisgegenüberstellung im Schaufenster*.

keine unangemessene Herabsetzung dar. Es sei nicht zu beanstanden, wenn die Beklagte durch eine augenfällige Unterstreichung und ein Ausrufungszeichen den Aspekt ihres Angebots besonders herausstelle und betone, der das Angebot besonders vorteilhaft erscheinen lasse[491].

Außergewöhnlich streng beurteilte dagegen das OLG München in seiner Entscheidung *Münchner Trinkwasser*[492] die werbende Fragestellung „Hängen Sie noch an der Flasche?“[493]. Es sah hierin eine Herabsetzung, weil diese Formulierung eine umgangssprachliche Umschreibung für Alkoholabhängigkeit sei. Zwar handle es sich um ein ironisch-plakatives Wortspiel[494]. Dies ändere aber nichts daran, dass der in solchen Wortspielen liegende feine Witz die Grenze zur Unsachlichkeit nicht überschreiten dürfe. Das Konkurrenzangebot dürfe auch in diesen Fällen im Vergleich mit dem eigenen Angebot nicht als minderwertig herausgestellt werden[495]. Ob eine nur leicht ironische Werbeaussage tatsächlich unter das Herabsetzungsverbot fällt, ist aber zweifelhaft. Ironische Komponenten vergleichender Werbung, die nur Aufmerksamkeit und Schmunzeln erzielen, mit denen aber keine Abwertung des Wettbewerbers verbunden ist, sollten zulässig sein.

Insgesamt zeigt sich, dass der BGH eine liberalere Haltung einnimmt, als die Instanzgerichte. Deren Entscheidungen ist nur zum Teil ein echter Rechtsprechungswandel zu entnehmen.

---

[491] BGH WRP 2001, 1441 (1444) – *Preisgegenüberstellung im Schaufenster*.

[492] OLG München ZLR 2000, 949 (954) m. krit. Anm. v. *Eck/ Ikas – Münchner Trinkwasser*.

[493] Daneben war ein Wasserhahn abgebildet, an dem ein Etikett befestigt war, das sich sehr stark an die üblicherweise für Mineralwasserflaschen verwendeten Etiketten anlehnte. Darunter stand, das Trinkwasser des Werbenden sei „natürlich frisch und unbehandelt“.

[494] Vgl. dazu auch LG Köln ZLR 1999, 522 – *Geschmackstest*, wonach sich aus dem Zusammenhang ergebe, dass der Konkurrent mit dem Satz „weil´s besser schmeckt“ unter einem Warenvergleich abqualifiziert werde.

[495] Damit stellte der Senat, ähnlich wie BGH GRUR 1998, 824 (827) – *Testpreis-Angebot* auf die Darstellung als minderwertig ab.

ff) Verbot der Darstellung einer Ware als Imitation

Nach § 2 Abs. 2 Nr. 6 UWG[496] ist der Vergleich unzulässig, wenn er eine Ware oder Dienstleistung als Imitation oder Nachahmung einer unter einem geschützten Kennzeichen vertriebenen Ware oder Dienstleistung darstellt. Die Vorschrift verbietet nicht, das eigene Produkt als einem Markenprodukt gleichwertig darzustellen. Andernfalls wäre anlehnend vergleichende Werbung, soweit sie Markenprodukte betrifft, nahezu vollständig ausgeschlossen. Vielmehr untersagt Nr. 6, das eigene Produkt offen als Imitation oder Nachahmung zu bezeichnen[497]. § 2 Abs. 2 Nr. 6 UWG kommt keine allzu große eigenständige Bedeutung zu[498]. Die einzig erfasste offene Darstellung als Imitation ist ohnehin nur möglich, wenn sie nicht durch ein bestehendes Schutzrecht verhindert werden kann und die Grundsätze des ergänzenden Leistungsschutzes nicht greifen. Bislang sind, soweit ersichtlich, zu diesem Verbot keine Entscheidungen ergangen.

c) Angebote mit besonderen Bedingungen (§ 2 Abs. 3 UWG)

Auch zu § 2 Abs. 3 UWG[499] sind bislang keine Entscheidungen bekannt geworden. Diese Vorschrift bestimmt, dass Vergleiche, die sich auf ein Angebot mit einem besonderen Preis oder anderen besonderen Bedingungen beziehen, den Zeitpunkt des Endes des Angebots und, wenn dieses noch nicht gilt, den des Beginns eindeutig angeben müssen. Gilt das Angebot nur so lange, wie die Waren oder Dienstleistungen verfügbar sind, so ist darauf hinzuweisen. Diese besonderen Aufklärungspflichten begründeten den Umsetzungsbedarf. Ihrem Inhalt nach geht § 2 Abs. 3 UWG im übrigen nicht über § 3 UWG hinaus[500].

---

[496] Mit der Bestimmung wird Art. 3a Abs. 1 lit. h RL umgesetzt; kritisch die Stellungnahme des Max-Planck-Instituts, GRUR Int. 2000, 265 (266).

[497] Vgl. Gesetzesbegründung BT-Drucks. 14/2959, S. 12; letztlich wird der EuGH diese Frage klären.

[498] Vgl. *Berlit*, BB 2000, 1305 (1308).

[499] Die Vorschrift setzt Art. 3a Abs. 2 RL um. Der in der Richtlinie 97/55/EG verwendete Begriff „Sonderangebot" wird vermieden, weil § 7 Abs. 2 UWG eine Legaldefinition enthält, die nicht mit der Begrifflichkeit der Richtlinie übereinstimmt, vgl. Gesetzesbegründung BT-Drucks. 14/2959, S. 12.

[500] Vgl. Gesetzesbegründung BT-Drucks. 14/2959, S. 8.

d) Irreführungsverbot (§ 3 S. 2 UWG)

§ 3 S. 2 UWG[501] stellt Angaben im Rahmen vergleichender Werbung den übrigen Angaben über geschäftliche Verhältnisse im Sinn von S. 1 gleich. Damit verzichtet der deutsche Gesetzgeber auf eine besondere Regelung zu Werbevergleichen, unterstellt diese stattdessen dem allgemeinen Irreführungsverbot des § 3 UWG. In der Gesetzesbegründung heißt es, so solle vermieden werden, dass bei der Anwendung des UWG unterschiedliche Irreführungsmaßstäbe gelten, je nachdem ob die Aussage in einem Werbevergleich enthalten sei oder nicht. Die Gesetzesbegründung geht zudem davon aus, den Mitgliedstaaten stehe es frei, bei der Beurteilung von vergleichender Werbung einen weitergehenden Irreführungsschutz zu gewähren als ihn die Richtlinie vorsieht[502]. Diese Interpretation wird angesichts der *Pippig*-Entscheidung[503] des EuGH nicht aufrecht erhalten werden können. Hier schloss der EuGH strengere nationale Vorschriften zum Irreführungsschutz für Werbevergleiche aus und stellte für die Irreführung auf die mutmaßliche Erwartung eines durchschnittlich informierten, aufmerksamen und verständigen Durchschnittsverbrauchers ab[504].

Die Frage, welcher Irreführungsbegriff anzuwenden ist, verliert mehr und mehr an praktischer Bedeutung. Die deutsche Rechtsprechung zu § 3 UWG nähert sich dem europäischen Verbraucherleitbild[505] und damit dem gemeinschaftsrechtlichen Irreführungsmaßstab zunehmend an[506]. Je weniger sich beide Maßstäbe unterscheiden, desto geringere Auswirkungen hat der Meinungsstreit. Darüber hinaus bekennt sich auch der Entwurf zur

---

501 Damit wird Art. 3a Abs. 1 lit. a RL umgesetzt.

502 Vgl. Gesetzesbegründung BT-Drucks. 14/2959, S. 7.

503 EuGH Rs. C-44/01, Pippig Augenoptik GmbH & Co KG/Hartlauer Handelsgesellschaft mbH u.a., WRP 2003, 615 (Rz. 38 ff.); siehe dazu oben S. 23 f.

504 EuGH Rs. C-44/01, Pippig Augenoptik GmbH & Co KG/Hartlauer Handelsgesellschaft mbH u.a., WRP 2003, 615 (Rz. 55).

505 Siehe den Überblick zur Entwicklung des Verbraucherleitbilds in Deutschland oben S. 33 f.

506 Zu den bisherigen Unterschieden zwischen § 3 UWG und dem Irreführungsverbot der Irreführungsrichtlinie vgl. *Sack*, WRP 2001, 327 (338 ff.) m.w.N.; zur Frage, inwieweit die richtlinienkonforme Auslegung zur Vereinheitlichung des Bewertungsmaßstabs zwingt vgl. *Köhler* in: *Köhler/ Piper*[3], Rz. 14 zu § 2 UWG m.w.N.

Reform des UWG ausdrücklich zum gemeinschaftsrechtlichen Irreführungsmaßstab[507].

Auch in den Entscheidungen zu irreführenden Werbevergleichen wurde bislang meist auf den gemeinschaftsrechtlichen Irreführungsmaßstab abgestellt, ohne dass diese Frage explizit erörtert wurde[508]. Nach einer Entscheidung des OLG Hamburg ist der Tarifvergleich für die Telefonauskunft irreführend, wenn er ein schiefes Gesamtbild erzeugt, indem nur der Preis der ersten Minute verglichen wird[509]. Der Senat entschied, die angesprochenen Verbraucher sähen den Preisvergleich als Beispiel für die allgemein behauptete Preisgünstigkeit. Sie entnähmen der Anzeige, der Werbende sei allgemein günstiger. Dies traf jedoch nicht zu[510]. Auf die schutzwürdigen Interessen der angesprochenen Verkehrskreise stellte auch das OLG Hamburg in der Entscheidung *Verkaufszahlen*[511] ab. Das streitgegenständliche Rundschreiben enthielt ein Diagramm, das unter der Überschrift „Entwicklung der Einzelverkaufsauflage pro Ausgabe 1999" die Einzelverkaufszahlen verschiedener Programmzeitschriften zeigte. Das OLG entschied, für Personen, die beruflich mit der Schaltung von Anzeigen beschäftigt seien, sei klar erkennbar, dass sich das Diagramm nur auf die „Einzelverkaufsauflagen" beziehe. Eine Verwechslung oder Gleichsetzung mit den Gesamtverkaufszahlen sei nicht zu erwarten. Gleichwohl entstandene Irrtümer beträfen keine generell schutzwürdigen Interessen der angesprochenen Verkehrskreise[512].

---

[507] Vgl. die Begründung des Entwurf eines Gesetzes gegen den unlauteren Wettbewerb vom 07.05.2003, S. 39, herunterladbar von URL: http://www.bmj.bund.de/images/11596.pdf (zuletzt aufgerufen am 15.08.2003).

[508] Vgl. OLG Frankfurt/ Main GRUR-RR 2001, 89 (90) – *Komfortanschluss*; OLG Hamburg ZUM-RD 2002, 344 (346 ff.); OLG Hamburg GRUR-RR 2001, 33 (35) – *Verkaufszahlen*; OLG Hamburg ZUM-RD 2002, 342; OLG Hamburg ZUM-RD 2002, 344 (346 ff.); OLG Dresden GRUR 2000, 916 (916 f.) – *Hochleistungstarif*.

[509] OLG Hamburg ZUM-RD 2002, 342; vgl. auch *Bullinger/ Emmerich*, WRP 2002, 608 (611 ff.).

[510] Vgl. dazu auch KG WRP 1999, 339, das entschied, mit dem Werbeslogan „Die beste Werbung für S. sind die Angebote der Konkurrenz" werde zum Ausdruck gebracht, die Angebote des Werbenden seien denen der Konkurrenz allgemein und deutlich überlegen; da dies nicht zuträfe, sei die Werbung irreführend.

[511] OLG Hamburg GRUR-RR 2001, 33 (35) – *Verkaufszahlen*.

[512] Auch erwecke das Diagramm nicht den Eindruck, der Werbende sei absoluter Marktführer oder auflagenstärkste Zeitschrift; zwar seien nur 3 Programmzeitschriften

Insbesondere die Preisgegenüberstellung vergleichbarer (§ 2 Abs. 2 Nr. 1 UWG), aber nicht identischer Produkte kann irreführend sein. Das OLG Frankfurt am Main entschied, den Werbenden treffe bei Vergleichen dieser Art eine Klarstellungspflicht. Als Korrektiv müsse er die Produktunterschiede deutlich und unmissverständlich hervorheben[513]. Im Falle blickfangmäßig betonter Angaben können aufklärende Hinweise jedoch die bereits eingetretene Irreführung unberührt lassen[514]. Ähnlich fiel die oben bereits erwähnte Entscheidung des OLG Hamburg zu einem Flugpreisvergleich aus[515]. Hier wurden Flüge mit Abflugort Frankfurt-Hahn denen mit Abflugort Rhein-Main-Flughafen (Frankfurt/ Main) gegenübergestellt[516]. Die Verbraucher müssten darüber aufgeklärt werden, dass Frankfurt-Hahn anders als der Rhein-Main-Flughafen dem Großraum Frankfurt zuzurechnen sei[517].

---

aufgeführt und die beiden Marktführer nicht genannt. Der angesprochene Verkehr könne aber in Kenntnis dessen, dass es mehr als drei Programmzeitschriften gäbe, das Schaubild richtig als Ausschnitt verstehen, von Marktführerschaft sei nicht die Rede, OLG Hamburg GRUR-RR 2001, 33 (35) – *Verkaufszahlen*; vgl. dazu auch OLG Köln NJWE-WbR 2000, 182, eine aus einer Leserbefragung gewonnene Beurteilung einer Zeitschrift als „führend" sei nur zulässig, wenn die Befragten beide Titel tatsächlich gelesen und danach einen Titel bevorzugt, also zum „Führenden" erklärt hätten, würden in der Studie dagegen keine „Doppelleser" zu ihrer Meinung befragt, dürfe der beworbene Titel nicht zum „Führenden" erklärt werden.

513 Vgl. dazu OLG Frankfurt/ Main GRUR-RR 2001, 89 – *Komfortanschluss*, das entschied, die Angabe „incl. T-Net Box" bei der Beschreibung des Angebots des Konkurrenten, der damit auf einen Anrufbeantworter hinweise, sei irreführend, da durch sie nicht klar und unmissverständlich der entscheidende Unterschied der beiden Leistungspakte angesprochen werde; so auch *Ohly/ Spence*, GRUR Int. 1999, 681 (691).

514 OLG Dresden GRUR 2000, 916 (916 f.) – *Hochleistungstarif*; vgl. dazu auch OLG Hamburg GRUR 2000, 530 (531) – *CSE-Hemmer*; OLG Hamburg GRUR 2000, 532 = NJWE-WettbR 2000, 109 – *Telefonkostenvergleich.*

515 Siehe dazu oben S. 71 f.

516 OLG Hamburg VuR 2003, 105 (108).

517 Es sei, entgegen der Entscheidung des LG, aber nicht erforderlich, im Zusammenhang mit der Werbung unübersehbar und deutlich auf sämtliche Nachteile des Flughafens Frankfurt am Main hinzuweisen, da damit der Werbewert der Anzeige in sein Gegenteil verkehrt werde, vgl. OLG Hamburg VuR 2003, 105 (106).

3. Rechtsfolgen unzulässiger Werbevergleiche

§ 2 UWG konkretisiert das Merkmal der Sittenwidrigkeit des § 1 UWG, so dass für unzulässige Werbevergleiche die Rechtsfolgen des § 1 UWG gelten. Somit wird dem Verletzten in erster Linie ein Anspruch auf Unterlassen gewährt. Nur bei schuldhaftem[518] Wettbewerbsverstoß besteht zusätzlich ein Schadensersatzanspruch.

IV. Liberalisierungswirkung der Richtlinie

Mit § 2 UWG hat vergleichende Werbung in Deutschland erstmals eine eigene umfassende Vorschrift erhalten. Werbevergleiche sollen nun grundsätzlich zulässig sein. Die Darlegungs- und Beweislast trägt der Kläger. Das Merkmal der erkennbaren Bezugnahme wurde als Unzulässigkeitskriterium insgesamt aufgehoben. Auf den Grad der Erkennbarkeit kommt es nicht mehr an. Der Oberbegriff der bezugnehmenden Werbung ist unverändert. § 2 UWG erfasst sämtliche Formen des alten Rechts und unterwirft sie den gleichen Zulässigkeitsbedingungen. Daher hat die Zuordnung zu der jeweiligen Art bezugnehmender Werbung an Bedeutung verloren[519]. Zur gedanklichen Erfassung und klareren Darstellung werden nachstehend dennoch die verschiedenen Arten jeweils unterschieden.

Kritisierend vergleichende Werbung galt mit engen Ausnahmen als grundsätzlich unlauter. In der Form der persönlich kritisierenden Werbung wurde sie nur bei wahren Werbeaussagen zugelassen, für die ein sachlich gerechtfertigtes Interesse bestand[520]. Sachlich kritisierende Werbung war zulässig, wenn vergleichbare Leistungen gegenübergestellt wurden, der Werbevergleich hinreichend veranlasst war und die wahrheitsgemäße und sachliche Kritik sich im Rahmen des Erforderlichen hielt[521].

An der nur ausnahmsweisen Zulässigkeit persönlich vergleichender Werbung hat sich im Ergebnis kaum etwas geändert[522]. Für diese stellen die

---

[518] H.M. auf Grund des allgemeinen Verschuldensprinzips, vgl. *Köhler* in: *Köhler/ Piper*[3], Rz. 93 vor § 13 UWG m.w.N.

[519] Vgl. dazu *Bachmann*, Comparative Advertising in Germany, S. 83; *Plaß* in: HK WettbR, Rz. 420 zu § 1 UWG; *Emmerich*, § 7 S. 87.

[520] Siehe dazu oben S. 45 ff.

[521] Siehe dazu näher oben S. 47 ff.

[522] Zu der Frage, ob § 2 UWG auf persönlich vergleichende Werbung anwendbar ist siehe oben S. 59 f.

Voraussetzungen des Eigenschaftsvergleichs (§ 2 Abs. 2 Nr. 2 UWG) die wichtigste Hürde des neuen Rechts dar, weil persönlich vergleichende Werbung in aller Regel schon keinen objektiven Vergleich enthält. Anders als früher bedarf es für die Zulässigkeit der sachlich kritisierenden Werbung weder eines hinreichenden Anlasses noch muss der Vergleich erforderlich sein. Die übrigen Voraussetzungen des alten Rechts spiegeln sich in § 2 UWG wider[523]. Insbesondere das Herabsetzungsverbot spielt hier eine wichtige Rolle. Nach der neueren Rechtsprechung wird hiergegen grundsätzlich nur verstoßen, wenn die Grenzen sachlicher Kritik überschritten werden.

Auch die anlehnend bezugnehmende Werbung wurde für grundsätzlich unzulässig gehalten, wenn nicht besondere Umstände eine Ausnahme rechtfertigten. An diese wurden teilweise höhere Anforderungen gestellt als bei kritisierend vergleichender Werbung[524]. Auch diese Werbeform ist heute grundsätzlich zulässig, sie darf aber insbesondere keine Verwechslung verursachen (§ 2 Abs. 2 Nr. 3 UWG). Eine wichtige Hürde ist daneben das Verbot unlauterer Rufausbeutung (§ 2 Abs. 2 Nr. 4 UWG). Eine solche liegt nach der neuen deutschen Rechtsprechung grundsätzlich erst vor, wenn besondere Umstände hinzutreten, die über die bloße Nennung des Unterscheidungsmerkmals hinausgehen. Bislang scheint die Rechtsprechung hierzu eine eher liberale Haltung einzunehmen.

Zwar stellt die Richtlinie zur vergleichenden Werbung zahlreiche neue Zulässigkeitsbedingung auf. Zudem bleibt für die entwickelten Ausnahmen des Abwehr-, Auskunfts- und Aufklärungsvergleichs kein Raum[525]. Diesbezüglich ergibt sich sogar eine Einschränkung der bisher zulässigen Fälle. Jedoch deutet sich bei der Handhabung der Merkmale Herabsetzung und Rufausbeutung eine liberalere Haltung der Rechtsprechung an, so dass die sachlich kritisierende Werbung tatsächlich weitgehend zulässig ist. Daran ändert auch die hinsichtlich des Herabsetzungsverbots zum Teil recht restriktive Rechtsprechung einiger Oberlandesgerichte nichts[526].

---

[523] Das Merkmal der Vergleichbarkeit der Waren findet sich in § 2 Abs. 2 Nr. 1 UWG, das der Sachlichkeit in § 2 Abs. 2 Nr. 2 UWG und die Voraussetzung des wahren Vergleichs findet sich im Irreführungsverbot.

[524] Siehe dazu oben S. 50 ff.

[525] Vgl. dazu auch *Bühler*, WM 1992, 677 (681); vgl. auch *Scherer*, WRP 2001, 89 (92 f., 96).

[526] Siehe oben S. 82 ff.

Insbesondere für Preisvergleiche hat sich eine grundlegende Änderung ergeben. Die Rechtsprechung zum alten Recht sah den Preisvergleich dagegen nur dann als lauter an, wenn keine individuelle Bezugnahme auf Mitbewerber gegeben war[527]. Zudem musste der Vergleich für die Verbraucher nachprüfbar sein[528]. Sie sind nunmehr im Allgemeinen zulässig, wenn sie sich auf Waren des gleichen Bedarfs beziehen. Abschließend lässt sich daher sagen, dass das deutsche Recht der vergleichenden Werbung durch die Umsetzung der Richtlinie deutlich gelockert wurde.

B. England

I. Auslegung von Werbeaussagen – Verbraucherleitbild

Englische Richter gehen bei der Auslegung von Werbeaussagen vom *ordinary man* oder *ordinary consumer* aus, der dem maßgeblichen Verkehrskreis[529] also der angesprochenen Zielgruppe[530] angehört. Er ist grundsätzlich ein kritischer, informierter und verständiger Verbraucher mit einem gehörigen Maß an *common sense*[531]. Unerheblich ist, ob eine ungewöhnlich unaufmerksame, kurzsichtige oder unterdurchschnittlich intelligente Person angesprochen wird[532]. Man geht grundsätzlich davon aus, dass Werbung mit der nötigen Portion Skepsis aufgenommen wird[533].

---

[527] BGH WRP 1996, 721 (727) – *Energiekosten-Preisvergleich I.*

[528] BHG NJW 1996, 3153 – *Preistest.*

[529] Vgl. schon *Heywood v. Whitehead* (1897) 76 L.T. 781; vgl. näher dazu *Gatley on Libel and Slander*, Rz. 3.11 ff.; *Kerly's Law of Trade Marks and Trade Names*[13], Rz. 17-57 ff.

[530] Wobei zwischen der Allgemeinheit, dem Fachhandel, dem sachkundigen Verbraucher und dem Konsumenten ohne besondere Sachkenntnis unterschieden wird, vgl. *Ackermann*, WRP 1996, 502 (509).

[531] Vgl. dazu auch *Fröndhoff*, Die Inhaltsbeschränkungen irreführender und vergleichender Werbung, S. 78 m.w.N.

[532] Vgl. *Ohly* in: *Schricker*, Recht der Werbung in Europa, Rz. 36 m.w.N.

[533] Justice Whitford ist der Ansicht „*Advertisements are not to be read as if they were some testamentary provision in a will (...) with every word being carefully considered and the words as a whole being compared*", vgl. *McDonald's v. Burgerking* [1986] FSR 45; ähnlich formuliert dies Justice Jacob: "*It is of course the case that the average consumer has been exposed from birth to advertising. People get case hardened by it. They expect hyperbole and puff. One can almost say no advertising is*

Daneben variiert das zu Grunde gelegte Verbraucherleitbild zunehmend nach dem beworbenen Produkt. So ist man der Ansicht, dass Werbung für teurere Waren kritischer wahrgenommen wird, weil die angesprochenen Verbraucher vor einer kostenintensiveren Anschaffung stehen[534]. Werbung für alltägliche Geschäfte wird dagegen eher flüchtig aufgenommen[535]. In speziellen Fallkonstellationen, etwa im Bereich der Heilmittel- und Gesundheitswerbung, werden die Verbraucher besonders geschützt, weil diese Produkte eine erhöhte Schädigungsgefahr bergen.

Engliache Gerichte legen Werbeaussagen selbst aus. Das Verständnis der Empfangskreise ist Tatfrage und kann daher vom Richter selbst festgestellt werden[536]. Meinungsumfragen spielen nur vereinzelt eine Rolle. Sie werden in der Regel von einer Partei in Auftrag gegeben und dienen nur der Unterstützung des richterlichen Verständnisses[537].

II. Rechtslage vor Erlass der Richtlinie 97/55/EG

Entsprechend der grundsätzlich liberalen Haltung gegenüber wettbewerblichem Verhalten wurde bezugnehmende Werbung in England eher für zulässig gehalten. Anders als im früheren deutschen Recht entwickelte sich keine begriffliche Differenzierung nach der Art der Bezugnahme[538].

---

complete without them.", vgl. *British Airways Plc v. Ryanair Ltd.* [2001] ETMR 235 (249); vgl. auch *Erven Warnink B.V. v. J. Townend & Sons (Hull) Ltd.* [1979] AC 731 (742).

534 Vgl. *London Borough of Southwark v. Time Computer Systems Ltd.* deutsche Übersetzung in GRUR Int. 1998, 495 – *Geladene Software* für eine Werbebroschüre für Computer; vgl. auch *Barclays Bank Plc v. RBS Advanta* [1996] RPC 307 per Laddie J, deutsche Übersetzung in GRUR Int. 1997, 478 – *Kreditkartenvergleich*, wonach sich Kreditkartenwerbung vor allem an Personen richtet, die überlegen, von ihrem gegenwärtigen Kreditkartenanbieter zu wechseln.

535 Beim täglichen Einkauf im Supermarkt nimmt der Verbraucher eine besondere Beschriftung auf Waren nicht wahr, vgl. *Reckitt & Colman v. Borden* [1990] RPC 341, deutsche Übersetzung in GRUR Int. 1991, 142 m. Anm. v. *Kroher – Jif.*

536 Vgl. *Ulmer/ von Westerholt*, Rz. 326 m.w.N.

537 Vgl. *McDonald's v. Burgerking* [1986] FSR 45 (58 f.).

538 Soweit ersichtlich, wird einzig bei *Ohly/ Spence* zwischen *critical claims* (kritisierend bezugnehmende Werbung) und *claims of equivalence* (anlehnend vergleichender Werbung) unterschieden, vgl. *Ohly/ Spence*, The Law of Comparative Advertising, S. 2.

Es greifen neben zivilrechtlichen Bestimmungen auch straf- und verwaltungsrechtliche Normen. Daneben tritt die freiwillige Selbstkontrolle, die in England eine große Rolle spielt. Die zivilrechtlichen Bestimmungen dienen in erster Linie dem Schutz des Konkurrenten. Die straf- und verwaltungsrechtlichen Normen und die Bestimmungen der freiwilligen Selbstkontrolle haben vor allem den Verbraucherschutz zum Ziel[539]. Daneben steht der markenrechtliche Schutz.

1. Tatbestände nach Common Law

Vor allem das *law of torts*[540] gewährt im Bereich des *common law* den Konkurrenten - wenn auch nur lückenhaften - Schutz vor unlauteren Wettbewerbshandlungen. Diese Delikte haben in diesem Bereich jedoch nur einen Anwendungsbereich. Für bezugnehmende Werbung kommen insbesondere die Tatbestände der Anschwärzung in Form von *injurious falsehood* oder *defamation* und die *passing off* Klage in betracht. Die historisch bedingte Differenzierung zwischen dem *tort of injurious falsehood*[541] und dem *tort of defamation*[542] wird trotz Kritik[543] auch heute noch aufrechterhalten. In der Praxis ergeben sich einige Unterschiede[544]. Im Folgenden werden diese drei deliktsrechtlichen Tatbestände dargestellt.

---

[539] Vgl. den Überblick bei *Dworkin*, EIPR 1979, 41 ff.

[540] Recht der unerlaubten Handlungen; „tort" wird vom französischen Wort „tort", falsch, abgeleitet, vgl. *James*, Introduction to English Law, S. 366; auch wenn keine allgemeine Definition existiert, so kann das *law of torts* wie folgt umschrieben werden: „*a tort occurs where there is breach of a general duty fixed by civil law*", vgl. *Elliott/ Quinn*, Tort Law, S. 1.

[541] *Injurious falsehood* kann mit schädigende Falschangabe übersetzt werden, vgl. *Ohly* in: *Schricker*, Recht der Werbung in Europa, Rz. 64; vgl. auch *von* Gamm, WRP 1960, 167 (172).

[542] *Defamation* kann mit Verleumdung übersetzt werden, vgl. *Ohly* in: *Schricker*, Recht der Werbung in Europa, Rz. 64.

[543] Vgl. *Ulmer/ von Westerholt*, Rz. 286 m.w.N.

[544] Nur der Anspruch aus *injurious falsehood* ist erblich, Sec. 1 (1) Law Reform Act 1934, weil nur er das Vermögen des Klägers und nicht seinen Ruf schützt, vgl. *Hatchard v. Mege* [1887] 18 QBD 771; nur für ihn wird *legal aid* (Prozesskostenhilfe) gewährt; gem. Sec. 69 Supreme Court Act 1981 entscheidet auf Antrag einer Partei über *defamation* ein Geschworenengericht, das auch immaterielle Schäden berücksichtigt und daher oft hohe Schadensersatzsummen gewährt.

Es wird untersucht, inwieweit sie bei vergleichender Werbung greifen. Zu diesem Zweck wird auf die alte deutsche Terminologie zurückgegriffen.

a) Injurious Falsehood (Schädigende Falschangabe)

Injurious falsehood erfasst unwahre Behauptungen, die durch nachfolgende Handlungen Dritter zu einer Schädigung des Verletzten führen. Insbesondere bei sachlich kritisierender Werbung der alten deutschen Terminologie kommt ein Anspruch aus *injurious falsehood* in Betracht[545]. Hiervon werden grundsätzlich zwei Klagearten umfasst, *slander of title*[546] und *slander of goods*. Diese Differenzierung spielt heute kaum noch eine Rolle, weil auch jede andere Behauptung, die mit der Absicht finanzieller Schädigung abgegeben wird, in den Anwendungsbereich des Delikts fällt[547]. *Injurious falsehood* ist demnach jede vorsätzliche oder bewusst grob fahrlässige (*recklessly*) falsche Behauptung, die sich auf eine Person oder deren Vermögen bezieht und als deren adäquate Folge (*direct and natural result*) dieser Person wirtschaftlicher Schaden entsteht[548]. Der Kläger trägt die Beweislast[549]. Die Voraussetzungen werden eng ausgelegt, um so wirtschaftliche Interessen zu schützen, den Wettbewerb zu fördern und die Meinungsfreiheit geringst möglich einzuschränken. Die Rechtsprechung will zudem verhindern, dass sie über die Qualtiätsunterschiede der angepriesenen Waren entscheiden muss[550].

---

[545] Vgl. *von Gamm*, WRP 1960, 167 (173); *injurious falsehood* ist ein seit langem anerkanntes Delikt, vgl. *Bliss v. Stafford* [1573] Owen 37; *Shepherd v. Wakeman* (1662) 1 Sid 79; *Joyce v. Sengupta and another* [1993] 1 All ER 897; zum Teil wird auch *slander of goods, slander of title, disparagement of property, trade libel, malicious falsehood* oder der Ausdruck *passing off* verwendet (auch *passing off* fällt unter den Oberbegriff der *injurious falsehood*); jedoch ist zu berücksichtigen, dass sich der *passing off* Tatbestand verselbständigt hat, vgl. *Nothelfer*, GRUR Int. 1966, 434 (436)..

[546] Zu den historischen Hintergründen des *slander of title* vgl. *Clerk & Lindsell/ Carty*, Rz. 23-01.

[547] *Joyce v. Sengupta and another* [1993] 1 All ER 897 (901) per Nicholls V-C.

[548] *Ratcliff v. Evans* [1892] 2 QB 524 (532) per Bowen LJ; vgl. auch *Ulmer/ von Westerholt*, Rz. 296.

[549] Vgl. *Cornish*, Intellectual Property, Rz. 16-49 und Fn. 10. m.w.N.

[550] Vgl. dazu *Erven Warnink B.V. v. J. Townend & Sons (Hull) Ltd.* [1979] 2 All ER 927; *Emaco Ltd. v. Dyson Appliances*, Ch.D. 26.01.1999 (unveröffentlicht), abgedruckt bei *Ohly/ Spence*, The Law of Comparative Advertising, S. 133 ff.; *Kerly's Law of Trade Marks and Trade Names*[13], Rz. 17-05 ff.

aa) Unwahre Behauptung

Der Beklagte muss gegenüber Dritten eine unwahre, also eine von den tatsächlichen Geschehnissen abweichende Behauptung abgegeben haben, gleich in welcher Form. Es spielt keine Rolle, ob die Behauptung herabwürdigend ist oder der Erklärende in Schädigungsabsicht handelte[551]. Es genügt nicht, dass die Aussage möglicherweise irreführend ist[552]. Da Werturteile nicht der Wahrheitsprüfung zugänglich sind, können sie grundsätzlich nicht den Tatbestand der *injurious falsehood* erfüllen[553]. Es gilt die sog. *one meaning rule*[554], wonach jede Behauptung nur eine wahre Bedeutung hat, auch wenn die Angehörigen der Zielgruppe tatsächlich Unterschiedliches verstehen[555]. Die Behauptung muss sich auf den Kläger beziehen[556]. Dies kann sich auch aus den Umständen des Einzelfalls ergeben. Behauptungen über eine Gruppe oder die Konkurrenz als solche stellen keine ausreichende Bezugnahme dar. Etwas anderes gilt, wenn die Anschwärzung der Gruppe auch den Einzelnen betrifft und die Behauptung von den Adressaten auch so verstanden wird[557]. Eine unwahre Behauptung über eigene Waren wird von dem Delikt nicht erfasst[558].

---

[551] *Pater v. Baker* [1847] 3 CB 831 (868); vgl. auch *Neugebauer*, Die vergleichende Werbung, S. 38.

[552] Vgl. *Drysdale/ Silverleaf*, Passing Off, Rz. 8.07.

[553] Vgl. *Ulmer/ von Westerholt*, Rz. 296, Fn. 68; a.A. *Gatley on Libel and Slander*, Rz. 20.5.

[554] *Vodafone Group Plc v. Orange Personal Communications Services Ltd.* [1997] FSR 34 per Jacob J; kritisch hierzu, insbesondere zu der Frage, ob eine für *defamation* geltende Regel auch auf *injourious falsehood* übertragbar ist, *Kerly's Law of Trade Marks and Trade Names*[13], Rz. 17-57 ff.; *Ohly/ Spence*, The Law of Comparative Advertising, S. 9 f.; diese Regel gilt nicht bei Verletzung des TMA 1994, vgl. *Vodafone Group Plc v. Orange Personal Communications Services Ltd.* [1997] FSR 34 (39).

[555] Vgl. dazu beispielhaft *Charleston v. News Group Newspapers* [1995] 2 All ER 313.

[556] *White v. Mellin* [1894] 3 CH 276; *Hubbuck v. Wilkinson* [1899] 1 QB 86; *Schlucke & Mayr U.K. Ltd. and others v. Alkapharm U.K. Ltd.* [1999] FSR 161 (165); *McDonald's v. Burgerking* [1986] FSR 45 (60).

[557] Vgl. *Ulmer/ von Westerholt*, Rz. 287; *Hartlage*, Vergleichende Werbung in England und Deutschland, S. 96 m.w.N.

[558] Vgl. *Ohly*, GRUR Int. 1993, 730 (734).

bb) Böse Absicht

Der Beklagten muss mit böser Absicht (*malice*)[559] gehandelt haben. *Malice* kann Boshaftigkeit, die Absicht den Kläger ohne rechtfertigenden Grund zu schädigen und das Wissen um die Falschheit der Behauptung bedeuten. Tatsächlich erfüllen alle drei Alternativen das Merkmal[560]. Außerdem fällt in Analogie zu *deceit* grobe Fahrlässigkeit unter *malice*[561]. Handelte der Beklagte dagegen leicht fahrlässig oder gutgläubig und in Verfolgung eigener Interessen, liegt keine *malice* vor. Insbesondere der letzgenannte Gesichtspunkt hat zur Folge, dass Schädigungsabsicht im gewerbelichen Bereich selten bejaht wird[562]. Denn die englische Rechtsprechung geht in der Regel davon aus, dass insbesondere konkurrierende Gewerbetreibende meist mit dem vorrangigen Ziel des eigenen Vorteils handeln und nicht mit der Absicht, den Konkurrenten zu schädigen. Auch wenn der eigene Vorteil auf Kosten der Konkurrenz erlangt wird, liegt nicht zwangsläufig *malice* vor[563].

cc) Konkreter Schaden

Grundsätzlich muss der Kläger nachweisen, dass ihm ein konkreter, in Geld messbarer Schaden[564] entstanden ist. Dieser muss unmittelbar durch die unwahre Behauptung verursacht worden sein[565]. Wie weit der Nachweis geführt werden muss, hängt von den Umständen des Einzelfalls ab[566]. Der Schadensnachweis ist gem. Sec. 3 (a) und (b) Defamation Act 1952

---

[559] Vgl. *Dietl /Lorenz*, Wörterbuch für Recht, Wirtschaft und Politik.

[560] Vgl. etwa *Kaye v. Robertson and other* [1991] FSR 62 (67) per Glindewell LJ.

[561] *McDonald's v. Burgerking* [1986] FSR 45 (61) per Whitford; *Compaq Computer Corporation v. Dell Computer Corporation Ltd.* m. Anm. v. *Newiss/ Hagen*, WRP 1995, 261; *Heydon*, Economic Torts, S. 68; *Kerly's Law of Trade Marks and Trade Names*[13], Rz. 17-64; *Fitzgerald*, EIPR 1997, 709 (711).

[562] *Dunlop Pneumatic Tyre Co. v. Maison Talbot* (1904) 20 TLR 579 (581); *Wilts United Dairies, Ld. v. Thomas Robinson Sons & Coy., Ld* [1957] RPC 220 (237).

[563] *Dunlop Pneumatic Tyre Co. v. Maison Talbot* (1904) TLR 579 (581).

[564] *Chamberlain v. Boyd* (1883) 11 QBD 407; unerheblich ist, ob er in einem Wertverlust besteht, Kunden abgewandert sind oder der Schaden in anderer Form eingetreten ist, *Haddan v. Lott* (1854) CB 411.

[565] Vgl. *Haddon v. Lott* (1854) CB 411; unmittelbar verursacht wurde der Schaden vom Beklagten, wenn er ihn beabsichtigte oder er eine vorhersehbare Folge der Behauptung ist, vgl. *Baker*, Tort, S. 332.

[566] Vgl. *Cornish*, Intellectual Property, Rz. 16-51 und Fn. 20 m.w.N.

entbehrlich[567], wenn die Aussage in schriftlicher oder anderer permanenter Form[568] abgegebenen wurde und auf einen Vermögensschaden abzielte[569]. Gleiches gilt, wenn mit der Behauptung beabsichtigt wurde, den Kläger hinsichtlich seines Amts, seines Berufs oder seines Unternehmens finanziell zu schädigen. Liegen die Voraussetzungen des *Defamation Act 1952* jedoch nicht vor, ist der Schadensnachweis erforderlich.

dd) Ausnahme: Marktschreierei

Für den Bereich der vergleichenden Werbung stellen sog. *puffs* einen Sonderfall dar. Hierunter versteht man prahlerische Anpreisungen und Marktschreierei. Sie erfüllen nicht den Tatbestand der *injurious falsehood.* Dies wurde schon im 18. Jahrhundert entschieden und immer wieder bestätigt[570]. In *White v. Mellin*[571] hatte ein Händler die Babynahrung seines Konkurrenten gekauft und sie mit Aufklebern versehen. Auf diesen stand, dass die eigene Marke des Händlers weitaus gesünder und nahrhafter sei als jede andere Zubereitung. Das Gericht nahm an, es liege eine bloße Anpreisung vor. Bei dieser Behauptung genereller Natur fehle es insbesondere an einer direkten Herabwürdigung der Waren des Klägers. Die Öffentlichkeit verstehe die Aussage nicht so, dass die Waren des Klägers nicht gut seien.

Marktschreierei wird als verstärkte Form der Anpreisung angesehen und nicht als direkter Angriff auf Konkurrenten. Die Öffentlichkeit erwarte,

---

[567] Mit dem *Defamation Act 1952* sollten die oft unüberwindbaren Schwierigkeiten des Schadensnachweises abgemildert werden; vgl. beispielsweise *Barrett v. Associated Newspapers Ltd.* (1907) 23 TLR 666.

[568] Dieses Merkmal wurde durch weitere Gesetze ergänzt, vgl. Sec. 166 (2) Broadcasting Act 1990, wonach auch Rundfunksendungen dauerhaft sind; vgl. auch Sec. 4 (1), (2) Theatre Act 1968.

[569] Dabei handelt es sich um objektive Voraussetzungen, vgl. *Ohly/ Spence*, The Law of Comparative Advertising, S. 12; *Hartlage*, Vergleichende Werbung in England und Deutschland, S. 106.

[570] Vgl. etwa *Hubbuck v. Wilkinson* [1899] 1 QB 86; *De Beers Abrasive Prod. Ltd. and others v. International General Electric Co. of New York Ltd. and others* [1975] FSR 323.

[571] [1895] AC 154.

dass Händler ihre Waren marktschreierisch anpreisen[572]. Die Konkurrenz müsse damit rechnen, denn wer Waren zum Verkauf anbiete setzte sich dem automatisch und wissentlich aus[573]. Darüber hinaus sind englische Gerichte nicht bereit, über die Produktqualität zu entscheiden, weil sie befürchten, dies werde als Gütesiegel in der Werbung verwendet[574]. Dies scheint meist das wichtigste Argument zu sein. Denn oft wäre eine Entscheidung darüber möglich, ob die Werbeaussage richtig oder falsch ist.

Schwierigkeiten bereitet die Abgrenzung zwischen *puffs* und unzulässiger Anschwärzung. In der Entscheidung *De Beers*[575] schlug Justice Walton zwei abstrakte Regeln vor: Es sei entweder darauf abzustellen, ob der *reasonable man* die aufgestellte Behauptung ernst nimmt. Oder man müsse darauf abstellen, ob der Beklagte die Waren des Klägers konkret hinsichtlich einzelner Punkte kritisiert, so dass den Adressaten der Eindruck vermittelt wird, es handle sich um einen objektiven Vergleich[576]. Letztendlich sind beide Regeln zu kombinieren, so dass Anschwärzung bei substantiierter und unwahrerer Herabwürdigung vorliegt[577].

b) Defamation (Verleumdung)

Defamation richtet sich gegen Aussagen, die sich zumindest mittelbar auf die persönliche Ehre auswirken[578]. Ein Anspruch aus *defamation* kommt vor allem bei persönlich vergleichender Werbung der alten deutschen

---

572 *„The courts will do what an ordinary reasonable man would do, namely, take it with a large pinch of salt*", vgl. *De Beers Abrasive Prod. Ltd. and others v. International General Electric Co. of New York Ltd. and others* [1975] FSR 323 (328) per Justice Walton.

573 Vgl. *Heydon*, Economic Torts, S. 70.

574 *„The courts of law would be turned into a machinery for advertising rival productions by obtaining a judicial determination which of the two was better*", vgl. *White v. Mellin* [1895] AC 154 (165) per Lord Herschell.

575 *De Beers Abrasive Prod. Ltd. and others v. International General Electric Co. of New York Ltd. and others* [1975] FSR 323.

576 *De Beers Abrasive Prod. Ltd. and others v. International General Electric Co. of New York Ltd. and others* [1975] FSR 323 (329); bestätigt durch *Schlucke & Mayr U.K. Ltd. and others v. Alkapharm U.K. Ltd.* [1999] FSR 161 (164) per Justice Jacob.

577 *White v. Mellin* [1895] 3 AC 154; vgl. auch *Kerly's Law of Trade Marks and Trade Names*[13], Rz. 17-45 bis 17-54.

578 Vgl. dazu *Ulmer/ von Westerholt*, Rz. 281.

Terminologie in Betracht[579]. Innerhalb des Anspruchs wird aus historischen Gründen zwischen *slander* und *libel* differenziert[580]. *Slander* greift bei Verleumdungen in mündlicher, *libel* bei Verleumdungen in permanenter Form[581]. *Libel* wurde zudem durch den *Broadcasting Act 1990*[582] auf Äußerungen in Radio und Fernsehen, und durch den *Theatre Act 1968*[583] auf Äußerungen in öffentlichen Theatervorstellungen erweitert. Mischformen werden von der Klage erfasst, der sie stärker zuneigen[584]. Trotz der Unterscheidung sind *slander* und *libel* für Wettbewerbshandlungen so eng zusammengewachsen, dass sie im Folgenden gemeinsam dargestellt werden und nur an entsprechender Stelle auf die Unterschiede hingewiesen wird.

Der Anspruch aus *defamation* setzt grundsätzlich voraus, dass der Beklagte eine den Kläger betreffende und diesen beleidigende Äußerung veröffentlicht hat, die den Kläger schädigt[585].

aa) Beleidigung

Der Kläger muss zunächst nachweisen, dass die streitgegenständliche Aussage veröffentlicht (*publication*), also mindestens einem beliebigen Dritten mitgeteilt wurde. In der Veröffentlichung liegt das entscheidende Moment der *defamation*[586], da nur so der Ruf des Klägers verletzt werden kann[587]. Zudem muss sie aus Sicht des Empfängerhorizonts eine persönliche Beleidigung enthalten. Soweit eine Aussage, die sich auf die gewerbliche Leistung bezieht, Rückschlüsse auf den Charakter, die Qualifikation, die Kenntnisse oder Fähigkeiten des Klägers zulässt, kann

---

579 Dieser soll jedermanns *reputation* ungeschmälert durch verleumderische Anschuldigungen erhalten, also auch den Gewerbetreibenden in seiner äußeren Ehre als Kaufmann schützen, vgl. *Nothelfer*, GRUR Int. 1966, 434 (436).

580 Zur Kritik hieran vgl. *Carter-Ruck on Libel and Slander*, S. 23 f. und 370 ff.; *Gatley on Libel and Slander*, Rz. 3.7 jeweils m.w.N.

581 Außerdem ist nach dem *Lible Act 1843* nur *lible* strafbar.

582 Sec. 166 Broadcasting Act 1990.

583 Sec. 4 (1) Theatre Act 1968.

584 Vgl. *Ulmer/ von Westerholt*, Rz. 288.

585 Vgl. *Carter-Ruck on Libel and Slander*, S. 34.

586 *Hebdich v. Macllwaine* [1894] 2 QB 54 (58, 61) per Lord Esher MR.

587 Vgl. im Einzelnen *Gatley on Libel and Slander*, Rz. 6.1. ff.

auch dies genügen[588]. Bei solchen mittelbar persönlich beleidigenden Aussagen muss der Kläger jedoch nachweisen, dass sie ihn nicht nur hinsichtlich seiner gewerblichen Leistungen herabsetzt[589]. Im Übrigen wirkt eine Angabe beleidigend, wenn sie gegen eine bestimmte Person gerichtet ist und darauf abzielt, diese Person verächtlich oder lächerlich zu machen oder sie in ihrem Beruf oder in der Ausübung ihres Gewerbes zu stören. Sie muss einen Angriff auf die moralische Integrität des Verletzten darstellen[590]. Dabei sind neben dem direkten Sinn stets auch implizierte, sich aus dem Wortlaut ergebende Andeutungen zu berücksichtigen[591]. Auch versteckte Anspielungen (*true* oder *legal innuendo*), bei denen sich das beleidigende Moment nicht aus dem Wortlaut der Erklärung, sondern aus speziellem Wissen ergibt, können den Tatbestand der *defamation* erfüllen[592].

In der bisher einzigen *defamation* Entscheidung zu vergleichender Werbung ging es um eine Werbeanzeige, in der sich der Werbende als führendes Pferd eines Pferderennens dargestellte, das die übrigen Pferde, die Namen von Konkurrenten trugen, auf die hinteren Plätze verwies[593]. Unter dem Bild stand „*Why get your ISA from an also-ran? Why invest your money where it would get a lower return than it could? Johnson Fry*

---

[588] *Australian Newspaper Co. v. Bennett* [1894] AC 284; vgl. auch *South Hetton Coal Co. v. North Eastern News Association* [1894] 1 QB 133 (139) per Lord Esher MR; *Evans v. Harlow* (1844) 5 QB 624; *White v. Mellin* [1895] AC 154 (161); *Gatley on Libel and Slander*, Rz. 2.27.

[589] Vgl. *Gatley on Libel and Slander*, Rz. 2.41; Kritik an der Qualität von Waren und Dienstleistungen färbt in der Regel auch auf die Person des Unternehmers ab, vgl. *Heydon*, Economic Torts, S. 67; vgl. auch *Gatley on Libel and Slander*, Rz. 20.16, Fn. 12; *Winfield and Jolowicz on Tort*, S. 308.

[590] Vgl. *Nothelfer*, GRUR Int. 1966, 434 (435); *Sim v. Strech* [1936] 2 All ER 1237 (1240) per Lord Atkin; *Parmiter v. Couland* (1840) 6 M&W 105 (108) per Parke B; *Youssoupoff v. Metro-Goldwyn-Mayer Pictures Ltd.* (1934) 50 TLR 581; vgl. die weitgehende Zusammenfassung der britischen und *common law* Rechtsprechung in *Berkoff v. Burchill* [1996] 4 All ER 1008 per Lord Justice Neill.

[591] *Lewis v. Daily Telegraph* [1964] AC 234 (258) per Lord Reid.

[592] Vgl. ausführlich dazu und zu *false innuendo*, *Gatley on Libel and Slander*, Rz. 3.17 ff.

[593] *Jupiter Unit Trust Managers Ltd. v. Johnson Fry Asset Managers Plc* QB 19.04.2000 per Justice Morland, herunterladbar von URL: http://www.courtservice.gov.uk/Judgments.do (zuletzt aufgerufen am 15.08.2003); vgl. dazu auch *Michaels*, A Practical Guide to Trade Mark Law[3], Rz. 4.56, Fn. 80.

is the top performing small unit trust group. Johnson Fry funds consistently beat the competition (...) So don't put your money with someone who won't work as hard for it as you do (...)". Der Kläger war der Auffassung, damit würde behauptet, er sei unfähig oder unwillig, so hart oder effektiv im Fondsmanagement zu arbeiten wie der Werbende, weshalb er ständig niedrigere Renditen erreiche. Justice Morland maß dem Slogan keine beleidigende Wirkung bei. „*No reasonable fair minded reader of the advertisement could come to the conclusion that it contained any meaning defamatory of Jupiter in its trading reputation*". Jeder vergleichenden Werbung wohne ein gewisses Maß an „*puffing*" und Herabsetzung inne, dieses zu verbieten ginge zu weit. Damit ist als zusätzliche Einschränkung der *defamation* zu berücksichtigen, dass auch hier sog. *puffs* nicht in den Tatbestand fallen[594].

bb) Bezugnahme und konkreter Schaden

Der Kläger muss darlegen, dass sich die beleidigende Behauptung auf ihn bezieht. Dabei genügt es, dass er aus den Umständen erkennbar ist[595]. Unerheblich ist, ob der Beklagte diese Bezugnahme beabsichtigt hat[596]. *Unintentional defamation* kann für den Beklagten jedoch eine Einwendung darstellen. Mitglieder einer Gruppe haben wegen Beleidigung der Gruppe keinen *defamation* Anspruch[597]. Etwas anderes gilt, wenn sich aus den Umständen des Einzelfalls ergibt, dass sich die Aussage auf ein Mitglied bezieht[598]. Zudem kann ein Unternehmen, das einen *trading character* hat, Objekt einer Beleidigung sein[599].

---

[594] Siehe näher zu *puffs* oben S. 98 f.

[595] Vgl. *Winfield and Jolowicz on Tort*, S. 330.

[596] *Hulton & Co. V. Jones* [1910] AC 20; *Youssoupoff v. Metro-Goldwyn-Mayer Pictures Ltd.* (1934) 50 TLR 581 (582 f.)

[597] Vgl. *Knupffer v. London Express Newpaper Ltd* [1944] 1 All ER 495 (498); grundsätzlich sind Personengruppen nicht beleidigungsfähig, vgl. *Ulmer/ von Westerholt*, Rz. 287; *Salmond and Heuston on the Law of Torts*, S. 161.

[598] *Le Fanu v. Malcolmson* (1848) 1 HLC 637.

[599] Das setzt voraus, dass das Unternehmen eine Rechtspersönlichkeit hat, die diffamiert werden kann; vgl. *South Hetton Coal Co. v. North Eastern News Association* [1894] 1 QB 133 (147) per Lord Justice Kay; vgl. auch *McDonalds v. Steel* [1995]3 All ER 615; *Clerk & Lindsell/ Mullholland*, Rz. 22-32 m.w.N; *Gatley on Libel and Slander*, Rz. 8.16 m.w.N.

Anders als der *libel* Anspruch, der stets *actionable per se* ist, setzt der Anspruch aus *slander* grundsätzlich voraus, dass ein konkreter Vermögensschaden (*special damage*) nachgewiesen wird[600]. Ausnahmsweise kann dies jedoch auch bei *slander* entbehrlich sein (*slander actionable per se*). Im Zusammenhang mit vergleichender Werbung ist einzig die sich aus Sec. 2 Defamation Act 1952[601] ergebende Ausnahme von Interesse[602]. Danach ist der Nachweis eines konkreten Schadens entbehrlich, wenn die gegenständliche Äußerung geeignet ist, den Kläger in seiner Stellung, seinem Beruf oder seinem Unternehmen in Verruf zubringen. Konsequenz hieraus ist jedoch einzig, dass in diesen Fällen eine *defamation* Klage nicht wegen Scheiterns des Schadensnachweises abgewiesen wird.

cc) Einwendungen

Gegen den Anspruch aus *defamation* stehen dem Kläger einige Einwendungen (*defences*) zur Verfügung. Im Folgenden werden nur *justification* und *fair comment* dargestellt, da sie für den wettbewerblichen Bereich von besonderer Bedeutung sind[603].

Der *justification* liegt zu Grunde, dass für unverdientes Ansehen, das auf falschen Annahmen gründet, kein Ehrschutz gewährt wird[604]. Daher handelt der Beklagte gerechtfertigt, wenn er nachweisen kann[605], dass seine beleidigende Äußerung wahr ist[606]. Persönlich kritisierende Werbung ist

---

600 Vgl. *Winfield and Jolowicz on Tort*, S. 320 für eine kurze Zusammenfassung der Gründe für diesen Unterschied.

601 Sec. 2 Defamation Act 1952 lautet: In an action for slander in respect of words calculated to disparage the plaintiff in any office, profession, calling, trade or business held or carried on by him at the time of publication, it shall not be necessary to allege or prove special damage whether or not the words are spoken of the plaintiff in the way of his office, profession, calling, trade or business.

602 Vgl. dazu *Clerk & Lindsell/ Mullholland*, Rz. 22-52 ff. m.w.N.

603 Vgl. ausführlich zu den *defences Carter -Ruck on Libel and Slander*, S. 92 ff.; *Salmond and Heuston on the Law of Torts*, S.175 ff.

604 *McPherson v. Daniels* (1829) 10 B & C 263 (272); vgl. auch *Leaper*, The Law of Advertising, S. 154.

605 Vgl. *Winfield and Jolowicz on Tort*, S. 340.

606 Eine Rechtfertigung durch *Justification* ist daher nur für ehrverletzende Tatsachenbehauptungen, nicht für Werturteile möglich, weil nur sie dem Wahrheitsbeweis zugänglich sind.

also zulässig, wenn die Aussage nachweislich wahr ist. Für den Wahrheitsbeweis ist der Inhalt der Aussage maßgeblich, den sie nach dem Klägervortrag hat[607]. Es genügt grundsätzlich, dass nachgewiesen wird, dass der Kern der Behauptung wahr ist[608]. Der *justification* steht nicht entgegen, dass der Beklagte in böser Absicht gehandelt hat, denn die Meinungsfreiheit genießt gegenüber dem Schutz der äußeren Ehre jedenfalls Vorrang[609]. Andererseits genügt der gute Glaube des Beklagten an die Wahrheit nicht. Gelingt der Wahrheitsbeweis nicht, kann dies als Verstärkung der ursprünglichen Ehrverletzung angesehen werden und zur Verurteilung zu höherem Schadensersatz führen[610].

Enthält bezugnehmende Werbung eine Meinungsäußerung, kommt *fair comment* als *defence* in Betracht, der die Meinungsfreiheit schützt[611]. Voraussetzung ist zunächst, dass es sich für den Empfänger erkennbar um eine Meinungsäußerung handelt. Das Werturteil muss sich auf ein Thema beziehen, das im öffentlichen Interesse (*public interest*) steht. Es darf nicht böswillig (*malicously*) abgegeben worden sein[612]. Ein Werturteil liegt vor, wenn aus bestimmten Tatsachen eigene Schlüsse gezogen werden. Die der Meinung zu Grunde liegenden Tatsachen müssen zumindest angedeutet werden[613] und so weit wahr sein, dass sich die Meinungsäußerung im Hinblick auf die wahren Tatsachen als *fair comment* darstellt[614]. Tatsachen und Schlussfolgerungen müssen für den Empfänger klar unterscheidbar sein[615], so dass es ihm überlassen bleibt, zu entscheiden, ob das Werturteil

---

[607] Vgl. *Gatley on Libel and Slander*, Rz. 27.6 ff. m.w.N.

[608] Vgl. genauer dazu *Clerk & Lindsell/ Mullholland*, Rz. 22-78 ff.; *Gatley on Libel and Slander*, Rz. 27.8. m.w.N.

[609] Vgl. aber *Clerk & Lindsell/ Mullholland*, Rz. 22-88 ff.; *Hartlage*, Vergleichende Werbung in England und Deutschland, S. 88.

[610] Vgl. *Salmond and Heuston on the Law of Torts*, S.176; *Winfield and Jolowicz on Tort*, S. 340.

[611] Vgl. dazu *Kemsley v. Foot* [1951] 1 All ER 331 (338) per Lord Justice Birkett.

[612] Der Beklagte darf nicht nur aus Boshaftigkeit gegen den Kläger gehandelt haben und in Wahrheit anderer Auffassung sein, vgl. dazu *Carter-Ruck on Libel and Slander*, S. 113 f. m.w.N.; *Salmond and Heuston on the Law of Torts*, S. 204.

[613] Vgl. *Kemsley v. Foot* [1952] AC 345, wo diese Voraussetzung sehr großzügig ausgelegt wird.

[614] Gemäß Sec. 6 Defamtion Act 1952.

[615] *Hunt v. Star Newspaper Co. Ltd.* [1908] 2 KB 309 (320) per Lord Justice Moulton; *Gatley on Libel and Slander*, Rz.12.12 m.w.N.

wohlbegründet ist[616]. Die Meinungsäußerung muss *fair* sein[617]. Es kommt dabei darauf an, ob sich das Werturteil aus den angegebenen Tatsachen ergibt, quasi aus ihnen folgt und mit ihnen zusammenhängt[618].

Inhaltlich muss die Äußerung ein Thema von *public interest* betreffen[619]. Hierfür existiert zwar keine gemeingültige Definition oder ein festes Prinzip. Es gibt aber zwei Ansätze, aus denen sich eine Grundtendenz in der Rechtsprechung ablesen lässt. Nach dem einen Ansatz sind alle Themen von *public interest*, die ausdrücklich oder konkludent der allgemeinen Kritik oder Aufmerksamkeit ausgesetzt werden[620]. Nach dem anderen Ansatz ist *public interest* gegeben, wenn die Öffentlichkeit im Ganzen betroffen ist, so dass sie ein legitimes Interesse daran hat, zu erfahren was geschieht[621]. Ob bezugnehmende Werbung durch *fair comment* gerechtfertigt werden kann, hängt in der Regel davon ab, ob sie ein Thema von *public interest* betrifft. Im Bereich der Werbung wurde bisher nur anerkannt, dass öffentliche Kritik an bereits veröffentlichter Werbung von *public interest* erfasst wird[622]. Hierfür wurde eine Parallele zu Büchern gezogen. Diese können Gegenstand von *fair comment* sein, sobald sie veröffentlicht sind und quasi freiwillig öffentlicher Kritik ausgesetzt werden. Führt man diesen Gedanken fort, ist zwar grundsätzlich denkbar, dass auch persönlich kritisierende Werbung von *public interest* erfasst wird: Ein Gewerbetreibender, der am Markt Waren anbietet, begibt sich in die Öffentlichkeit und setzt sich damit der Kritik aus[623]. Zu beachten ist aber, dass dies nur soweit gilt, wie sich der Gewerbetreibende der Öffentlichkeit aussetzt. Genauso wenig wie das Privatleben eines Autors

---

616 Vgl. *Carter-Ruck on Libel and Slander*, S. 106; *Gatley on Libel and Slander*, Rz. 12.7.

617 Zur Kritik an dem Merkmal *fair*, vgl. *Report of the Committee on Defamation*, Cmnd 5909 (1975).

618 Vgl. *Carter-Ruck on Libel and Slander*, S. 113.

619 Die Gerichte fassen diesen Begriff heute weiter als im 19. Jahrhundert, vgl. *Hartlage*, Vergleichende Werbung in England und Deutschland, S. 91.

620 *London Artists v. Littler* [1968] 1 WLR 607 (623) per Jusitce Cantley.

621 *London Artists v. Littler* [1969] 2 QB 375 (391) per Lord Denning MR.

622 *Paris v. Levy* (1860) 30 LJCP 11.

623 Vgl. *Hartlage*, Vergleichende Werbung in England und Deutschland, S. 91.

Gegenstand von Werturteilen sein darf[624], darf dies grundsätzlich das Privatleben eines Gewerbetreibenden sein.

c) Passing off (Herkunftstäuschung)

Der *passing off*-Grundsatz[625]: „*It is unlawful for one trader to pass off his goods as the goods of another*" ist die praktisch wichtigste Deliktsnorm mit wettbewerbsrechtlicher Bedeutung[626]. Er gewährt in erster Linie einen umfangreichen Kennzeichenschutz. Aber auch bestimmte geographische Herkunfts- oder Beschaffenheitsangaben können von *passing off* geschützt werden.

Voraussetzung ist, dass der Kläger über einen Geschäftsruf (*goodwill*) verfügt. Der Beklagte muss eine irreführende Angabe gemacht haben (*misrepresentation*), die eine Verwechslungsgefahr (*risk of confusion*) birgt und mindestens die Wahrscheinlichkeit eines Schadens hervorgerufen hat[627]. Vorsatz des Beklagten ist zwar kein konstitutives Merkmal[628]. Bestimmte Rechtsfolgen werden jedoch nur durch vorsätzliches Handeln ausgelöst[629]. Ein Wettbewerbsverhältnis (*common field of activity*) wird heute nicht mehr für zwingend erforderlich gehalten[630]. Es ist aber zu

---

[624] Vgl. *Gatley on Libel and Slander*, Rz. 12.39 m.w.N.

[625] *Passing off* hat seinen Ursprung im *common law* (*action of deceit*; *Salmond and Heuston* ordnen *passing off* noch heute *deceit* und *injurious falsehood* zu, vgl. *Salmond and Heuston on the Law of Torts*, S. 449 ff.) und im *equtiy*; erst seit dem *Common Law Procedure Act 1852* und den *Judicature Acts 1873* und *1875* entwickelte er sich selbständig; zur Entwicklung und Stellung der *passing off*-Klage vgl. den kurzen Überblick bei *Kroher*, GRUR Int. 1982, 92; vgl. auch *von Westerholt*, Die Passing off-Klage, S. 4 ff.; *Ulmer/ von Westerholt*, Rz. 130 ff.; *Wadlow*, The Law of Passing-off, Rz. 1.05 f.

[626] Vgl. zur *passing off*-Klage *Wadlow*, The Law of Passing-off; *von Westerholt*, Die Passing off-Klage.

[627] Vgl. *Ohly* in: *Schricker*, Recht der Werbung in Europa, Rz. 102.

[628] Vgl. dazu die grundlegende Entscheidung „*Singer*" *Manufacturers v. Wilson* [1877] AC 376 (391) per Lord Chancellor Lord Cairns.

[629] Zudem wirkt die Überzeugung des Richters, der Beklagte habe in böser Absicht gehandelt, zugunsten des Klägers, vgl. *von Westerholt*, Die Passing off-Klage, S. 152 ff.; so wird teilweise vermuten, dass eine mit Vorsatz begangene Täuschung im Zweifel zum Erfolg führt, vgl. *Ohly* in: *Schricker*, Recht der Werbung in Europa, Rz. 98.

[630] *Erven Warnink B.V. v. J. Townend & Sons (Hull) Ltd.* [1979] 2 All ER 927; *Lego System v. Lego M. Lemelstrich* [1983] FSR 155; vgl. dazu auch *Eastman*

beachten, dass die Gefahr der Verwechslung ferner liegt und ein konkreter Schaden unwahrscheinlicher ist, wenn die Tätigkeitsfelder der Parteien weit auseinander liegen. Besteht kein Wettbewerbsverhältnis, werden an die diesbezügliche Beweisführung höhere Anforderungen gestellt[631]. *Passing off* kommt vor allem bei anlehnend vergleichender Werbung in Betracht.

aa) Goodwill

Schutzgut der *passing off*-Klage ist der Geschäftsruf (*goodwill*) des Klägers[632]. *Goodwill* kann nicht mit dem guten Ruf gleichgesetzt werden[633], sondern hängt davon ab, ob das Kennzeichen des Klägers tatsächlich bekannt ist und Unterscheidungskraft besitzt. Der Verkehr muss den Namen, die Marke oder die Aufmachung des Klägers als charakteristisch, quasi als Herkunftsangabe verstehen[634].

bb) Irreführende Aussage und Verwechslungsgefahr

Der Kläger muss eine irreführende Aussage über die Identität oder Herkunft von Waren gemacht haben (*misrepresentation* und *risk of confusion*)[635]. Macht sich der Beklagte den *goodwill* des Klägers nur zunutze[636] und differenziert in seiner Aussage hinreichend zwischen den erwähnten Waren, so dass keine Verwechslungsgefahr besteht, ist *passing*

Photographic Materials Co. Ltd. v. John Griffiths Cycle Corporation Ltd. [1898] 15 RPC 105; *Walter v. Ashton* [1902] 2 Ch 282; *McCulloch v. May* [1948] 65 RPC 58; ausführlich dazu auch *von Westerholt*, Die Passing off-Klage, S. 16 ff.

631 Vgl. aktuell *Harrods Ltd. v. Harrodian School Ltd.* [1996] RPC 697 (714) per Lord Justice Millett; *NAD Electronics Inc. v. NAD Computer Systems Ltd* [1997] 380 (391) per Justice Ferris; vgl. auch *Kerly's Law of Trade Marks and Trade Names*[13], Rz. 14-75 ff. m.w.N.

632 Dieser muss im Vereinigten Königreich bestehen, vgl. *Anheuser Busch Inc. v. Budejovichj Budvar* [1984] FSR 413; zur Entwicklung des Schutzguts vgl. *von Westerholt*, Die Passing off-Klage, S. 65.

633 Vgl. *Triebel/ Hodgson/ Kellenter/ Müller*, Englisches Handels- und Wirtschaftsrecht, Rz. 980.

634 Vgl. *Cornish*, Intellectual Property, Rz. 16-14; *Heydon*, Economic Torts, S. 73.

635 Zu den Arten der *misrepresentation* vgl. *Crown*, Advertising Law and Regulation, S. 45 ff.

636 Unerheblich ist dabei, ob die Behauptung falsch ist und der Kläger durch sie Schaden erleidet, *Hubbuck v. Wilkinson* [1899] 1 QB 86.

off nicht erfüllt[637]. Eine hinreichende Differenzierung ist in der Regel gegeben, wenn offen auf den Konkurrenten Bezug genommen wird, etwa durch die Behauptung, die eigene Ware sei „genauso gut wie“, „besser als“ oder „Ersatz für“ Konkurrenzprodukte[638].

Für die Abgrenzung zwischen der erlaubten offenen und der verbotenen täuschenden Bezugnahme ist insbesondere die Entscheidung *Mc Donalds v. Burgerking*[639] bemerkenswert[640]. Die Beklagte hatte in Londoner U-Bahnwagen mit Plakaten mit der Aufschrift *„It's not just Big, Mac“* geworben, womit sie sich auf den „Big Mac“ der Klägerin bezog. Am unteren Bildrand war das Logo der Beklagten abgebildet. In kleiner Schrift wurde unter anderem darauf hingewiesen, dass der „Whopper“, das bekannteste Produkt der Beklagten, anders als einige andere Burger aus 100 % reinem Rindfleisch bestünde[641]. Das Gericht war der Ansicht, der Großteil der Adressaten habe die Werbung als Reklame für den „Big Mac“ verstanden. Daher sei dem Slogan die Aussage *„It's not just a Big Mac“* entnommen worden. Die Bildunterschrift sei kaum wahrgenommen worden. Wegen des Zusammenspiels mit dem sehr bekannten Logo der Beklagten habe ein nicht zu vernachlässigender Teil der Zielgruppe aus der Aussage geschlossen, der „Big Mac“ sei in den Restaurants der Beklagten erhältlich. Dies stelle aber eine irreführende Angabe über die Herkunft der Ware dar, so dass *misrepresentation* und *risk of confusion* bejaht wurden[642].

Einige Jahre später erging die Entscheidung *Ciba-Geigy Plc. v. Parke Davis & Co. Ltd.*[643]. Klägerin war die Herstellerin des patentierten Medikaments *Voltarol Retard*, für das sie über mehrere Jahre mit einem

---

[637] Vgl. etwa *von Westerholt*, Die Passing off-Klage, S. 166.

[638] *Magnolia Metal v. Tandem Smelting Syndicate* [1900] 15 RPC 701; *Broad v. Graham Buildings Supplies (No. 1)* [1969] RPC 285; *Broad v. Cast Iron Drainage* [1970] FSR 363; *White v. Mellin* [1895] AC 154; *Irvings's Yeastvite Ltd. v. Horsenail* [1934] 51 RPC 110.

[639] [1986] FSR 45; vgl. auch *Neugebauer*, Die vergleichende Werbung, S. 52 ff.; 55 ff. m.w.N.

[640] Vgl. dazu auch *Drysdale/ Silverleaf*, Passing Off, Rz. 4.03 m.w.N.; *von Westerholt*, Die Passing off-Klage, S. 167; *Newsweek Inc. v. BBC* [1979] RPC 441 (447) per Lord Denning.

[641] *McDonald's v. Burgerking* [1986] FSR 45 (49).

[642] *McDonald's v. Burgerking* [1986] FSR 45 (58 f.).

[643] [1994] FSR 8.

Apfelsymbol geworben hatte[644]. Nach Ablauf des Patentschutzes brachte die Beklagte das Generikum *Dioclomax Retard* auf den Markt. Sie warb in medizinischen Fachzeitschriften mit einem angebissenen Apfel. Daneben stand unter anderem „*Diclomax Retard offers everything you expect from diclofenac retard with one crucial difference. The price*“. Die Klägerin warf der Beklagten vor, ihr Produkt als Produkt der Klägerin ausgegeben zu haben. Die Klage wurde wegen fehlender Irreführungsgefahr abgewiesen. Aus der Anzeige gehe für die Zielgruppe der Ärzte erkennbar hervorgehe, dass für *Diclomax Retard* der Beklagten geworben werde und dass es sich dabei um einen günstigen Ersatz für *Voltarol Retard* handle[645].

cc) Wahrscheinlichkeit eines Schadens

Die irreführende Angabe muss als Folge zumindest die Wahrscheinlichkeit eines konkreten materiellen Schadens hervorrufen[646]. Hieran werden keine strengen Anforderungen gestellt, weil bei *passing off* der Gedanke der Schadensrestitution dem der Schadensprävention gewichen ist[647]. Verzichtet wird dennoch nicht auf das Merkmal[648].

d) Vorläufiger Rechtsschutz

Im Rahmen des vorläufigen Rechtsschutzes kann die Unterlassung der Werbemaßnahme durch *interim injunction*[649] begehrt werden[650]. Für diese

---

644 Dieser war nicht ins Markenregister eingetragen, so dass ein Verstoß gegen den TMA 1938 (TMA 1994 war noch nicht in Kraft) nicht in Betracht kam.

645 *Ciba-Geigy Plc v. Parke Davis & Co. Ltd.* [1994] FSR 8 (18 f.).

646 Dieser stellt nicht den deliktischen Erfolg der Handlung dar, den deliktischen Erfolg enthält schon die *misrepresentation* selbst; ein darüber hinausgehender Erfolg im eigentlichen Sinne des *passing off*, also ein Unterschieben oder ein mittels Identitäts- oder Herkunftstäuschung bewirkter Geschäftsabschluss ist nicht erforderlich, vgl. *Spalding & Bro. v. Gamage Ltd.* [1914-1915] All ER 147 = [1915] 32 RPC 273.

647 Vgl. dazu *Ohly* in: *Schricker*, Recht der Werbung in Europa, Fn. 113; *Ulmer/ von Westerholt*, Rz. 50.

648 Zum Teil wird vertreten, der Schadenseintritt sei zu vermuten, wenn die übrigen Voraussetzungen der *passing off*-Klage erfüllt seien, er stelle kein eigenständiges Erfordernis dar, vgl. *Wadlow*, The Law of Passing-off, Rz. 3.02. ff.; *Young*, Passing Off, S. 61 jeweils m.w.N.

649 Die *injunction* ist mit der deutschen Unterlassungsklage vergleichbar, vgl. *Nothelfer*, GRUR Int. 1966, 434 (438).

650 Vgl. zum Rechtsweg auch *Hucke*, Erforderlichkeit einer Harmonisierung des Wettbewerbsrechts in Europa, S. 345 ff.

Ermessensentscheidung des Gerichts legte Lord Diplock in der Entscheidung *American Cyanamid*[651] erstmals fest[652], es müsse die Schlüssigkeit des Antrags geprüft (*there must be serious question to be tried*) und eine Interessenabwägung (*balance of convenience*) vorgenommen werden[653]. Dies gilt jedenfalls für den *passing off* Anspruch[654]. Für *defamation* werden *interim injunctions* dagegen nur selten gewährt. Dem liegt zu Grunde, dass der *defamation* Anspruch in der Regel vor einem Geschworenengericht verhandelt wird. Es soll verhindert werden, dass der Einzelrichter im Rahmen des einstweiligen Rechtsschutzes die Hauptsacheentscheidung der Geschworenen vorwegnimmt. Auch bei *injurious falsehood* wird eine *interim injunction* nur sehr zurückhaltend gewährt. Sie ist quasi ausgeschlossen, wenn der Antragsgegner beabsichtigt, die Wahrheit seiner Aussage zu beweisen[655]. Andernfalls würde die Meinungsfreiheit des Beklagten zu sehr eingeschränkt[656]. Von dieser grundsätzlichen Zurückhaltung werden jedoch auch Ausnahmen gemacht[657].

---

651 *American Cyanamid Co. v. Ethicon Ltd.* [1975] RPC 513 (538-543), deren Gegenstand zwar ein patentrechtlicher Fall war, die enthaltenen Grundsätze wurden aber schnell verallgemeinert; vgl. dazu Lord Justice Kerr, der davor warnt, in der *American Cyanamid* Entscheidung mehr als nur eine nützliche Leitlinien für die Gewährung von *interim injunctions* zu sehen, *Cambridge Nutrition Ldt. v. BBC* [1990] 3 Alle ER 523 (534).

652 Zuvor musste der Antragsteller einen *prima facie case* darlegen und beweisen, vgl. *J. T. Stratford & Son Ltd. v. Lindley* [1965] AC 307 (338) per Lord Upjohn; *Newson v. Pender* (1884) 27 ChD 43; *Canadian Pacific Railwax v. Gaud* [1949] 2 KB 239.

653 Vgl. dazu im Einzelnen die Darstellungen bei *Clerk & Lindsell/ Burrows*, Rz. 30-17 ff.; *Ohly* in: *Schricker*, Recht der Werbung in Europa, Rz. 174 ff.; *Hartlage*, Vergleichende Werbung in England und Deutschland, S. 136 ff.

654 *County Sound Plc V. Ocean Sound Ltd.* [1991] FSR 367.

655 *Coulson v. Coulson* (1887) 3 TLR 846; *Liverpool Household Stores Association v. Smith* (1887) 37 ChD 170.

656 *Consorzio del Proscuitto di Parma v. Marks & Spencer Plc* [1990] FSR 330; *Microdata v. Rivendale* [1991] FSR 681 (686); vgl. im übrigen *Bestobell Paints Ltd. v. Bigg* [1975] FSR 421 (430 ff.) per Oliver J.

657 Deuten die Parteien die Behauptung unterschiedlich, kommt es auf die Abwägung zwischen der Meinungsfreiheit des Klägers, den Interessen des Beklagten und den auf beiden Seiten zu befürchtenden Schaden an, vgl. *Compaq Computer Corporation v. Dell Computer Corporation Ltd.* [1992] FRS 93 (104) per Justice Aldous; *Macmillan Magazines Ltd. v. RCN Publishing Company Ltd.* [1998] FSR 9 (12 ff.) per Justice Neuberger; *Newiss/ Hagen*, WRP 1995, 266 (267); vgl. auch *Kerly's Law of Trade*

2. Tatbestände nach statutory Law (Gesetzesrecht)

Vor Richtlinienumsetzung enthielt lediglich Sec. 10 (6) Trade Marks Act 1994 (TMA 1994) eine gesetzliche Bestimmung, die auf vergleichende Werbung abzielte. Sie regelte die Frage der Markenrechtsverletzung durch bezugnehmende Werbung. Daneben bestanden und bestehen einige straf- und verwaltungsrechtliche Vorschriften, die das Recht der vergleichenden Werbung berühren. Sie dienen in erster Linie dem Verbraucherschutz. Nachfolgend wird zunächst die markenrechtliche Beurteilung vergleichender Werbung dargestellt. Überdies wird auf straf- und verwaltungsrechtliche Bestimmungen eingegangen.

a) Markenrecht

Bei der markenrechtlichen Beurteilung bezugnehmender Werbung hat sich das englische Recht wenig stringent entwickelt.

aa) Trade Marks Act 1905

Unter dem TMA 1905 war der Gebrauch einer eingetragenen Marke in der bezugnehmenden Werbung markenrechtlich unbedenklich. Auf der Grundlage dieses Gesetzes erging 1934 die Entscheidung *Yeast-Vite*[658]. Hierin wurde festgestellt, dass die Eintragung einer Marke nur bewirkt, dass diese ausschließlich vom Markeninhaber als betriebliche Herkunftsbezeichnung verwendet werden darf (Sec. 39 TMA 1905[659]). Sie bewirkte dagegen nicht, dass das die Marke ausmachende Wort nicht

Marks and Trade Names[13], Rz. 17-79; *Conish*, CLJ 1992, 231 (233); eine weitere Ausnahme wird gemacht, wenn anzunehmen ist, dass kein Geschworenengericht die Behauptung für wahr halten wird, vgl. *Bestobell Paints Ltd. v. Bigg* [1975] FSR 421; *Kaye v. Robertson and other* [1991] FSR 62; *American Cyanamid Co. v. Ethicon Ltd.* [1975] 1 All ER 504; *Compaq Computer Corporation v. Dell Computer Corporation Ltd.* [1992] FSR 93 (100).

658 *Irvings's Yeastvite Ltd. v. Horsenail* [1934] 51 RPC 110.

659 *Irvings's Yeastvite Ltd. v. Horsenail* [1934] 51 RPC 110 (116) per Lord Tomlin; vgl. auch *Young v. Grieson Oldham* [1924] 41 RPC 548; *Stone v. Steelace* [1929] 46 RPC 406; *Carless, Capel v. Pilmore-Bedford* [1928] 45 RPC 205.

verwendet werden darf[660]. Dieses Ergebnis wurde als unbefriedigend empfunden[661].

bb) Trade Marks Act 1938

Um den markenrechtlichen Schutz zu verbessern, wurde der TMA 1938 um die Bestimmung der Sec. 4 (1) ergänzt[662]. Für bezugnehmende Werbung war vor allem dessen lit. b von Bedeutung. Danach war jede Benutzung eines fremden, in Teil A[663] des Markenregisters eingetragenen Warenzeichens unzulässig, wenn dies eine Bezugnahme (*importing a reference*) auf den fremden Zeicheninhaber darstellte[664].

In *Bismag v. Amblins*[665] bejahte der *Court of Appeal* schon bei schlichtem Gebrauch des die Marke ausmachenden Worts eine Markenverletzung[666],

---

[660] [1934] 51 RPC 110 (117) per Lord Tomlin.

[661] Einen weiteren Anstoß, den Rechtsschutz für Marken zu erweitern, gab der Bericht des *Goschen-Committee*, vgl. *Board of Trade*, Report of the Departmental Committee on the Law and Practice Relating to Trade Marks, Paragraph 184 f.

[662] Zur Kritik an Section 4 des TMA 1938 vgl. *Kerly's Law of Trade Marks and Trade Names*[12], Rz. 10-04.

[663] Das englische Markenregister gliederte sich in Teil A und Teil B (Sec. 1 (2) TMA 1938), wobei die Eintragungsvoraussetzungen für Teil B geringer waren (Sec. 10 TMA 1938). Als Konsequenz reichte auch der Schutz von in Teil B eingetragenen Marken weniger weit: Der Beklagte konnte sich gegen den Vorwurf, eine in Teil B eingetragene Marke verletzt zu haben, verteidigen (Sec. 5 (2) TMA 1938). Er konnte etwa nachweisen, dass der Gebrauch des fremden Zeichens nicht zu Täuschung oder Irreführung führt und auch nicht als Hinweis auf eine geschäftliche Verbindung verstanden wird, vgl. *Kerly's Law of Trade Marks and Trade Names*[12], Rz. 14-37 ff.; vgl. dazu auch *Triebel/ Hodgson/ Kellenter/ Müller*, Englisches Handels- und Wirtschaftsrecht, Rz. 938; *Leaper*, The Law of Advertising, S. 111 ff.; kritisch zu der Trennung in Teil A und Teil B *Llewelyn*, GRUR Int. 1992, 97.

[664] Dies unabhängig davon, ob die aufgestellte Behauptung richtig, falsch oder herabsetzend war, vgl. *Cornish*, Intellectual Property, Rz. 16-56.

[665] *Bismag Ltd. v. Amblins (Chemists) Ltd.* [1940] 57 RPC 209; vgl. dazu auch *Norman*, in: *Dawson/ Frith*, Trade Marks Retrospective, S. 197 ff.

[666] Wird das Wort dagegen nur als Beschreibung des eigenen Produkts benutzt, liegt keine Markenrechtsverletzung vor, *Bismag Ltd. v. Amblins (Chemists) Ltd.* [1940] 57 RPC 209 (234) per Sir Wilfrid Greene MR; das Gericht legte Sec. 4 (1) (b) TMA 1938 vor allem unter der Prämisse aus, dass diese Vorschrift das Ergebnis des *Yeast-Vite* Falls ändern sollte, *Bismag Ltd. v. Amblins (Chemists) Ltd.* [1940] 57 RPC 209 (235)

auch wenn die Marke nur benutzt wurde, um die Waren des Inhabers zu bezeichnen. Dieser Entscheidung schloss man sich im Grunde in den nachfolgenden Jahren an[667]. Auch in der Entscheidung *Computervergleich*[668] wurde diese Auslegung bestätigt. Bemerkenswert ist dies, weil sich die Aufhebung von Sec. 4 (1) TMA 1938 auf Grund der europäischen Markenrechtsreform bereits abzeichnete[669]. Die Beklagte Firma *Dell* hatte in einer Werbeanzeige ihre Computer denen der Klägerin *Compaq* gegenübergestellt und dabei das Wort *Compaq* gebraucht. *Compaq* war ein in Teil A des englischen Markenregisters eingetragenes Warenzeichen. Justice Aldous hielt eine Markenrechtsverletzung ohne weiteres für gegeben[670]. Im gleichen Jahr erging die *Chanel*-Entscheidung[671], die dieser Interpretation von Sec. 4 (1) (b) TMA 1938 quasi stillschweigend folgte. Der *Court of Appeal* war an die eigene Vorentscheidungen im *Amblis* Fall gebunden[672].

---

per Sir Wilfrid Greene MR; kritisch zu dieser Entscheidung *Duxbury*, EIPR 1992, 61 (62); vgl. auch *Janssen*, TMR 1974, 451 (480 f.).

[667] Vgl. kritisch aber nicht ablehnend *Aritoc Ltd. v. Rysta Ltd., and others* [1945] 1 All ER 34 (42) per Viscount Maugham; vgl. auch *British Northrop Ltd. v. Texteam Blackburn Ltd.* [1974] RPC 57 (76 ff.); *Pierce-All Manufacturing Ltd. v. Producto Machine Tools* [1978] Industrial Property Decisions 14; *News Group Newspaper v. Mirror Group Newspaper* [1989] FSR 126.

[668] *Compaq Computer Corporation v. Dell Computer Corporation Ltd.* m. Anm. v. *Newiss/ Hagen*, WRP 1995, 261; übersetzt und zusammengefasst in GRUR Int. 1993, 782.

[669] Das Weißbuch „Reform des Markenrechts“ wurde bereits im September 1990 vorgestellt (Cm 1203).

[670] Dieser Gesichtspunkt führte aber nicht zum Erfolg des Antrags: Die Beklagte wandte ein, die Marke der Klägerin sei nicht eintragungsfähig; der Markenname *Compaq* und der Fachbegriff „Compact“ seien phonetisch gleich, daher fehle es an der erforderlichen Unterscheidungskraft; statt dessen gründete Justice Aldous seine Entscheidung auf *injurious falsehood*, *Compaq Computer Corporation v. Dell Computer Corporation Ltd.* WRP 1995, 261 (262); zur Verteidigung gegen den Vorwurf der Markenverletzung vgl. *Michaels*, A Practical Guide to Trade Mark Law^2, Rz. 4.35 ff.

[671] *Chanel v. Triton Packaging Ltd.* [1993] RPC 32; übersetzt und zusammengefasst in GRUR Int. 1993, 780; zur erstinstanzlichen Entscheidung vgl. *Tritton*, EIPR 1991, 482 ff.; zur Interpretation der Entscheidung vgl. *Mills*, EIPR 1995, 417 (422).

[672] *Chanel v. Triton Packaging Ltd.* [1993] RPC 32 (37) per Lord Justice Dillion.

Für dieses weitgehende Bezugnahmeverbot galten einige Ausnahmen und Einschränkungen, die sich zum Teil unmittelbar aus dem TMA 1938 ergaben, zum Teil von der Rechtsprechung geschaffen wurden. Eine für die bezugnehmende Werbung wichtige Ausnahme[673] stammt aus der Entscheidung *Pompadour*[674]. Die Klägerin war Inhaberin des in Teil A des Markenregisters eingetragenen Markennamens „Pompadour“ für Kosmetika. Die Beklagte hatte über mehrere Jahre diese Kosmetika für die Klägerin hergestellt und vertrieb ihre Waren nun unter eigenem Namen. Sie warb mit dem wahrheitsgemäßen Hinweis auf ihre frühere Tätigkeit für die Klägerin[675]. Diese sah hierin eine Verletzung ihres Markenrechts. Die Klage wurde abgewiesen. Es liege in der Bezugnahme auf den Namen eines Wettbewerbers für sich keine Markenrechtsverletzung, auch wenn der Name in der Marke enthalten sei oder diese sogar ausmache[676]. Firmen, die ihre Hauptmarke im Firmennamen trugen, waren somit bezugnehmender Werbung verstärkt ausgesetzt und genossen nicht den vollen markenrechtlichen Schutz[677].

---

[673] Daneben erlaubte Sec. 4 (3) (b) TMA 1938 Werbung für Ersatzteile und Zubehör, auch wenn sie das Warenzeichen des Herstellers der Hauptware namentlich benannte; vgl. zu den übrigen Ausnahmen etwa *M. Ravok (Weatherwear) Ltd. v. National Trade Press Ltd.* [1955] 1 All ER 621 (QB) wonach keine Markenrechtsverletzung vorliegt, wenn keine Bezugnahme im Handelsverkehr mit den betreffenden Waren vorliegt; *Bismag Ltd. v. Amblins (Chemists) Ltd.* [1940] 57 RPC 209 (234) und *Mars GB Ltd. v. Cadbury Ltd.* [1987] RPC 387, keine Markenrechtsverletzung, wenn der Gebrauch des die Marke ausmachenden Wortes nicht warenzeichenmäßig („*in a trade mark sense*“) geschieht, um auf die Waren Bezug zu nehmen, die unter der Marke vertrieben wurden; vgl. im übrigen *Ohly/ Spence*, The Law of Comparative Advertising, S. 20 f.; *Dworkin*, EIPR 1979, 41 (43).

[674] *Pompadour Laboratories v. Frazer* [1966] RPC 7.

[675] Nämlich mit dem Satz „*Frazer Chemicals have manufactured hair lacquer for Pompadour Laboratories for several years*“.

[676] Dies wurde indirekt auch in der Entscheidung *Duracell International v. Ever-Ready* [1989] FSR 71 bestätigt; vgl. auch *“Autodrome” Trade Mark* [1969] RPC 564; *Harrods Ltd. v. Schwartz-Sackin & Co. Ltd.* [1986] FSR 490; *News Group Newspapers v. Mirror Group Newspapers* [1989] FSR 126; kritisch dazu *Kerly's Law of Trade Marks and Trade Names*[12], Rz. 14-27, Nr. 4; *Dworkin*, EIPR 1979, 41 (43).

[677] Vgl. *Tritton*, EIPR 1991, 482 (485); dieser Rechtsprechung folgend änderte zum Beispiel *Dell* seine oben angesprochene bezugnehmende Werbung und bezog sich in seinem Vergleich nunmehr auf den vollen Firmennamen von *Compaq*, vgl. *MacDonald*, TMW April 1992, 20 (21).

cc) Trade Marks Act 1994

Die erhoffte[678] grundlegende Änderung des englischen Markenrechts vollzog sich mit In-Kraft-Treten des *Trade Marks Act 1994*, der unter anderem die europäische Markenrechtsrichtlinie 89/104/EWG umsetzte. Der TMA 1994 schaffte die Einteilung des Markenregisters in Teil A und B ab und hob Sec. 4 (1) (b) TMA 1938 auf. Die Markenrechtsverletzung regelt nunmehr Sec. 10 TMA 1994. Dessen Absatz 6[679] ist für bezugnehmende Werbung von besonderer Bedeutung[680].

Grundsätzlich stellt die Bezugnahme auf die Marke eines Konkurrenten in der vergleichenden Werbung eine Markenrechtsverletzung dar[681]. Anders als früher schützt der *Trade Marks Act* nicht mehr nur die zeichenmäßige Benutzung der identischen oder ähnlichen Marke für die gleichen Waren. Statt dessen erfasst er auch die Benutzung der Marke für ähnliche Waren, Sec. 10 (2) TMA 1994. Jedoch bestimmt Sec. 10 (6) TMA 1994, dass Sec. 10 TMA 1994 den Gebrauch von Marken nicht verhindern soll, wenn er dazu dient, Waren oder Dienstleistungen als diejenigen des Markeninhabers zu identifizieren. Nach den Gesetzesmaterialien soll durch diese Vorschrift in erster Linie bezugnehmende Werbung erlaubt und das alte Recht geändert werden[682]. In diesem Sinne ist auch die Einschränkung

---

[678] Vgl. *Cornish*, CLJ 1992, 231 (233) m.w.N.

[679] Sec. 10 (6) TMA 1994 lautet: Nothing in the preceding provisions of this section shall be construed as preventing the use of a registered trade mark by any person for the purpose of identifying goods or services as those of the proprietor or a licensee. But any such use otherwise than in accordance with honest practices in industrial or commercial matters shall be treated as infringing the registered trade mark if the use without due cause takes unfair advantages of, or is detrimental to, the distinctive character or repute of the trade mark.

[680] Dieser war nicht Teil der europäischen Richtlinie, sondern ist, wie Justice Laddie es ausdrückt hausgemacht („*home-grown*"), vgl. GRUR Int. 1997, 478 (479) – *Kreditkarten*; *Kamperman Sanders* bezeichnet die Vorschrift als „clumsy", *Kampermann Sanders*, EIPR 1995, 67 (71); ähnlich *Lewin*, EIPR 1994, 91 (92 f.); in wieweit Sec. 10 (6) TMA 1994 überhaupt in den TMA 1994 gehört, hinterfragt *Kerly's Law of Trade Marks and Trade Names*[13], Rz. 13-80 und Fn. 5; zum Ursprung dieser Vorschrift vgl. *Michaels*, A Practical Guide to Trade Mark Law[2], Rz. 4.73.

[681] Vgl. *Barclays Bank Plc v. RBS Advanta* [1996] RPC 307; *Vodafone Group Plc v. Orange Personal Communications Services Ltd.* [1997] FSR 34; *Cable & Wireless v. British Telecommunications* [1998] FSR 383; dies ergibt sich auch aus Sec. 10 (6) TMA 1994, der sonst überflüssig wäre.

[682] Vgl. *Groom/ Abnett/ Pennat/ Spencer*, UK Trade Marks Act 1994, S. 90 f.

in Sec. 10 (6) S. 2 auszulegen. Danach stellt die Benutzung einer Marke eine Markenverletzung dar, wenn sie nicht im Einklang mit den anständigen Gepflogenheiten in gewerblichen Angelegenheiten steht und ohne rechtfertigenden Grund die Unterscheidungskraft oder den Ruf der Marke in sittenwidriger Weise ausbeutet oder diese schädigt[683]. Durch diese Vorschrift soll nicht „durch die Hintertür eine puritanischere Beurteilung der Werbung [eingeführt werden], als sie die Öffentlichkeit erwarten würde“[684]. Die Öffentlichkeit sei an Werbung gewöhnt und erwarte Übertreibungen[685].

Sec. 10 (6) TMA 1994 wurde erstmals in der Entscheidung *Advanta*[686] angewandt. Justice Laddie stellte hier einige Voraussetzungen auf, die sowohl in der Entscheidung *Vodafone*[687] als auch in der Entscheidung *Cable and Wireless*[688] ergänzt und in *British Telecommunications v. AT&T Communications*[689] weiter vervollständigt wurden. Danach ist bei der Prüfung von Sec. 10 (6) S. 2 TMA 1994 ein objektiver Maßstab anzulegen[690]. Die Werbung ist als Ganzes zu beurteilen. Die Beweislast für

---

683 Diese generalklauselartige Vorschrift stellt eine Neuerung des britischen Rechts dar, vgl. *Ohly* in: *Schricker*, Recht der Werbung in Europa, Rz. 83.

684 *Barclays Bank Plc v. RBS Advanta* [1996] RPC 307 (315); *Vodafone Group Plc v. Orange Personal Communications Services Ltd.* [1997] FSR 34 (39); *Cable & Wireless v. British Telecommunications* [1998] FSR 383.

685 *Barclays Bank Plc v. RBS Advanta* [1996] RPC 307 (315); *Vodafone Group Plc v. Orange Personal Communications Services Ltd.* [1997] FSR 34 (38 f.).

686 *Barclays Bank Plc v. RBS Advanta* [1996] RPC 307, Gegenstand der Entscheidung war der Slogan "*15 ways the RBS Advanta Visa Card is a better card all round*", wobei in Tabellen die Eigenschaften der *RBS card* mit denen der *Barclaycard* verglichen wurden; vgl. die Urteilsanmerkungen von *Walsh/ Watts*, TMW März 1996, 26 und *Antingham*, TMW Oktober 1996, 26 (32 f.)

687 *Vodafone Group Plc v. Orange Personal Communications Services Ltd.* [1997] FSR 34, Streitgegenstand war der Werbeslogan "*on average, ORANGE users save £20 per month*".

688 *Cable & Wireless v. British Telecommunications* [1998] FSR 383, hier veröffentlichte *British Telecommunications* einen Prospekt, in dem sie die eigenen Telefontarife mit denen von *Cable & Wireless* verglich.

689 Urteil von Mr. Crystal QC als Deputy Judge der Chancery Division vom 18.12.1996, abgedruckt bei *Ohly/ Spence*, The Law of Comparative Advertising, S. 119 ff.

690 Dabei ist streitig, ob ein rein objektiver Maßstab anzulegen ist, ob also darauf abzustellen ist, ob ein Durchschnittsleser, mit Kenntnis aller Umstände des Falles, die Werbung als unlauter ansehen würde (vgl. *Barclays Bank Plc v. RBS Advanta* [1996]

die Voraussetzungen des Sec. 10 (6) S. 2 trägt der Kläger[691]. Eine nur unwesentliche Rufausbeutung oder -schädigung bleibt außer Betracht. Da bezugnehmende Werbung unter Geltung des TMA 1938 unzulässig und daher eher selten war, konnten sich in der Öffentlichkeit keine Bewertungsmaßstäbe dessen herausbilden, was als anständig anzusehen ist[692]. Es ist auf *„members of a reasonable audience"*[693] abzustellen. Entscheidend sind nicht gesetzliche oder handelsübliche Maßstäbe, da mit diesen oft auch andere Ziele verfolgt werden[694]. Maßgeblich ist vielmehr, was die Zielgruppe der Werbung vernünftigerweise erwartet, ob der Werbeadressat bei Kenntnis aller Umstände die Werbung als *honest* ansehen würde[695].

Wie der Begriff der anständigen Gepflogenheiten in Sec. 10 (6) S. 2 TMA 1994 generell auszulegen ist, ist bislang unentschieden[696]. Zudem haben daneben der Schutz des guten Rufs und die Unterscheidungskraft der Marke kaum eigenständige Bedeutung erlangt, obwohl die Tatbestände alternativ nebeneinander stehen[697]. Sowohl in der

---

RPC 307 per Laddie J, deutsche Übersetzung in GRUR Int. 1997, 478 – *Kreditkartenvergleich*); oder ob ein gemischt objektiv-subjektiver Maßstab anzulegen ist und geprüft werden muss, ob ein lauterer Gewerbetreibender mit den Kenntnissen des Werbenden diese Aussage gemacht hätte (vgl. *Cable & Wireless v. British Telecommunications* [1998] FSR 383 (391) per Jacob J); vgl. auch *Emaco Ltd. and Aktiebolaget Electrolux v. Dyson Appliances Ltd.* [1999] ETMR 903 (907 f.) per Justice Parker.

691 *Barclays Bank Plc v. RBS Advanta* [1996] RPC 307 (315) per Laddie J, deutsche Übersetzung in GRUR Int. 1997, 478 – *Kreditkartenvergleich*; *Vodafone Group Plc v. Orange Personal Communications Services Ltd.* [1997] FSR 34 (39) per Jacob J; *Macmillan Magazines Ltd. v. RCN Publishing Company Ltd.* [1998] FSR 9 (13) per Neuberger J.

692 Vgl. *Michaels*, A Practical Guide to Trade Mark Law², Rz. 4.76.

693 *Barclays Bank Plc v. RBS Advanta* [1996] RPC 307 (315).

694 Kritisch hierzu *Saltzman/ Allgrove*, TMW November/ Dezember 1996, 32 (34); vgl. hinsichtlich der *Codes of Practice*, *Walsh*, TMW Mai 1995, 33 (36).

695 Vgl. *Maniatis* in: *Dawson/ Frith*, Trade Marks Retrospective, S. 247.

696 Vgl. dazu auch *Mills*, EIPR 1995, 417 (422 f.), die vorschlägt für die Lauterkeit unter anderem darauf abzustellen, ob die eingetragene Marke herabgewürdigt wird; sie führt dafür auch die Markenrichtlinie an, die herabwürdigende vergleichende Werbung für unzulässig erklärt.

697 *Michaels* ist dagegen der Ansicht, die beiden Voraussetzungen müssten kumulativ vorliegen, dies trotz des verbindenden „oder", vgl. *Michaels*, A Practical Guide to

Entscheidung *Advanta*[698] als auch in der *Vodafone*-Entscheidung[699] befanden die Richter die Werbung für irreführend. Auch wenn sie klarstellten, dass Irreführung nur ein denkbarer Fall von Sec. 10 (6) S. 2 ist, ist unklar, wann ohne Irreführung ein Verstoß gegen die anständigen Gepflogenheiten bejaht wird[700]. Soweit ersichtlich, wurde bislang einzig in der Entscheidung *Emaco Ltd. v. Dyson Appliances*[701] der Vorbehalt in Sec. 10 (6) S. 2 anerkannt[702]. Es wurde festgestellt, dass drei der vier in der *Dyson* Werbung und alle in der *Emaco* Werbung aufgestellten Behauptungen falsch waren, so dass letztlich wieder Irreführung entscheidend war[703].

b) Straf- und Verwaltungsrecht

Vor Umsetzung der Richtlinie 97/55/EG existierten in England keine speziellen straf- oder verwaltungsrechtlichen Vorschriften zur vergleichenden Werbung. Die im Folgenden exemplarisch dargestellten Gesetze betreffen vor allem irreführende Werbung. Sie regeln damit aber allgemein die Rahmenbedingungen für Werbung[704].

Trade Mark Law³, Rz. 4.62; nach Justice Laddies Ansicht haben diese Punkte in aller Regel ohnehin keine zusätzliche praktische Bedeutung; Werbung, die den guten Ruf einer Marke sittenwidrig ausnutze sei in der Regel auch unlauter, vgl. *Barclays Bank Plc v. RBS Advanta* [1996] RPC 307 (316); vgl. dazu auch *Antingham*, TMW Oktober 1996, 26 (32); *Quinn*, EIPR 1996, 368 (370); *Walsh*, TMW Mai 1995, 33 (36).

[698] *Barclays Bank Plc v. RBS Advanta* [1996] RPC 307.

[699] *Vodafone Group Plc v. Orange Personal Communications Services Ltd.* [1997] FSR 34.

[700] Vgl. *Ohly/ Spence*, The Law of Comparative Advertising, S. 20 f.; *Cornish*, Intellectual Property, Rz. 17-105; damit scheinen die Gerichte Sec. 10 (6) TMA 1994 in einer Weise auszulegen, die über die nach der Markenrechtsrichtlinie zugelassenen Einreden hinausgeht, vgl. *Kerly's Law of Trade Marks and Trade Names*¹³, Rz. 13-84.

[701] *Emaco Ltd. v. Dyson Appliances*, Ch.D. 26.01.1999 (unveröffentlicht), abgedruckt bei *Ohly/ Spence*, The Law of Comparative Advertising, S. 133 ff.; vgl. dazu auch *Greffe/ Greffe*, La publicité et la loi, Rz. 1840; *Michaels*, A Practical Guide to Trade Mark Law³, Rz. 4.65.

[702] *Walsh* stellte schon im Mai 1995 die Vermutung auf „*It may well be the case that the Trade Marks Act 1994 has therfore gone rather further than was intended in permitting comparative advertising*", vgl. *Walsh*, TMW Mai 1995, 33 (37).

[703] Vgl. auch die Urteilsanmerkungen von *Bray*, EIPR 1999, 321 (324).

[704] Vgl. im übrigen *Ohly*, Richterrecht und Generalklausel im Recht des unlauteren Wettbewerbs, S. 47 m.w.N.; *Hartlage*, Vergleichende Werbung in England und

aa) Trade Descriptions Act 1968

Der *Trade Descriptions Act 1968*[705] (TDA) ersetzte die *Merchandise Marks Acts* von 1887 und 1953. Er verbietet falsche Angaben über Produkte und Dienstleistungen im geschäftlichen Verkehr[706]. Welche Angaben unter den TDA fallen, bestimmt Sec. 2 TDA durch detaillierte Aufzählung. Generell ist der TDA nur auf Angaben tatsächlicher Natur anwendbar, also auf solche, die dem Wahrheitsbeweis zugänglich sind[707]. Sie können auch indirekt gemacht werden[708]. Sec. 4 TDA bestimmt, wann eine Ware, Sec. 14 TDA, wann eine Dienstleistung mit einer Angabe im Sinne des TDA versehen ist. Der TDA verbietet jedoch nur Angaben, die in erheblichem Umfang falsch sind und zum Kauf veranlassen. Bloße Marktschreierei wird nicht einbezogen[709]. Als falsch gelten auch wahre aber irreführende Angaben. Es werden auch in der Werbung gemachte Angaben über Warenarten erfasst, Sec. 5 TDA[710]. Sec. 1 TDA ist eine *strict liability offence*[711]. Daher ist der Nachweis von Vorsatz oder Fahrlässigkeit bei falschen Warenangaben nicht erforderlich. Dagegen müssen bei *trade descriptions* über Dienstleistungen gemäß Sec. 14 TDA die falschen Angaben vorsätzlich oder grob fahrlässig gemacht worden sein. Bei

---

Deutschland, S. 122 ff.; *Boyle*, WRP 1990, 159 (161 ff.); *Ulmer/ von Westerholt*, Rz. 407 m.w.N.

[705] Zu den Einzelheiten vgl. *Harvey/ Parry*, Consumer Protection and Fair Trading, S. 353 ff.; *Lowe/ Woodroffe*, Consumer Law and Practice, S. 195 ff.; *Oughton/ Lowry*, Textbook on Consumer Law, Kapitel 17 und 18; Überblick bei *Ohly*, Richterrecht und Generalklausel im Recht des unlauteren Wettbewerbs, S. 49.

[706] Zum Merkmal „*in the course of a trade or business*" vgl. *Harvey/ Parry*, Consumer Protection and Fair Trading, S. 354 f.; *Ulmer/ von Westerholt*, Rz. 315 m.w.N.

[707] Nur dann kann eine Angabe überhaupt falsch sein; vgl. *R v. Lloyd* (13. Februar 1976), Deputy Circuit Judge Whittey (unreported) wonach das Versprechen, ein zentrales Heizsystem werde leise arbeiten, keine *trade description* darstellt.

[708] *Jandbo Trading Ltd. v. Dudley Metropolitan Council* (1993) 12 Trading LR 190, eine Gebrauchsanweisung kann *trade descriptions* enthalten, jedoch eher vermöge dessen, was sie nicht enthält, als dessen, was sie enthält.

[709] *Cadbury Ltd. v. Halliday* [1975] 1 WLR 649; *Robertson v. Dicicco* [1972] RTR 431; auch korrigierte Falschbehauptungen werden nicht erfasst, sie können objektiv keine irreführende Wirkung entfalten; darauf, ob der einzelne Verbraucher irregeführt wird, kommt es dagegen nicht an, *Donnelley v. Rowlands* [1970] 1 WLR 1600.

[710] Vgl. dazu *Harvey/ Parry*, Consumer Protection and Fair Trading, S. 361.

[711] Vgl. dazu allgemein *Oughton/ Lowry*, Textbook on Consumer Law, Rz. 13.1.; zur Entschuldigung vgl. *Oughton/ Lowry*, Textbook on Consumer Law, Rz. 13.4.

Sec. 14 TDA handelt es sich somit um eine *„semi-strict" liability*[712]. Einerseits reicht es aus, dass die Kenntnis von der Falschheit der Aussage zu einem beliebigen Zeitpunkt vorgelegen hat, andererseits kommt es auf die Kenntnis des Aussageakts nicht an[713].

bb) Consumer Protection Act 1987

Allein Teil III[714] des *Consumer Protection Act 1987* (CPA), der die Zulässigkeitsvoraussetzungen von Preisangaben regelt[715], ist hier von Interesse. Zur Orientierung für Gewerbetreibende und zur Förderung klarer Preisangaben wurde die *Consumer Protection Approval Order 1988*[716] erlassen. Sie enthält allgemeine Leitlinien für die Anwendung des CPA. Auch wenn die *Order 1988* keine Bindungswirkung entfaltet, so ist ein Verstoß dennoch ein wichtiges Indiz für einen Verstoß gegen den CPA[717].

In Sec. 20 (1) CPA wird ein generelles Verbot irreführender Preisangaben ausgesprochen. Dabei bestimmt Sec. 21 (1) (e) CPA, was unter Irreführung zu verstehen ist, und dass eine Irreführung auch gegeben ist, wenn sie sich auf die Grundlage von Preisvergleichen bezieht. Vor allem für Preisvergleiche spricht die *Consumer Protection Approval Order* einige Empfehlungen aus. Der Konsument soll gemäß Para. 1.1.1 nicht im Unklaren gelassen werden. Es sollen keine Ausdrücke verwenden werden, die Vergleiche andeuten. In Para. 1.6.2 wird von Preisvergleichen mit

---

[712] Vgl. *Oughton/ Lowry*, Textbook on Consumer Law, Rz. 18.1.2.1.

[713] *Wings Ltd. v. Ellis* [1985] AC 272.

[714] Sec. 20 bis 26 CPA 1987; in Teil I des CPA 1987 wird die Richtlinie 85/374/EWG des Rates zur Produkthaftung umgesetzt; in Teil II werden Bestimmungen zur Produktsicherheit getroffen, ein Verstoß stellt eine Straftat dar; vgl. näher *Oughton/ Lowry*, Textbook on Consumer Law, Rz. 14.2.

[715] Zunächst verbot Sec. 11 TDA 1968 falsche Preisangaben, diese Bestimmungen wurde später in die *Price Marking (Bargain Offers) Orders 1979* aufgenommen und 1987 in Sec. 20 bis 26 CPA 1987 neu gefasst; noch zur alten Rechtslage vgl. *Ulmer/ von Westerholt*, Rz. 336 f. m.w.N.; zu den praktischen Problemen bei der Anwendung der Vorgängernormen vgl. *Oughton/ Lowry*, Textbook on Consumer Law, Rz. 19.1.; *Ohly*, Richterrecht und Generalklausel im Recht des unlauteren Wettbewerbs, S. 50 m.w.N.

[716] *Consumer Protection (Code of Practice for Traders on Price Indication) Approval Order 1988* (S.I. 1988/2078) wurde auf der Grundlage von Sec. 25 CPA erlassen; dieser ermächtigte den zuständigen Minister, *Codes of Practice* durch *Order* anzuerkennen, wenn diese Gewerbetreibenden praktische Anleitung geben.

[717] Vgl. *Boyle*, WRP 1990, 159 (163).

Abkürzungen wie RRP (*recommended retail price*) oder MRP (*manufacturer's recommended price*) abgeraten, weil sie verwirren[718]. Auch vor Vergleichen des eigenen Kaufpreises mit dem behaupteten Warenwert warnt die *Order*[719].

Preisvergleiche mit anderen Händlern sind in Para. 1.5.1 der *Consumer Protection Approval Order 1988* geregelt[720]. Sie sind grundsätzlich erlaubt. Para. 1.5 enthält aber einige Bestimmungen, die auf die Klarheit des Vergleichs abzielen und verhindern sollen, dass sie irreführend wirken. So muss Gewissheit bestehen, dass der fremde Preis aktuell und zutreffend ist. Gleichzeitig sollen Name und Ladengeschäft des Konkurrenten, auf den sich der Vergleich bezieht, angegeben werden. Es sollen nur Preise für gleiche Produkte einbezogen werden. Sind die Produkte nur im Wesentlichen gleich, sollen die Unterschiede klar gemacht werden. Es wird also gerade gefordert, dass der Konkurrent, auf den sich der Vergleich bezieht, klar erkennbar gemacht wird. Man ist der Ansicht, dass dadurch das Irreführungspotential ausgeschlossen wird und somit dem Verbraucherinteresse gedient wird. Einen eigenen Unwertgehalt wird der gezielten Bezugnahme dagegen nicht beigemessen, schließlich schützt der CPA nicht die Interessen der Konkurrenten.

---

[718] Allgemein zum Vergleich mit einer unverbindlichen Preisempfehlung vgl. Para. 1.6.3.

[719] Para. 1.8; vgl. dazu *MGM Ltd. v. Northamptonshire CC* (1997) 161 JP 735 (738) per Lord Justice Brown, wonach ein vernünftiger Verbraucher den Slogan *„a £ 50 watch for just £ 4.99"* so versteht, dass die gleiche Uhr anderswo zum Preis von £ 50 verkauft wird; die Werbung sei deshalb irreführend im Sinn von Sec. 21 (1) (e) CPA.

[720] Para. 1.5 (Comparisons with another trader's prices) lautet: 1.5.1 Only compare your prices with another trader's price if: (a) you know that his price which you quote is accurate and up-to-date; (b) you give the name of the other trader clearly and prominently, with the price comparison; (c) you identify the shop where the other trader's price applies, if that other trader is a retailer; and (d) the other trader's price which you quote applies to the same products – or to substantially similar products and you state any differences clearly. 1.5.2 Do not make statements like „if you can buy this product elsewhere for less, we will refund the difference" about your „own brand" products which other traders do not stock, unless your offer will also apply to other traders'equivalent goods. If there are any conditions attached to the offer (e.g. it only applies to goods on sale in the same town) you should show them clearly and prominently, with the statement.

cc) Fair Trading Act 1973

Im Bereich des Verbraucherschutzes[721] soll der *Fair Trading Act 1973* (FTA) vor allem vor arglistiger Übervorteilung schützen. Er enthält selbst jedoch keine materiellen Normen. Auf der Grundlage von Sec. 1 und 2 FTA wurde als zentrale Instanz des Verbraucherschutzes der *Director General of Fair Trading*[722] und seine Behörde, das *Office of Fair Trading* (OFT) geschaffen[723]. Zudem wurde das *Consumer Protection Advisory Committee* ins Leben gerufen[724]. Im Interesse der Kosumenten erwachsen dem *Director General* aus dem FTA[725] im Wesentlichen drei Aufgaben: Vorbereitung verbraucherschutzrechtlicher Gesetzgebung, Aufsicht über die Gewerbetreibenden und Information unter anderem der Öffentlichkeit.

Gemäß Teil II des FTA hat der *Director General* die Aufgaben, die komsumentenschutzrechtliche Normsetzung einzuleiten. Hält er den Erlass von Strafverordnungen für erforderlich, leitet er dem *Consumer Protection Advisory Committee* einen entsprechenden Verordnungsentwurf zu[726]. Teil III gibt dem *Director General* darüber hinaus die Kompetenz, gegen beharrlich fortgesetzte, unfaire Handelspraktiken, die Verbraucherinteres-

---

[721] Vgl. zum Ursprung des FTA *Harvey/ Parry*, Consumer Protection and Fair Trading, S. 319 f.; *Lowe/ Woodroffe*, Consumer Law and Practice, S. 267; der FTA umfasst Bestimmungen zum Kartellrecht, vgl. den kurzen Überblick zum Kartellrecht bei *Ulmer/ von Westerholt*, Rz. 37 m.w.N.; vgl. zu dieser Verknüpfung *Ohly*, Richterrecht und Generalklausel im Recht des unlauteren Wettbewerbs, S. 50 f. m.w.N.

[722] Das Amt wird traditionell mit einer Persönlichkeit aus Politik und Wirtschaft besetzt. Primär beschäftigt sich der *Director General* mit kartellrechtlichen Fragen (der aktuelle *Director General* heißt John Vickers).

[723] Das OFT ist zwar im FTA nicht ausdrücklich genannt, in Sec. 1 (5) FTA wird dem *Director General* aber die Möglichkeit eröffnet, Mitarbeiter zu bestimmen.

[724] Gemäß Sec. 3 (3) FTA.

[725] Daneben treten die durch Spezialgesetze zugewiesenen Aufgaben, wie z.B. Lizenzvergabe gem. *Consumer Credit Act 1974* und *Estate Agents Act 1979*, vgl. *Harvey/ Parry*, Consumer Protection and Fair Trading, S. 321 f.; *Oughton/ Lowry*, Textbook on Consumer Law, Rz. 2.1.1.2.3.; zur *Misleading Advertising Regulation 1988* siehe unten S. 123 f.

[726] Zur Vorbereitung der Normsetzung durch den *Director General* und zur Kritik an Teil II vgl. im übrigen *Oughton/ Lowry*, Textbook on Consumer Law, Rz. 2.1.1.2.1.; *Harvey/ Parry*, Consumer Protection and Fair Trading, S. 322 ff.; *Ohly*, Richterrecht und Generalklausel im Recht des unlauteren Wettbewerbs, S. 52; *Lowe/ Woodroffe*, Consumer Law and Practice, S. 269.

sen zuwiderlaufen, vorzugehen[727]. Das Merkmal *unfair* bedeutet dabei, dass gegen bestehende verbraucherschützende straf- oder zivilrechtliche Vorschriften verstoßen wird[728]. Der *Director General* kann gemäß Sec. 34 FTA dem betreffenden Gewerbetreibenden die Zusage abnehmen, diese Praxis in Zukunft zu unterlassen. Wird diese verweigert oder wird gegen eine gegebene Zusage verstoßen, kann der *Director General* beim zuständigen *Restrictive Practice Court* eine Unterlassungsverfügung beantragen, Sec. 37 FTA. Der Verstoß gegen eine solche Verfügung wird als Missachtung des Gerichts angesehen und ist strafrechtlich sanktioniert[729]. Gemäß Teil XII des FTA soll der *Director General* zudem die Öffentlichkeit[730] und den *Secretary of State* über Entwicklungen informieren, Verbände zum Erlass von *Codes of Practice* ermutigen[731] und Verbraucherbeschwerden untersuchen[732].

dd) Control of Misleading Advertisements Regulations 1988

Mit den *C ontrol of Misleading Advertisements Regulations 1988*[733] wur de die europäische Irreführungsrichtlinie in englisches Recht umgesetzt.

---

[727] Sec. 34 (2) und (3) FTA, vgl. dazu *Oughton/ Lowry*, Textbook on Consumer Law, Rz. 2.1.1.2.4.; *Lowe/ Woodroffe*, Consumer Law and Practice, S. 282 ff.

[728] Z.B. Verstoß gegen den *Trade Descriptions Act 1968*, vgl. *R v. Director General of Fair Trading, ex parte F.H. Taylor & Co. Ltd.* [1981] ICR 292; oder Verstoß gegen den *Food Safety Act 1990*, vgl. *Director General of Fair Trading v. Smith Bakeries (Westfield) Ltd.* (1978) *The Times*, 12. Mai 1978.

[729] Vgl. *Oughton/ Lowry*, Textbook on Consumer Law, Rz. 2.1.1.2.4.; vgl. dort auch zu der Frage einer Doppelbestrafung wegen Verstoß gegen bestehende Vorschriften und wegen Missachtung des Gerichts.

[730] Vgl. z.B. die Broschüre „*Your Rights When Shopping*", die sich vor allem an Verbraucher mit Lernbehinderung richtet, *Office of Fair Trading*, Annual Report 1999, S. 23.

[731] Sec. 124 FTA; 1999 waren über 40 *Codes of Practice* in Kraft, vgl. *Office of Fair Trading*, Annual Report 1999, S. 22; vgl. auch den Überblick zu den geltenden Regeln bei *Harvey/ Parry*, Consumer Protection and Fair Trading, S. 331 ff.; *Lowe/ Woodroffe*, Consumer Law and Practice, S. 148 ff.; *Miracle/ Nevett*, Voluntary Regulation of Advertising, S. 47 f.

[732] Während im Jahr 1999 noch ca. 500.000 Beschwerden von Verbrauchern erhoben wurden, waren es im Jahr 2000 bereits ca. 850.000 Beschwerden, vgl. *Office of Fair Trading*, Annual Report 1999, S. 81; *Office of Fair Trading*, Annual Report 2000, S. 128.

[733] SI 1988/915.

Werbung ist im Sinne der *Regulations 1988* irreführend, wenn sie zumindest geeignet ist, die Werbeadressaten zu täuschen und dadurch deren wirtschaftliches Verhalten zu beeinflussen oder einen Mitbewerber zu schädigen[734]. Täuschend in diesem Sinn ist Werbung jedenfalls dann, wenn über das beworbene Produkt eine falsche Behauptungen aufgestellt wird. Das wirtschaftliche Verhalten wird beeinflusst, wenn der Werbeadressat das Produkt wahrscheinlich kaufen wird[735]. Für die Bekämpfung irreführender Werbung ist der *Director General of Fair Trading* zuständig[736]. Er entscheidet über Beschwerden[737]. Diese Zuständigkeit ist jedoch in zweierlei Hinsicht subsidiär.

Zum einen muss sich der Beschwerdeführer zunächst bei den Institutionen der feiwilligen Selbstkontrolle um Abhilfe bemühen[738]. Damit soll die freiwillige Selbstkontrolle gestärkt und verhindert werden, dass der *Director General* deren Aufgaben übernimmt[739]. Im Fall fortgesetzt irreführender Werbung kann das Organ der freiwilligen Selbstkontrolle als letzten Ausweg den *Director General* anrufen. Dieser kann den Werbenden dann um eine Unterlassungserlärung ersuchen. Es liegt jedoch im Ermessen des *Director General*, hier einzuschreiten. Gibt der Werbende diese Erklärung nicht ab oder hält er sich nicht daran, kann der *Director General* beim *High Court* eine Unterlassungsverfügung beantragen, wenn ihm dies

---

734 Reg. 2 (2) Control of Misleading Advertisements Regulations 1988, deutsche Übersetzung GRUR Int. 1989, 846 – *Speedslim.*

735 *Director General of Fair Trading v.Tobyward Ltd.* [1989] 2 All ER 266 = GRUR Int. 1989, 846 (847) – *Speedslim.*

736 Reg. 4 Control of Misleading Advertisements Regulations 1988; vgl. für die Zuständigkeit der *Welsh Authority*, Reg. 10 und 11 i.V.m. Reg. 2 (1) und Teil I des Broadcasting Act 1990; für die Zuständigkeit für Werbung für Geldanlagen, Reg. 3 (1).

737 Im Jahr 1998 erhielt das OFT 103, im Jahr 1999 82 Beschwerden (vgl. *Office of Fair Trading*, Annual Report 1999, S. 27), im Jahr 2000 erhielt es 87 (*Office of Fair Trading*, Annual Report 2000, S. 77), im Jahr 2001 159 Beschwerden über irreführende Werbung (*Office of Fair Trading*, Annual Report 2001, S. 42); dem stehen nur sechs Unterlassungserklärungen sowie zwei gerichtliche Verfügung im Jahr 1999 (*Office of Fair Trading*, Annual Report 1999, S. 68) und fünf Unterlassungserklärungen und keine gerichtliche Verfügung im Jahr 2000 (*Office of Fair Trading*, Annual Report 1999, S. 77) gegenüber.

738 Reg. 4 (3) Control of Misleading Advertisements Regulations 1988.

739 Reg. 4 (4) (b) Control of Misleading Advertisements Regulations 1988; *Butterworths Trading Law/ Parry*, Band 3, Division 5, Rz. 416.

nach Abwägung aller betroffenen Interessen, insbesondere des öffentlichen Interesses angemessen erscheint[740]. Die dann folgende gerichtliche Entscheidung ist wiederum eine Ermessenentscheidung. Bislang sind zur Auslegung der *Regulations 1988* nur sehr wenige Verfügungsentscheidungen ergangen. In *Speedslim*[741] stellte Justice Hoffmann für seine Abwägung vor allem darauf ab, ob das System der freiwilligen Selbstkontrolle versagt hat und eine Unterlassungsverfügung im öffentlichen Interesse angemessen ist.

Die Zuständigkeit des *Director General* ist zum anderen insofern subsidiär, als die Kompetenz für Beschwerden gegen Werbung im kommerziellen Fernsehen und Rundfunk bei der *Independent Television Commission* (ITC) und der *Radio Authority* (RA) liegt[742]. Kommen ITC oder RA bei der Prüfung einer Beschwerde zu dem Ergebnis, dass die betreffende Werbung irreführend ist, können sie die ihnen durch Sec. 9 (6) und Sec. 93 (6) Broadcasting Act 1990 zugewiesenen Maßnahmen ergreifen[743]. Sie können etwa Privatsender, denen sie die Sendelizenzen erteilen[744], anweisen, die betreffende Werbung nicht zu senden.

Speziell zu irreführenden Werbevergleichen ist bisher, soweit ersichtlich, keine Entscheidung des *Director General* ergangen.

ee) Abwehranspruch bei Verstößen

Im englischen Rechtssystem besteht zwar die Möglichkeit einer Popularstrafklage. Somit kann grundsätzlich jedermann Ankläger in einem Strafverfahren sein[745]. In klaren und eindeutigen Fällen kann zudem neben der Strafsanktion Wiedergutmachung durch Entschädigung des Opfers

---

740 Vgl. Reg. 5 Control of Misleading Advertisements Regulations 1988.

741 *Director General of Fair Trading v.Tobyward Ltd.* [1989] 2 All ER 266 = GRUR Int. 1989, 846 (847) – *Speedslim.*

742 Reg. 8 Control of Misleading Advertisements Regulations 1988.

743 Reg. 9 (1) (a), (b) Control of Misleading Advertisements Regulations 1988.

744 Die ITC erteilt gemäß Teil I und II Broadcasting Act 1990, die RA gemäß Teil III Broadcasting Act 1990 Sendelizenzen.

745 Vgl. Sec. 6 Prosecution of Offences Act 1985; dies beruht auf dem britischen Verständnis, dass das Strafrecht Handlungen sanktioniert, die die öffentliche Ordnung und das geordnete Zusammenleben der Bürger erheblich stören; vgl. *Ulmer/ von Westerholt*, Rz. 88.

angeordnet werden (sog. *compensation order*)[746]. Eine zivilrechtliche Klagemöglichkeit enthalten die dargestellten Vorschriften jedoch sämtlich nicht. Nur die *action for breach of statutory duty*[747] gewährt bei Verstößen gegen straf- und verwaltungsrechtliche Normen unter bestimmten Voraussetzungen einen zivilrechtlichen Schadensersatzanspruch. Dieser ist mit § 823 Abs. 2 BGB vergleichbar. Die verletzte Norm muss dabei zum Schutz einer bestimmten Personengruppe erlassen worden und die Schädigung vom Schutzbereich der Norm umfasst sein. Darüber hinaus muss der Kläger als Folge der Gesetzesverletzung einen Schaden erlitten haben. Besondere Schwierigkeiten bereitet in der Regel die Frage, ob die verletzte Norm Individualschutz entfaltet[748]. Dabei stellt die Rechtsprechung auf die Zahl der geschützten Personen, die Art der vorgesehenen Strafe und darauf ab, ob der Verletzte auf andere Weise angemessenen Schadensersatz erhalten kann[749]. Grundsätzlich gehen sie eher davon aus, dass Gesetze die Allgemeinheit und nicht den Einzelnen schützen. Dies gilt auch bei verbraucherschutzrechtlichen Vorschriften[750]. So wurde für den *Trade Descriptions Act 1968* entschieden, dass er keinen Individualschutz entfaltet[751].

3. Codes of Practice (Freiwillige Werbeselbstkontrolle)

Die bestehenden Lücken des staatlichen Schutzes gegen unlauteren Wettbewerb werden für den Bereich der Werbung teilweise durch die freiwillige Selbstkontrolle geschlossen. Die für Werbung Verantwortlichen haben ein starkes Interesse daran, dass Werbung beim Publikum willkommen ist und positiv aufgenommen wird. Denn nur dann wird sie akzeptiert und ist wirkungsvoll und erfolgreich. Diese Konstellation führte

---

[746] Vgl. Secs. 35 ff. Powers of Criminal Courts Act 1973; vgl. dazu *Ulmer/ von Westerholt*, Rz. 88.

[747] Vgl. dazu im einzelnen *Clerk & Lindsell/ Jones*, Kapitel 11.

[748] Zum Teil wird im Gesetz ausdrücklich festgeschrieben, ob es Drittschutz entfaltet, vgl. dazu *Ohly*, Richterrecht und Generalklausel im Recht des unlauteren Wettbewerbs, S. 37 ff. m.w.N.; *Ulmer/ von Westerholt*, Rz. 30 m.w.N.; *Lowe/ Woodroffe*, Consumer Law and Practice, S. 262 f.

[749] Vgl. dazu *Oughton/ Lowry*, Textbook on Consumer Law, Rz. 7.4.1.; *Clerk & Lindsell/ Jones*, Rz. 11-09 bis 11-40.

[750] Vgl. *Lowe/ Woodroffe*, Consumer Law and Practice, S. 262 f.

[751] *H.P. Bulmer (H.P) Ltd. and Showerings Ltd. v. J. Bollinger S.A. Champagne Lanson Pere et Fils* [1978] RPC 79 (110).

zu der Überzeugung, dass die Belange der Adressaten und der Allgemeinheit im Rahmen einer freiwilligen Selbstkontolle angemessen berücksichtigt werden sollten[752]. Auch wenn die Kodizes der freiwilligen Selbstkontrolle nicht Gesetzesrecht, sondern lediglich Vereinbarungen der Beteiligten sind, bestimmen sie doch wesentlich die bestehenden Zulässigkeitsgrenzen von Werbung. Sie haben inhaltlich und methodisch große Ähnlichkeit mit kontinentaleuropäischen Wettbewerbsgesetzen, da sie die Werbung umfassend mit flexiblen und generell formulierten Vorschriften regeln[753].

a) Entwicklung

Schon als sich Ende des 19. Jahrhunderts die Werbung als eigene Branche zu entwickeln begann[754], entstanden die ersten selbstdisziplinären Einrichtungen für einzelne Wirtschaftsbranchen. Den Anfang machte im Bereich der Außenwerbung 1890 die *British Poster Advertising Association*, die gemeinsam mit der *London Poster Advertising Association* ab 1891 anstößige Plakatwerbung bekämpfte. Dem folgten Verbände für Heilmittel-, Film-, Rundfunk- und Fernsehwerbung, die sich jeweils verschiedene, branchenbezogene Verhaltenskodizes gaben. Als Ende der 1950er Jahre in England die Verbraucherbewegung aufkam, setzte das Handelsministerium das *Committee on Consumer Protection* ein. Es wurde nach seinem Vorsitzenden *Molony Committee* genannt. Dieses *Committee* sollte den Stand des Verbraucherschutzes in England untersuchen und gegebenenfalls erforderliche Maßnahmen vorschlagen. Um der Kritik des *Molony Committee*[755] und dem damit drohenden gesetzgeberischen Tätigwerden zuvorzukommen, beschlossen die Werbeverbände den

---

[752] Diese weist in England den wohl höchsten Entwicklungsstand auf, vgl. dazu *Brandmair*, Die freiwillige Selbstkontrolle der Werbung, S. 1; *Schricker*, GRUR Int. 1990, 112 (118).

[753] Vgl. *Ohly* in: *Schricker*, Recht der Werbung in Europa, Rz. 185.

[754] Zur Geschichte der freiwilligen Selbstkontrolle vgl. auch *Brandmair*, Die freiwillige Selbstkontrolle der Werbung, S. 35 ff.; *Ulmer/ von Westerholt*, Rz. 113; *Miracle/ Nevett*, Voluntary Regulation of Advertising, S. 33 ff.

[755] Der Verbraucherschutz durch die Werbeselbstkontrolle stellte sich als sehr lückenhaft dar: Die unterschiedliche Praxis der verschiedenen Verbände führte dazu, dass ein und dieselbe Werbeaussage den Mitgliedern eines Verbands erlaubt war, den Mitgliedliedern eines anderen Verbands dagegen nicht. Zudem wurde die Kontrolle als parteiisch angesehen, weil die Entscheidungskommissionen zum großen Teil mit Werbeleuten besetzt waren.

British Code of Advertising Practice (*BCAP*)[756]. Der erste *BCAP* trat 1961 in Kraft. Er basierte auf dem *International Code of Advertising Practice* der Internationalen Handelskammer sowie auf den Bestimmungen der Branchenverbände. Seitdem wurde der *BCAP* wiederholt erweitert. 1973 erhielt er einen wesentlichen Impuls, als der *Director General of Fair Trading* ankündigte, gesetzgeberische Maßnahmen vorzuschlagen, falls die Selbstkontrolle nicht effizienter würde. 1995 wurde der *BCAP* in wesentlichen Punkten neu gefasst und mit dem *British Code of Advertising Practice* zu den *British Codes of Advertisingand Sales Promotion* (*BCA*) vereinigt. Die vor Einarbeitung der Richtlinie 97/55/EG geltende 10. Auflage der *BCA* trat 1999 in Kraft und galt für Presse- und elektronische Werbung.

Daneben stellen der *ITC Code of Advertising Standards and Practice* (*ITC Code*) und der *Radio Authority Advertising and Sponsorship Code* (*RA Code*) für Werbung im privaten Fernsehen und Rundfunk zwei weitere zentrale Kodizes dar[757]. Mit dem *Broadcasting Act 1990* wurden die *Independent Television Commission* (ITC)[758] und die *Radio Authority* (RA)[759] geschaffen. Sie wurden verpflichtet, Bestimmungen zur Fernseh- und Rundfunkwerbung zu erlassen und umzusetzen. Mit dem *ITC Code* kam die ITC dem nach[760]. Die RA erließ den *RA Code*. Diese *Codes* sind somit zwar Teil der Selbstkontrolle, beruhen aber auf gesetzlicher Verpflichtung. Bis zur Einarbeitung der Richtlinie 97/55/EG galten der *ITC Code 1998* und der *RA Code 1996*.

b) Zuständige Organe für „Rechtssetzung“ und Kontrolle

Welches Organ für die Werbeselbstkontrolle zuständig ist, richtet danach, in welchem Medium die gegenständliche Werbung veröffentlicht wird.

---

[756] *Borrie* bezeichnet die *BCAP* als *„most sophisticated of all the self-regulatory codes of practice“*, vgl. *Borrie*, The Development of Consumer Law and Policy, S. 114.

[757] Die öffentlich-rechtliche Rundfunkanstalt BBC strahlt dagegen in ihren Radio- und Fernsehsendern keine Werbung aus, vgl. *Ohly* in: *Schricker*, Recht der Werbung in Europa, Rz.133.

[758] Sec. 9 (1) Broadcasting Act 1990.

[759] Sec. 93 (1) Broadcasting Act 1990.

[760] Zur früheren Kontrolle der Fernsehwerbung vgl. *Brandmair*, Die freiwillige Selbstkontrolle der Werbung, S. 46 ff.

Presse- und elektronische Werbung wird von der *Advertising Standards Authority* (ASA) und dem *Committee of Advertising Practice* (CAP) überwacht[761]. Während die ASA[762] Beschwerden gegen Werbung untersucht[763] und auf eigene Initiative die Einhaltung der für diese Werbung geltenden *BCA* überwacht, entwickelt das CAP die *BCA* weiter, ergänzt und erneuert sie. Es erarbeitet sogenannte *Help Notes*, die als Orientierung für bestimmte Werbeformen dienen[764].

Im Bereich der Fernseh- und Rundfunkwerbung obliegt es grundsätzlich der ITC und der RA, die Einhaltung des *ITC*- und des *RA Code* zu überwachen. Sie werden dabei durch das *Broadcasting Clearance Centre* beziehungsweise das *Radio Advertising Clearance Centre* unterstützt. Die *Codes* werden durch *Notes of Guidance* und *Practice Notes* ergänzt.

c) Durchsetzung

Vor der Veröffentlichung von Presse- und elekronischer Werbung können Werbende ihre Anzeige freiwillig durch das CAP überprüfen lassen. Wurde die Anzeige bereits veröffentlicht und wird ein Regelverstoß festgestellt, kommen verschiedene Sanktionen in Betracht[765]. Zunächst wird der

---

[761] Gemäß Clause 68.1 BCA 1999; daneben besteht das *Advertising Standards Board of Finance* (ASBOF) das für die Finanzierung der Werbeselbstkontrolle zuständig ist; die Selbstkontrolle wird in diesem Bereich durch Zuschläge auf Werbeausgaben getragen.

[762] Sie besteht aus 12 Mitgliedern, die zum Teil aus der Werbewirtschaft stammen, und im übrigen einen unterschiedlichen Hintergrund haben.

[763] Früher war die ASA nur für Beschwerden von staatlicher Seite, von Verbraucherverbänden und Verbrauchern zuständig, über die übrigen Beschwerden entschied das CAP, vgl. *Ulmer/ von Westerholt*, Rz. 115 m.w.N.

[764] So enthielt beispielsweise die *Help Note on Supermarket „Basket of Goods" Comparisons* Leilinien für den in England üblichen Vergleich durchschnittlicher Warenkörbe; sie ist herunterladbar von URL: http://www.cap.org.uk (zuletzt abgerufen am 31.12.2002).

[765] Statthaftes Rechtsmittel gegen die Entscheidung der ASA ist gemäß Clause 68.36 BCA 1999 der Widerspruch zum *Independent Reviewer*, einzulegen innerhalb von 14 Tagen; zur beschränkten gerichtlichen Überprüfung der ASA-Entscheidung vgl. *R. v. Advertising Standards Authority Ltd, ex parte Insurance Service Plc* [1989] Abr. 322; *Ohly* vergleicht diese gerichtliche Kontrolle mit der Anfechtungsklage des Verwaltungsrechts, vgl. *Ohly* in: *Schricker*, Recht der Werbung in Europa, Rz. 190, Fn. 316; zur Zuständigkeitskontrolle vgl. *R. v. Committee of Advertising Practice, ex parte Bradford Exchanges Ltd.* [1991] COD 43; vgl. auch *R.*

Werbende aufgefordert, die Werbung zurückzuziehen oder zu ändern. Kommt er dem nicht nach, werden die beteiligten Medienunternehmen über den Regelverstoß informiert und aufgefordert, die regelwidrige Werbung nicht weiter zu veröffentlichen[766]. Dieser Aufruf wird in 88% der Fälle befolgt[767]. Darüber hinaus publiziert die ASA ihre Beschwerdeentscheidungen im Internet und in ihrem Monatsbericht.

Von den lizenzierten Fernsehanstalten wird dagegen erwartet, dass sie jede Werbung vor ihrer Ausstrahlung durch das *Broadcasting Clearance Centre* auf Einhaltung der *Codes* überprüfen lassen. Dabei hat die Freigabe durch das *Clearance Centre* keine Bindungswirkung für ein späteres Verstoßverfahren der ITC[768]. Hält die ITC einen Regelverstoß für gegeben[769], verlangt sie zunächst von der Sendeanstalt, die Werbung zurückzuziehen. Kommt diese dem nicht nach, kann die ITC gegen die Sendeanstalt Geldbußen verhängen und ihr im äußersten Fall die Sendelizenzen entziehen[770].

Auch für Radiowerbung in lizenzierten Radiosendern ist eine Vorabkontrolle vorgesehen. Für sie ist der *Radio Advertising Clearance Centre* zuständig. Sie ist jedoch nur für „spezielle Werbung", also etwa Werbung für Wetten oder Glückspiel, für Alkohol oder Zigaretten,

---

v. Advertising Standards Authority, ex parte DSG Retail Ltd (1996) Lexis transcript 4 Dezember QBD.

[766] Zum einen haben sich die Medienunternehmen und ihrer Verbände verpflichtet, regelwidrige Werbung nicht zu veröffentlichen, zum anderen haben sie ein eigenes Interesse daran, ihre Leser nicht durch irreführende oder aggressive Werbung zu verprellen.

[767] Vgl. den *Advertising Standards Authority Annual Report 2002*, S. 13 herunterladbar von URL: http://www.asa.org.uk/annual_report/ar_2002/asa_ar2002.pdf (zuletzt aufgerufen am 15.08.2003).

[768] Vgl. *Crown*, Advertising Law and Regulation, S. 521 f.

[769] Zu Widerspruch und gerichtlicher Überprüfung vgl. *Crown*, Advertising Law and Regulation, S. 523 f.

[770] Vgl. *Ohly/ Spence*, The Law of Comparative Advertising, S. 17; zu den Sanktionen vgl. auch *Hartlage*, Vergleichende Werbung in England und Deutschland, S. 147 ff. m.w.N.; *Ohly* in: *Schricker*, Recht der Werbung in Europa, Rz.13 ff.

obligatorisch[771]. Im übrigen verfährt die RA bei Verstößen gegen den *RA Code* wie die ITC[772].

d) Allgemeine Werberegeln

Die drei genannten *Codes* gleichen sich stark in ihrem Aufbau. Den ersten Teil bilden stets allgemeine, sich stark ähnelnde Grundsätze (*prinicples*), die in den folgenden Teilen durch speziellere Bestimmungen ergänzt werden[773]. Die *Codes* sind sämtlich weit formuliert und lassen Interpretationsspielraum. Es ist ausdrücklich festgelegt, dass die Auslegung stets gleichermaßen nach Intention und Wortlaut vorzunehmen ist[774]. Damit unterscheiden sich die *Codes* stark von Gesetzten.

Sowohl der *BCA* als auch der *ITC*- und der *RA Code* enthielt die Bestimmung, Werbung solle grundsätzlich „*legal, decent, honest and truhtful*“ sein[775]. Diese vier Adjektive haben zentrale Bedeutung. Daneben setzte der *BCA 1999* in Clause 2.3 fest, dass jede Werbung die Grundsätze des im Wirtschaftsleben allgemein anerkannten fairen Wettbewerbs beachten soll[776]. Dies überrascht in Anbetracht der Weigerung von Rechtsprechung und Gesetzgebung, eine Generalklausel gegen unlauteren Wettbewerb zu schaffen. Im Bereich von Presse- und elektronischer Werbung waren die Werbenden hinsichtlich der Wahrheit ihrer Aussage darlegungs- und beweisbelastet, Clause 3.1 BCA 1999. Eine vergleichbare Bestimmung existiert zwar für Fernseh- und Rundfunkwerbung nicht. Die Sendeanstalten müssen aber dafür Sorge tragen, dass die Werbung mit dem jeweiligen *Code* übereinstimmt[777].

---

[771] Vgl. *Crown*, Advertising Law and Regulation, S. 495.

[772] Zu Widerspruch und gerichtlicher Überprüfung vgl. *Crown*, Advertising Law and Regulation, S. 497.

[773] Zu den hier weniger bedeutsam Bestimmungen insbesondere im Vergleich zur deutschen Rechtslage vgl. *Jergolla*, WRP 2003, 431 ff.

[774] Clause 2.8 BCA 1999; General Principles 3 ITC Code 1998; Section One Rule 1 RA Code 1996.

[775] Clause 2.1 BCA 1999; General Principles 1 ITC Code 1998; Section One Rule 1 RA Code 1996.

[776] Vgl. speziell zum Werbevergleich Rule 26 (a) ITC Code 1998 und Rule 14 RA Code 1996, siehe näher dazu unten S. 134 ff. bzw. S. 136 f.

[777] General Principles 2 ITC Code 1998; Section One Rule 3 RA Code 1996; Hintergrund ist wohl, dass sich der *ITC*- und *RA Code* an die Sender richtet, wohingegen der *BCA* die Werbenden selbst verpflichtet.

e) Besondere Bestimmungen zu vergleichender Werbung

In den genannten *Codes* existierten schon vor Einarbeitung der Richtlinie 97/55/EG spezielle Bestimmungen zur vergleichenden Werbung. Bemerkenswert ist, dass sowohl der *RA Code* als auch der *BCA* Übertreibungen, die als solche erkennbar sind, aus dem Anwendungsbereich der *Codes* herausnahmen. Sie ähnelten insoweit der Handhabung von sog. *Puffs* durch die Rechtsprechung[778].

aa) British Codes of Advertising and Sales Promotion 1999

Im Bereich der Presse- und elektronischen Werbung legten die Clauses 19 bis 21 BCA 1999 spezielle Anordnungen für Werbevergleiche fest[779]. Nach Clause 19.1 und 19.2 BCA 1999 waren Werbevergleiche zur Förderung des intensiven Wettbewerbs und zur Information der Öffentlichkeit grundsätzlich zulässig, soweit der Vergleich klar und fair war und der Werbende sich keinen künstlichen Vorteil verschaffte[780]. Eine zusätzliche Einschränkung enthielt Clause 50.18. Danach durfte die Wirkung von Medikamenten nicht miteinander verglichen werden. Gemäß Clause 20.1 BCA 1999 (*denigration*) sollten Werbende andere Unternehmen oder deren Produkte nicht unfair angreifen oder ein schlechtes Licht auf sie werfen[781]. Auch die Ausbeutung des Rufs war unzulässig, wenn der *goodwill* eines anderen, der mit dessen Warenzeichen, Name, Marke oder mit der Werbekampagne einer anderen Organisation verbunden war, unfair

---

[778] Vgl. Clause 3.4 BCA 1999 und Rule 4 RA Code1996.

[779] Nach der ersten Fassung des *BCAP* waren Werbevergleiche grundsätzlich unzulässig; schon zwei Jahre später wurden sie jedoch zugelassen, vgl. *Cornish*, GRUR Int. 1973, 679 (686); seit der 9. Auflage der *BCA* von 1995 waren die Bestimmungen zu Werbevergleichen allgemein gefasst.

[780] BCA 1999 (Comparisons) lautete: (19.1) Comparisons can be explicit or implied and can relate to advertisers' own products or to those of their competitors; they are permitted in the interests of vigorous competition and public information. (19.2) Comparisons should be clear and fair. The elements of any comparison should not be selected in a way that gives the advertisers an artificial advantage.

[781] BCA 1999 (Denigration) lautete: (20.1) Advertisers should not unfairly attack or discredit other businesses or their products. (20.2) The only acceptable use of another business's broken or defaced product in advertisements is in the illustration of comparative tests, and the source, nature and results of these should be clear.

gebraucht wurde, Clause 21.1 BCA 1999[782]. Für die Zulässigkeit vergleichender Werbung war also stets die Fairness des Vergleichs entscheidend. Wie folgende Entscheidungen zeigen, wurde dafür in erster Linie darauf abgestellt, ob der Vergleich irreführte. Darauf, ob der Vergleich den Konkurrenten übermäßig oder unsachlich herabsetzte, wurde dagegen nicht abgestellt. Dem lag zu Grunde, dass der *BCA 1999* vor allem Verbraucher- und nicht Konkurrenteninteressen schützen sollte.

Gegenstand einer Beschwerde des Autoherstellers *Vauxhall Motors Ltd*[783] war eine Werbeanzeige von *Daihatsu*. In dieser wurde das Automodell *Siron* von *Daihatsu* dem *Corsa* von *Vauxhall* gegenübergestellt wurde. Es wurde mit dem Slogan *„Buy the one on the right and you definitely need specs"* geworben. Darunter war rechts der *Corsa*, links der *Siron* abgebildet, mit jeweiligen Einzelangaben zu Modell und Preis. Zum *Corsa* wurden weit weniger Details angegeben als zum *Siron*, gleichzeitig war der *Corsa* teurer. In der Beschwerdeentscheidung wurde festgestellt, die Werbung sei irreführend, weil das abgebildete Modell des *Corsa* mindestens 18 Monate alt und bereits durch ein aktuelleres ersetzt worden war. Zudem sei der Vergleich unfair, weil sowohl das Layout als auch der Slogan irreführend implizierten, der *Corsa* habe zum angegebenen Preis nur die aufgezählten besonderen Eigenschaften.

Auf das Merkmal der Irreführung wurde auch in der Entscheidung über eine Beschwerde der Supermarktkette *Tesco* abgestellt[784]. *Tesco* wandte sich gegen die Werbung des Konkurrenten *Safeway*, in der dieser Warenkörbe verglich. Unter dem Slogan *„Mum says Tesco aren't very good at sums"* waren Quittungen von *Safeway* und *Tesco* für durchschnittliche Warenkörbe abgebildet. Der Preisvergleich wurde für irreführend und daher der Slogan für unfair verunglimpfend gehalten (Clause 20.1). *Safeway* hatte zudem nicht nachweisen können, dass die aufgestellte Behauptung, *Safeway* sei im Durchschnitt der meistgekauften Waren um 11,4% günstiger als *Tesco* zutraf. Da *Safeway* diesbezüglich

---

[782] BCA 1999 (Exploitation of Goodwill) lautete: (21.1) Advertisers should not make unfair use of the goodwill attached to the trade mark, name, brand, or the advertising campaign of any other organisation.

[783] Vgl. die Beschwerdeentscheidung *Daihatsu (UK) Ltd.* der ASA vom 12.04.1999, herunterladbar von URL: http://www.asa.org.uk (zuletzt aufgerufen am 15.08.2003).

[784] Vgl. die Beschwerdeentscheidung *Safeway Stores Plc* der ASA vom Dezember 1998, herunterladbar von URL: http://www.asa.org.uk (zuletzt aufgerufen am 15.08.2003).

aber beweispflichtig war, hielt man die Werbung für irreführend. Darüber hinaus habe man sieben Sonderangebote von *Safeway*, aber nur zwei von *Tesco* für den Warenkorb ausgewählt. Der Vergleich sei auch aus diesem Grund unfair. Diese Ausführungen wurden, wie allgemein bei den Beschwerdeentscheidungen üblich, nicht näher begründet.

bb) ITC Code of Advertising Standards and Practice 1998

Rule 25 ITC Code 1998[785] bestimmte, dass Preisvergleiche mit den Vorschriften des *Consumer Protection Act 1987* in Einklang stehen müssen. Im Interesse eines intensiven Wettbewerbs und zur Information der Öffentlichkeit waren Vergleiche mit anderen Werbenden, deren Produkten oder Dienstleistungen zulässig, wenn sie die Grundsätze des fairen Wettbewerbs beachteten und so gestaltet waren, dass keine Irreführungsgefahr bestand (Rule 26 ITC Code 1998[786]). Zudem durfte der Inhalt des Vergleichs nicht so gewählt sein, dass er dem Werbenden einen künstlichen Vorteil verschaffte. Die Vergleichsgegenstände mußten auf beweisbaren Tatsachen beruhen und durften nicht unfair ausgewählt sein. Insbesondere musste die Vergleichsgrundlage für alle verglichenen Produkte oder Dienstleistungen gleich sein. Sie musste klar dargelegt werden, so dass erkennbar war, dass Gleiches mit Gleichem verglichen wurde. Generelle Besserstellungsbehauptungen durften nicht auf der Grundlage von Einzelvergleichen gemacht werden. Gemäß

---

[785] 25 ITC Code 1998 (Prices and Price Claims) lautete: Advertisements indicating price, price comparisons or reductions must comply with all relevant requirements including those contained in the Consumer Protection Act 1987. Visual and verbal presentation of actual and comparative prices and cost must be accurate and incapable of misleading by omission, undue emphasis or distortion.

[786] 26 ITC Code 1998 (Comparisons) lautete: Advertisements containing comparisons with other advertisers, or other products or services, are permissible in the interest of vigorous competition and public information provided they comply with the terms of this rule and rule 27. (a) All comparative advertisements must respect the principles of fair competition and must be so designed that there is no likelihood of the consumer being misled as a result of the comparison, either about the product advertised or that with which it is compared. (b) The subject matter of a comparison must not be chosen in such a way as to confer an artificial advantage upon the advertiser. (c) Points of comparison must be based on facts which can be substantiated and must not be unfairly selected. In particular: (i) the basis of comparison must be the same for all the products or services being compared and must be clearly established in the advertisement so that it can be seen that like is being compared with like; (ii) generalised superiority claims must not be made on the basis of selective comparisons.

Rule 27 ITC Code 1998[787] durfte Werbung andere Produkte oder Dienstleistungen oder andere Werbende oder Werbung weder direkt noch indirekt unfair angreifen oder ein schlechtes Licht auf sie werfen.

Die meisten Beschwerden gegen Fernsehwerbung betrafen Fälle anstößiger und irreführender Werbung. Vergleichende Werbung war dagegen nur sehr selten Beschwerdegegenstand. In der ITC Entscheidung *Granada Digital Television*[788] ging es um die Reklame für das Angebot, ein Fernsehgerät mit separatem Decoder für £ 5 pro Woche zu mieten. Das Angebot beinhaltete die Möglichkeit, das Gerät bei gleichen Konditionen nach 2 Jahren gegen einen neuen Fernseher mit integriertem Decoder einzutauschen. Dabei behauptete der auftretende Moderator, um in der Fernsehtechnologie auf dem neuesten Stand zu bleiben, müsse man ansonsten £ 400 für einen Fernseher und ein paar hundert Pfund für einen separaten Decoder „verpulvern", um dann ein paar Jahre später ein teures integriertes Gerät zu kaufen. Den vorgenommenen Vergleich von Kauf- und Mietoption hielt die ITC für unfair. Er impliziere, dass man für nur £ 5 pro Woche ein Fernsehgerät im Wert von £ 400 mieten könne, obwohl das angebotene Gerät weniger kostete. Dies werde durch den Ausdruck „verpulvern" verstärkt. Beides zusammen impliziere Verschwendung.

In einer anderen Beschwerde[789] wandte sich ein Zuschauer gegen die Werbung für das Fitness-Gerät *Orbitrek*. Es wurde mit dem Werbespruch *„burn more calories than (...) on a treadmill, [obtain] more efficient butt toning action than on [a] stairclimber, tone hips faster than on a treadmill and tone (...) arms and shoulders more than on a rider"* geworben. Über andere, namentlich nicht genannte Fitness-Geräte wurde behauptet, sie seien gesundheitsschädlich. Diese Behauptungen wurden durch Aufnahmen von Personen unterlegt, die Schmerzen simulierten während sie andere Fitness-Geräte benutzen. Der Beschwerde wurde stattgegeben. Der Sender konnte die Wahrheit der Behauptungen nicht hinreichend beweisen,

---

[787] 27 ITC Code 1998 (Denigration) lautete: Advertisements must not unfairly attack or discredit other products or services, advertisers or advertisements expressly or by implication.

[788] Vgl. die Beschwerdeentscheidung *Granada Digital Television* der ITC vom 01.08.1998 in: *Television Advertising Complaints Reports*, herunterladbar von URL: http://www.itc.org.uk (zuletzt aufgerufen am 15.08.2003).

[789] Vgl. die Beschwerdeentscheidung *Orbitrek – PIN 24* der ITC in: *Television Advertising Complaints Reports*, herunterladbar von URL: http://www.itc.org.uk (zuletzt aufgerufen am 19.11.2002).

weshalb davon auszugehen war, dass die Werbung irreführte (Rule 24 ITC Code 1998). Zudem mache die Werbung herabwürdigende Äußerungen über konkurrierende Fitness-Geräte, so dass ein Verstoß gegen Rule 27 ITC Code 1998 vorliege. Über die hier problematische Frage der Erkennbarkeit eines Mitbewerbers wurden dagegen keine Ausführungen gemacht.

cc) Radio Authority Advertising and Sponsorship Code 1996

Rule 13 RA Code 1996[790] enthielt eine Bestimmung zu Preisangaben, die Rule 25 ITC Code 1998 im wesentlichen entsprach. Gemäß Rule 14 RA Code 1996[791] waren Vergleiche mit anderen Werbenden oder deren Produkten im Interesse eines regen Wettbewerbs und im öffentlichen Interesse grundsätzlich zulässig. Es musste jedoch sichergestellt sein, dass die Grundsätze des fairen Wettbewerbs eingehalten wurden und der Vergleich nicht geeignet war, den Zuhörer über eines der Produkte irrezuführen. Zudem durften die Vergleichskriterien nicht unfair ausgewählt sein und mussten auf beweisbaren Tatsachen beruhen. Der gewählte Vergleich durfte dem Werbenden keinen künstlichen Vorteil verschaffen und er durfte nicht herabwürdigend im Sinn von Rule 15 RA Code 1996 sein[792]. Eine Herabwürdigung lag danach vor, wenn andere Produkte, andere Werbende oder andere Werbung direkt oder indirekt unfair angegriffen oder ein schlechtes Licht auf sie geworfen wurde.

Der *Radio Advertising Clearance Centre* legte in seinem Kommentar[793] zu Rule 14 RA Code 1996 dar, dass beispielsweise der Slogan „*Snow White*

---

[790] Rule 13 RA Code 1996 (Price claims) lautete: Advertisements indicating price comparisons or reductions must comply with all relevant requirements of the Consumer Protection Act 1987 (section III) and Regulations made under it.

[791] Rule 14 RA Code 1996 (Comparisons) lautete: Advertisements containing comparisons with other advertisers, or other products, are permissible in the interest of vigorous competition and public information provided that: (a) the principles of fair competition are respected and the comparisons used are not likely to mislead the listener about either product; (b) points of comparison are based on fairly selected facts which can be substantiated; (c) comparisons chosen do not give an advertiser an artificial advantage over his competitor; (d) they comply with rule 15.

[792] Rule 15 RA Code 1996 (Denigration) lautete: Advertisements must not unfairly attack or discredit other products, advertisers or advertisements directly or by implication.

[793] Vgl. zu den Kommentaren *Crown*, Advertising Law and Regulation, S. 509 f.

washing powder – for cleaner whiter clothes with more effective stain removal" einen Vergleich mit allen Wettbewerbern darstellt, was in Anbetracht der fehlenden erkennbaren Bezugnahme überrascht. Zulässig sei diese Art von Vergleich nur, wenn der Werbende nachweist, dass ein umfassender Test aller auf dem Markt befindlichen Produkte durchgeführt wurde und sein Waschmittel dabei im Bereich Sauberkeit, Weißheit und der Fähigkeit, Flecken zu beiseitigen, die besten Ergebnisse erzielt hatte. Andernfalls müsse der Werbende darlegen, wie viele oder welche Marken parallel zu seinem Produkt getestet wurden und sich hinsichtlich der genannten Merkmale als schlechter erwiesen hatten. Der Vergleich müsse dann lauten: „*In tests against the three leading brands Snow White washed whiter*". Der Kommentar zu Rule 15 RA Code 1996 stellte klar, dass es zwar zulässig ist, dass der Werbende die erkennbaren Vorzüge seines Produkts herausstreicht. Jedoch erklärte er generelle und pauschale Herabwürdigungen des Produkts eines Wettbewerbers für unzulässig.

III. Rechtslage nach Erlass der Richtlinie 97/55/EG

1. Art, Inhalt und Handhabung der Richtlinienumsetzung

a) Keine richtlinienkonforme Auslegung vor Ablauf der Umsetzungsfrist

Ähnlich wie in Deutschland stellte sich auch in England die Frage, ob das geltende Recht vor Richtlinienumsetzung richtlinienkonform auszulegen ist. Anders als in der deutschen Testpreis-Angebot-Entscheidung lehnte Justice Jacob dies in der Entscheidung *British Airways PLC v. Ryanair Ltd.*[794] ab.

Gegenstand dieser Entscheidung war die Klage von *British Airways* gegen einen Preisvergleich der Fluglinie *Ryanair*. Diesen hatte *Ryanair* in Anspielung auf das Schimpfwort „bastards" mit „*Expensive BA___DS*!" beziehungsweise „*Expensive BA*" überschrieben. Die klagende Fluggesellschaft *British Airways* argumentierte, die streitgegenständliche Werbung stehe nur dann in Einklang mit den anständigen Gepflogenheiten im Sinn von Sec. 10 (6) TMA 1994, wenn sie die Voraussetzungen der Richtlinie 97/55/EG erfülle. Gestützt wurde dies auf die Entscheidung

794 *British Airways Plc v. Ryanair Ltd.* [2001] ETMR 235 (247) = [2001] FSR 541.

Inter-Environnement Wallonie[795] des EuGH und das *Marleasing principle*[796].

Justice Jacob folgte dem nicht, obwohl die Richtlinie zum Zeitpunkt der Entscheidung bereits in britisches Recht umgesetzt worden war. Er führte aus[797], maßgeblich sei der Zeitpunkt der Veröffentlichung der Werbung. Zu diesem Zeitpunkt sei die Umsetzungsfrist aber noch nicht abgelaufen gewesen. Über diese Tatsache könne auch die Entscheidung *Inter-Environnement Wallonie* des EuGH nicht hinweghelfen. Diese Entscheidung gebiete nicht, vor Ablauf der Umsetzungsfrist nationale Vorschriften richtlinienkonform auszulegen. Sie verbiete es den Mitgliedstaaten lediglich, sich außerstande zu setzen, der Richtlinie Wirkung zu verschaffen. Zudem müsse die Wahl der Umsetzungsart den Mitgliedstaaten überlassen werden.

b) Umsetzung: Control of Misleading Advertisements (Amendment) Regulations 2000

Der englische Gesetzgeber setzte die Richtlinie 97/55/EG durch die *Control of Misleading Advertisements (Amendment) Regulations 2000* um[798]. Dabei handelt es sich um ein untergesetzliches Regelwerk, vergleichbar mit der deutschen Verordnung. Sie trat am 23. April 2000 in Kraft. Erwartungsgemäß wurde die Richtlinie 97/55/EG, die die Irreführungsrichtlinie abändert, damit spiegelbildlich in die *Control of Misleading Advertisements Regulations 1988* eingearbeitet[799]. Die hier interessierenden Bestimmungen der Richtlinie 97/55/EG wurden nahezu wörtlich in Reg. 2 (2A) und Reg. 4A (1) und (2) der *Regulations*

---

[795] EuGH Rs. C-129/96, Inter-Environnement Wallonie/ Région wallonne, Slg. 97, I-7411, Rz. 45.

[796] Dieses gründet auf der Entscheidung EuGH Rs. C-106/89, Marleasing SA/ La Comercial Internacional de Alimentacón SA, Slg. 1990, I-4135 und begründet die Pflicht, sowohl das nationale Recht, das vor Richtlinienerlass in Kraft trat als auch das nationale Recht, das danach in Kraft trat im Licht des Wortlauts und des Sinns der Richtlinien auszulegen; vgl. dazu auch *Weatherill/ Beaumont*, EU Law, S. 409 ff.; *Horspool*, European Union Law, Rz. 7.11.

[797] Zu seinen weiteren Argumenten, vor allem das materielle Recht betreffend, siehe unten S. 146 ff.

[798] SI 2000/914.

[799] Vgl. etwa *Ohly/ Spence*, The Law of Comparative Advertising, S. 87.

2000 übernommen[800]. Darüber hinaus bestimmt Reg. 4A (3) der *Regulations 2000*, dass Reg. 4A weder ein zivilrechtliches Klagerecht (über die *Regulations* hinaus) verleiht (a) noch ein durch andere Vorschriften eingeräumtes Klagerecht schmälert (b). Eine allgemeine Bestimmung zur Beweislastverteilung enthalten die *Regulations 2000* nicht. Aus der positiven Formulierung des Reg. 4A[801] folgt jedoch, dass grundsätzlich der Beschwerdeführer hinsichtlich der Unzulässigkeit des Werbevergleichs beweisbelastet ist. Nach Reg. 6 (3), der Art. 6 RL umsetzt, kann vom Werbenden der Beweis für die Richtigkeit seiner Tatsachenbehauptung verlangt werden, wenn dies angemessen erscheint.

Die Einhaltung der *Regulations 2000* überwacht der *Director General of Fair Trading*. Das Verfahren ist ebenso ausgestaltet wie das zur Kontrolle irreführender Werbung, so dass auf die dazu gemachten Ausführungen verwiesen werden kann[802]. Soweit es sich um Werbung im kommerziellen Rundfunk oder Fernsehen handelt, liegt die Zuständigkeit bei der RA und der ITC. Soweit ersichtlich hat der *Director General* bislang keine Entscheidungen zu Werbevergleichen getroffen[803].

c) Freiwillige Werbeselbstkontrolle (Codes of Practice)

Art. 5 RL eröffnet den Mitgliedstaaten die Möglichkeit, vergleichende Werbung zusätzlich durch Einrichtungen der Selbstverwaltung kontrollieren zu lassen. Wie schon für irreführende Werbung, bestimmen die *Regulations* auch für vergleichende Werbung, dass sich der Beschwerdeführer zunächst bei den Institutionen der feiwilligen Selbstkontrolle um Abhilfe bemühen muss[804], bevor er den *Director General* anruft. Die ASA leitet daher die Angelegenheit dem *Director General* erst weiter, wenn unzulässige vergleichende Werbung trotz einer gegen sie ergangenen Entscheidung weiter veröffentlicht wird (Clause 61.10 BCA 2003). Für Werbung im kommerziellen Fernsehen und

---

800 Einzig der Verweis in Art. 3a Abs. 1 lit. a RL auf Artikel 2 Nr. 2, Art. 3 und Art. 7 Abs. 1 fehlt.

801 Reg. 4A Regulations 2000 „*A comparative advertisement shall (...) be permitted only when the following conditions are met*".

802 Siehe dazu oben S. 123 f.

803 Weder in den *Annual Reports 2000, 2001, 2002* des *Office of Fair Trading* noch auf der Internetseite (www.oft.gov.uk) sind Entscheidungen veröffentlicht.

804 Vgl. Reg. 4 (3) Control of Misleading Advertisements (Amendment) Regulations 2000.

Rundfunk sind statt des *Director General* die ITC und die RA zuständig. Für die Rechtswirklichkeit vergleichender Werbung sind daher neben den *Regulations 2000* auch die *Codes of Practice* der freiwilligen Selbstkontrolle mitbestimmend[805]. Mittlerweile wurden sämtliche *Codes* der Richtlinie angepasst, indem die Richtlinienbestimmungen nahezu wörtliche übernommen wurden. Bemerkenswert ist, dass sowohl der *RA Code* als auch die *BCA* weiterhin *puffery* aus ihrem Anwendungsbereich ausnehmen[806].

Nachfolgend werden die betreffenden Bestimmungen und ihre Handhabung durch die Selbstkontrollorgane untersucht.

aa) British Codes of Advertising and Sales Promotion 2003

Die *British Codes of Advertising and Sales Promotion 1999* (*BCA 1999*) wurden mit Geltung zum 23. April 2000 durch ein *Addendum 1: Comparative advertisements* ergänzt. Dieses bestimmt, dass die *Regulations 2000* und die Richtlinie 97/55/EG bei der Anwendung der Bestimmungen zur vergleichenden Werbung zu beachten sind. Das *Addendum* gab den Wortlaut von Art. 3a und Art. 2 Nr. 2a RL wörtlich wieder[807]. Am 4. März 2003 erließ das CAP die 11. Auflage des *BCA*, in die die Richtlinie eingearbeitet und in den Clauses 18, 20, 21 und 34.1.b und c weitgehend wörtlich übernommen wurde[808].

Zwar traf die ASA seit Ergänzung der *BCA* zahlreiche Entscheidungen zu vergleichender Werbung. Sie wandte dabei aber weder die *Regulations*

---

[805] Das *Departement of Trade and Industriy* vertrat die Auffassung, die *Codes of Practice* entsprächen weitestgehend den Bestimmungen der Richtlinie 97/55/EG, vgl. DTI, Consumer Affairs Directorate 3a, *Control of Misleading Advertisements: Consultation,* herunterladbar von URL: http://www.dti.gov.uk/ccp/archive/consultations/misad2000.htm (zuletzt aufgerufen am 15.08.2003).

[806] Vgl. Clause 3.3 BCA 2003 und Rule 4 RA Code 2000; vgl. dazu auch die Beschwerdeentscheidung *R & R Productions Ltd* der ASA vom 06.12.2002, herunterladbar von URL: http://www.asa.org.uk (zuletzt aufgerufen am 15.08.2003).

[807] Im Januar 2003 erließ das *Committee of Advertising Practice* (CAP) eine *Help Note on Retailers` Price Comparison*, herunterladbar unter URL: http://www.cap.org.uk (zuletzt abgerufen am 15.08.2003); zwar wird in ihnen auf die Voraussetzungen der *Regulations 2000* hingewiesen, diese werden aber nur wiedergegeben und nicht weiter erklärt.

[808] Insgesamt zu den Änderungen sowie zu den Unterschieden zum Wortlaut der Richtlinie vgl. *Jergolla*, WRP 2003, 606.

2000[809] noch die neuen Bestimmungen des *BCA 2003* an. Soweit ersichtlich, geht auch keine der neueren ASA-Entscheidungen auf die neue Definition der vergleichenden Werbung ein. Insbesondere wird die Frage, wann zumindest mittelbare Erkennbarkeit vorliegt und ob Spitzenstellungswerbung in den Anwendungsbereich der Bestimmungen fällt, nicht erörtert[810]. Aber auch die Zulässigkeitsvoraussetzungen werden nicht geprüft[811].

In der Beschwerdeentscheidung *Ryanair Ltd*[812] hielt die ASA den Vergleich von Flugpreisen von *Ryanair* mit denen von *British Airways* für irreführend, ohne den angelegten Irreführungsmaßstab zu erörtern. Der von *Ryanair* angegebene Preis galt, anders als derjenige der *BA*, erst ab April 2002. Darauf wurde in der Anzeige jedoch nicht hingewiesen. Auf die Frage fehlender Vergleichbarkeit (Art. 3a Abs. 1 lit. b RL), etwa wegen fehlender Substituierbarkeit, ging die ASA dagegen nicht ein. Auch für einen von *Safeway* vorgenommenen Preisvergleich stellte die ASA nicht auf die besonderen Voraussetzungen, etwa die des Vergleichs mit Sonderangeboten (Art. 3a Abs. 1 lit. b RL)[813], ab[814].

Das Herabsetzungs- und Rufausbeutungsverbot prüft die ASA anhand der gleichen Maßstäbe wie vor Erlass des *Addendums* und der 11. Auflage. Dabei stellt sie jedoch nie klar, auf welche Kriterien es ankommt. Auch fehlt es stets an einer wirklichen Begründung des gefundenen Ergebnisses. In der Regel ist maßgeblich, ob die betreffende Werbung wahr und sachlich

---

809 So auch *Jergolla*, WRP 2003, 606 (608).

810 Vgl. die Beschwerdeentscheidungen der ASA *Alpor (UK) Ltd* vom 26.03.2003 zum Werbeslogan „*(...)the UK's biggest selling dairy free alternative to fresh milk*" und *Anheuser-Busch Europe Ltd* vom 19.03.2003 (beides herunterladbar von URL: http://www.asa.org.uk, zuletzt aufgerufen am 15.08.2003) zum Werbeslogan „*Fresh beer tastes better*".

811 Zum für den anwendbaren *Codes* maßgeblichen Zeitpunkt vgl. *Jergolla*, WRP 2003, 606 (607).

812 Vgl. die Beschwerdeentscheidung *Ryanair Ltd* der ASA vom 31.07.2002, herunterladbar von URL: http://www.asa.org.uk (zuletzt aufgerufen am 15.08.2003).

813 Danach muss der Zeitpunkt des Endes und gegebenenfalls des Beginns des Sonderangebots klar und eindeutig angegeben werden, was bei Kleindruck zumindest zweifelhaft ist.

814 Vgl. die Beschwerdeentscheidung *Safeway Stores Plc* der ASA vom 05.02.2003, herunterladbar von URL: http://www.asa.org.uk (zuletzt aufgerufen am 15.08.2003).

ist[815]. So hielt die ASA eine Werbeanzeige von *EasyJet* für herabwürdigend, in der unter der Überschrift *„Don't get caught in the Great Train Robbery!"* die Aufforderung stand, die 10%ige Preiserhöhung von *Virgin Rail* zurückzuweisen. Da der Werbende die Wahrheit dieser Preiserhöhung nicht nachwies, ging die ASA von Herabsetzung aus[816]. Andererseits erblickte sie in der Werbeüberschrift *„QueasyJet"*[817] von *Virgin Rail* wegen des lebhaften Wettbewerbs keine Herabwürdigung[818]. Dies überrascht um so mehr, da es sich beide Male um den selben Markt handelte. Sowohl Herabwürdigung als auch unzulässige Rufausbeutung wurde in der Werbung eines Internetcafés gesehen. Unter der Überschrift *„Stelios says: Tear up your AOL account"* wurde eine Person gezeigt, die ein Papier mit dem AOL Logo zerriss, auf dem *„AOL Subscription"* stand[819]. Die ASA sah auch in einer Werbeanzeige, die Besteck unter anderem mit dem Werbespruch *„our superbly priced stainless steel cutlery comes in one of Sheffield's most classic designs (...). One of the most popular Sheffield designs"* bewarb, unlautere Rufausbeutung der eingetragenen Marke *Sheffield*[820]. Im übrigen behandelte die ASA Rufausbeutung oft im Zusammenhang mit Irreführung[821].

bb) ITC Advertising Standards Code 2002

Der *ITC Code* der *Independent Television Commission* (ITC) wurde erst im September 2002 überarbeitet. Zwar stellt *Rule 5.4.6* (*Comparative advertising*) selbst für die Zulässigkeit von Werbevergleichen nicht auf die

---

[815] Vgl. *Jergolla*, WRP 2003, 431 (445) noch zur 10. Auflage der *BCA*.

[816] Vgl. die Beschwerdeentscheidung *EasyJet Airline Co Ltd* der ASA vom 19.09.2001, herunterladbar von URL: http://www.asa.org.uk (zuletzt aufgerufen am 31.03.2003).

[817] Queasy heißt „übel", „schlecht", durch den Zusatz *Jet* wird der Bezug zu *EasyJet* deutlich.

[818] Vgl. die Beschwerdeentscheidung *Virgin Rail Group Ltd* der ASA vom 12.07.2000, herunterladbar von URL: http://www.asa.org.uk (zuletzt aufgerufen am 15.08.2003).

[819] Vgl. die Beschwerdeentscheidung *easyEverything Ltd* der ASA vom 12.12.2001, herunterladbar von URL: http://www.asa.org.uk (zuletzt aufgerufen am 15.08.2003).

[820] Vgl. die Beschwerdeentscheidung *Selective Marketplace Ltd* der ASA vom 11.10.2000, herunterladbar von URL: http://www.asa.org.uk (zuletzt aufgerufen am 15.08.2003).

[821] Vgl. die Beschwerdeentscheidung *Harlequin Mills & Boon Ltd t/a Harlequin Enterprises* der ASA vom 25.09.2002, herunterladbar von URL: http://www.asa.org.uk (zuletzt aufgerufen am 15.08.2003).

Richtlinienvoraussetzungen ab. In den *Notes* zu *Rule 5.4.6* wird aber auf die *Regulations 2000* hingewiesen und werden die Reg. 2 (2A), 4A (1) und (2) weitgehend wörtlich wiedergegeben. Nur der Begriff der vergleichenden Werbung ist weiter gefasst. Auf das Merkmal der Erkennbarkeit wird ausdrücklich verzichtet. Bislang wurden, soweit ersichtlich, die *Notes* zu *Rule 5.4.6* (*Comparative advertising*) und damit die *Regulations 2000* in keiner Entscheidungen angewandt.

So stützte die ITC die Entscheidung *Intelligent Finance* einzig auf *Rule 5.2* (*Claims*) in *Section 5* (*Misleading Advertising*), weil die dargestellten Leistungsunterschiede tatsächlich nicht bestanden[822]. In dem gegenständlichen Fernsehwerbespot wurde ein ehemaliger Kunde der Internet Bank *Virgin One* gezeigt, der die Vorteile seiner neuen Internet Bank *Intelligent Finance* aufzeigte und abschließend sagte *„it makes me better off and I pay less. See if you could be better off with Intelligent Finance call...*“. Die ITC kam somit zum gleichen Ergebnis wie die ASA, die über eine ähnliche Werbung in der Presse entschieden hatte[823]. Auch in der Entscheidung *Auctionworld* wurden nicht die besonderen Voraussetzungen der vergleichenden Werbung geprüft. Hier wurde der Gerätepreis für ein Mobiltelefon in Kombination mit einem Pre-Paid-Angebot dem Gerätepreis in Kombination mit einem Mobilfunkvertrag gegenübergestellt. Zwar befand die ITC, dass nicht Gleiches mit Gleichem verglichen werde, was auf Art. 3a Abs. 1 lit. b RL hindeutet, und dass der Vergleich undurchsichtig sei, was an das Kriterium der Nachprüfbarkeit in Art. 3a Abs. 1 lit. c RL erinnert. Sie bejahte aber dennoch nur einen Verstoß gegen *Rule 5.3.1* (*Accurate pricing*)[824]. Eine andere Entscheidung befasste sich mit der Reklame für einen Ring, der in Anspielung auf die Marke *Gucci*, als ähnlich einem Ring beschrieben wurde, *„currently*

---

[822] Vgl. die Beschwerdeentscheidung *Intelligent Finance - Marketing* der ITC vom 01.09.2002 in: *Television Advertising Complaints Reports*, herunterladbar von URL: http://www.itc.org.uk/itc_publications/ (zuletzt abgerufen am 15.08.2003).

[823] Vgl. die Beschwerdeentscheidung *Halifax Plc t/a Intelligent Finance* der ASA vom 05.03.2003, herunterladbar von URL: http://www.asa.org.uk (zuletzt aufgerufen am 15.08.2003).

[824] Vgl. die Beschwerdeentscheidung *Auctionworld* der ITC vom 01.10.2002 in: *Television Advertising Complaints Reports*, herunterladbar von URL: http://www.itc.org.uk/itc_publications/ (zuletzt abgerufen am 15.08.2003).

available from a shop beginning with Gu and ending in e“[825]. Die ITC ging dabei nicht auf das Verbot der Rufausbeutung (Art. 3a Abs. 1 lit. g RL) ein. Sie bejahte nur einen Verstoß gegen *Rule 5.3.1* (*Accurate pricing*) und wies den Einwand des Werbenden zurück, es handle sich um „*mere hyperbole*“. Soweit ersichtlich, wurde auch in keiner anderen Entscheidung die Frage der Rufausbeutung erörtert. Gleiches gilt für das Herabwürdigungsverbot.

cc) Radio Authority Advertising and Sponsorship Code 2000

Die *Radio Authority* erließ im Dezember 2000 einen überarbeiteten *Advertising and Sponsorship Code* (*RA Code*). Rule 7 (*Fair Comparisons*) selbst wurde nicht verändert[826]. Die maßgeblichen Bestimmungen der *Regulations 2000* wurden nur wörtlich angefügt. Zwar erging seit Einarbeitung der Richtlinie eine Vielzahl von Beschwerdeentscheidungen. Jedoch wandte keine die neuen Bestimmungen zu vergleichender Werbung an.

In der Radiowerbung von *Scottish Gas*, in der mit dem Werbespruch „*Getting both your gas and electricity from Scottish Gas is cheaper than having both supplied by Scottish Power. Or put it another way – gas and electricity from British Gas is less expensive, is more modestly priced (...)*“ geworben wurde, wurde zwar ein Vergleich gesehen. Dieser wurde aber nicht anhand der Kriterien der *Regulations 2000* untersucht. Die Frage der Irreführung wurde vielmehr separat erörtert, ohne dass klar wurde, auf welchen Irreführungsmaßstab abzustellen ist[827]. Auch die Werbung „*(...) unlike BT we'll give you unlimited local and national calls anytime for just £ 25 a month (...)*“ von *Telewest* wurde nicht an den Maßstäben der Richtlinie gemessen[828]. Die RA stellte zwar fest, dass sich die verglichenen Leistungen entsprechen, stellte dabei aber nicht auf Art. 3a Abs. 1 lit. b RL (gleicher Bedarf oder dieselbe Zweckbestimmung) ab. Auch in dem Slogan

[825] Vgl. die Beschwerdeentscheidung *Simply Jewellery* der ITC vom 05.02.2003 in: *Television Advertising Complaints Reports*, herunterladbar von URL: http://www.itc.org.uk/itc_publications/ (zuletzt abgerufen am 15.08.2003).

[826] Rule 7 entspricht Rule 14 der alten Fassung.

[827] Vgl. die Beschwerdeentscheidung *Scottish Gas* der RA, in *Quaterly Advertising Bulletin – All Complaints – Quater 43 (July – September 2001)*, S. 47, herunterladbar von URL: http://www.radioauthority.org.uk (zuletzt abgerufen am 15.08.2003).

[828] Vgl. die Beschwerdeentscheidung *Telewest* der RA, in *Quaterly Advertising Bulletin – All Complaints – Quater 46 (April – June 2002)*, S. 37, herunterladbar von URL: http://www.radioauthority.org.uk (zuletzt abgerufen am 15.08.2003).

„some other stores demand that you return their blockbuster movie by 12 noon" wurde zwar wegen der Satzbetonung eine Bezugnahme auf die Videothekenkette *Blockbuster* gesehen. Der Schluss, dass es sich um vergleichende Werbung handelt, die nur unter den Voraussetzungen der *Regulations 2000* zulässig ist, wurde dagegen nicht gezogen[829].

In einigen Entscheidungen ging die RA auf das Herabsetzungsverbot ein. Es fehlen jedoch nähere Ausführungen dazu, auf welche Kriterien bei der Beurteilung abzustellen ist. Die RA hielt einen Radiowerbespot nicht für herabwürdigend, in dem sich eine Person übergab, die den Namen einer Lebensmittelmarke trug. Der Name werde in dieser Konstellation keinen negativen Einfluss auf die Produkte des Lebensmittelherstellers haben[830]. Andererseits sah sie in dem Slogan *„all other office furniture businesses (...) is a waste of space"* eines Möbelherstellers eine Herabwürdigung[831]. Auf die Frage der Erkennbarkeit ging die RA dabei nicht ein. Insgesamt stellt die RA für das Merkmal der Herabwürdigung mehr darauf ab, ob die Stimmung in dem betreffenden Werbespot aggressiv und unwürdig ist. Ob ein konkreter Konkurrent herabgewürdigt wird, ist weniger entscheidend[832]. Auf das Verbot der Rufausbeutung ging die RA in keiner

---

[829] Vgl. die Beschwerdeentscheidung *Global Video* der RA, in: *Quaterly Advertising Bulletin – All Complaints – Quater 48 (October – December 2002)*, S. 26, herunterladbar von URL: http://www.radioauthority.org.uk (zuletzt abgerufen am 15.08.2003).

[830] Vgl. die Beschwerdeentscheidung *Teletext Holidays* der RA, in: *Quaterly Advertising Bulletin – All Complaints – Quater 48 (October – December 2002)*, S. 20, herunterladbar von URL: http://www.radioauthority.org.uk (zuletzt abgerufen am 15.08.2003).

[831] Vgl. die Beschwerdeentscheidung *Woods Office Furniture* der RA, in: *Quaterly Advertising Bulletin – All Complaints – Quater 47 (July – September)*, S. 50, herunterladbar von URL: http://www.radioauthority.org.uk (zuletzt abgerufen am 15.08.2003).

[832] Vgl. folgende Beschwerdeentscheidungen der RA, jeweils herunterladbar von URL: http://www.radioauthority.org.uk (zuletzt abgerufen am 15.08.2003): *Woolworth's*, in: *Quaterly Advertising Bulletin – All Complaints – Quater 41 (January – March 2001)*, S. 52, zur Herabwürdigung des Landes Australien; *White Rose Shopping Centre*, in: *Quaterly Advertising Bulletin – All Complaints – Quater 43 (July – September 2001)*, S. 51, zur Herabwürdigung des Einkaufscenters Wakefield; *The Bonnington Hotel*, in: *Quaterly Advertising Bulletin – All Complaints – Quater 46 (April – June 2002)*, S. 42, zur Herabwürdigung der Londoner Taxifahrer; *easyJet*, in: *Quaterly Advertising Bulletin – All Complaints – Quater 48 (October – December 2002)*, S. 44, zur Herabwürdigung der Kunstskihalle Rossendale.

der Entscheidungen ein, obwohl auch der alte *Code* ein entsprechendes Verbot enthielt.

2. Keine Umsetzung durch die Rechtsprechung

Wie bereits dargestellt, bestimmt Reg. 4A (3) der *Regulations 2000*, dass durch sie weder ein zivilrechtliches Klagerecht entstehen (a) noch ein bestehendes Klagerecht geschmälert werden soll (b). Daraus ist bereits erkennbar, dass die Richtlinie 97/55/EG, abgesehen vom Umsetzungstext, das übrige englische Recht unbeeinflusst lassen soll.

a) Rechtsprechung zum Trade Marks Act 1994

Es stellt sich zunächst die Frage, ob Sec. 10 (6) TMA 1994 zur Vollendung der Richtlinienumsetzung ergänzt oder zumindest im Licht der Richtlinie ausgelegt werden muss[833]. Sec. 10 (6) lässt in seiner derzeitigen liberalen Interpretation vergleichende Werbung auch in Fällen zu, in denen die Voraussetzungen der Richtlinie nicht erfüllt sind[834]. Die Richtlinie regelt vergleichende Werbung aber sowohl im positiven als auch im negativen Sinn abschließend. Dennoch wird ein Anpassungsbedarf überwiegend verneint[835]. Auch das *Departement of Trade and Industry* (DTI) vertrat die Auffassung, der TMA 1994 müsse nicht geändert werden. Gegenstand des TMA 1994 sei der Gebrauch eingetragener Marken. Würde die Marke im Rahmen vergleichender Werbung gebraucht, müssten zudem den Bestimmungen der *Regulations 2000* erfüllt sein[836].

---

[833] Vgl. dazu auch *Kerly's Law of Trade Marks and Trade Names*[13], Rz. 13-89 f.; *Gyngell/ Poulter*, A User's Guide to Trade Marks and Passing Off, S. 209 ff.; *Spence*, EIPR 2001, 539 (541); vgl. *Walsh*, TMW Mai 1995, 33 (37); *Saltzman/ Allgrove*, TMW November/ Dezember 1996, 32 (35).

[834] Vgl. auch *Michaels*, A Practical Guide to Trade Mark Law[3], Rz. 4.56.

[835] Vgl. *Cornish*, Intellectual Property, Rz. 17-107; vgl. dazu auch *Pickering*, Trade Marks in Theory and Practice, S. 138 f.; *Fowler*, EIPR 2001, 300 (301 f.); *Fröndhoff*, Die Inhaltsbeschränkungen irreführender und vergleichender Werbung, S. 149; *Hartlage*, Vergleichende Werbung in England und Deutschland, S. 215.

[836] Vgl. DTI, Consumer Affairs Directorate 3a, *Control of Misleading Advertisements: Consultation*, herunterladbar von URL: http://www.dti.gov.uk/ccp/archive/consultations/misad2000.htm (zuletzt aufgerufen am 15.08.2003).

Soweit ersichtlich, nahm die Rechtsprechung zu dieser Frage bislang einzig in der Entscheidung *British Airways v. Ryanair*[837] Stellung. Die klagende Fluggesellschaft *British Airways* argumentierte, die Markenbenutzung in einem Werbevergleich sei nur dann gerechtfertigt i.S.v. Sec. 10 (6) TMA 1994, wenn die Voraussetzungen der Richtlinie 97/55/EG erfüllt seien[838]. Justice Jacob stellte fest, „*[c]ompliance with most of these [Art. 3a Abs. 1 RL] conditions will obviously be necessary to comply with s. 10 (6). But there is one significant extra – „denigration*"'"[839] und fährt fort „*[Y]ou can be offensive about another's trade mark or name without being dishonest. The Bastards headline does just that*"[840]. *Spence* fragt zu Recht, in welchen Fällen die anständigen Gepflogenheiten in gewerblichen Angelegenheiten entgegenstehen, wenn nicht bei Gebrauch eines Schimpfworts mit erkennbarem Bezug auf den Konkurrenten[841]. Justice Jacob erkannte zwar an, dass die Werbung gegen die Richtlinie verstößt. Er folgerte daraus aber nicht, dass dies auch eine Rechtfertigung gemäß Sec. 10 (6) ausschließt. Er legte Sec. 10 (6) also nicht im Lichte der Richtlinie aus. Die Richtlinie 97/55/EG sei nicht erlassen worden, um die Markenrechtsrichtlinie oder deren nationale Umsetzungsvorschrift zu ändern. Sie bestimme vielmehr selbst die Auswirkungen auf das Markenrecht (Erwägungsgrund 15 Richtlinie 97/55/EG). Zudem sei die Umsetzung der Richtlinie den Mitgliedstaaten überlassen. Darüber hinaus berief er sich auf Reg. 4A (3) der *Regulations 2000*[842].

In wieweit diese Entscheidung Präzedenzwirkung hat, muss sich zeigen. Der Umstand, dass Justice Jacob seine Entscheidung auch damit

---

[837] *British Airways Plc v. Ryanair Ltd.* [2001] ETMR 235; zum Gegenstand dieser Entscheidung siehe oben S. 137 f.

[838] *British Airways Plc v. Ryanair Ltd.* [2001] ETMR 235 (245, Rz. 24).

[839] Bemerkenswert ist, dass die *BA* mit ihrer Beschwerde gegen die Anzeige „*Expensive BA__DS!*" zur ASA Erfolg hatte, die ASA hielt die Werbung schon vor Umsetzung der Richtlinie 97/55/EG und In-Kraft-Treten der *Regulations 2000* für *offensive*, vgl. die ASA Beschwerdeentscheidung *Ryanair Ltd* vom 09.06.1999, herunterladbar von URL: http://www.asa.org.uk (zuletzt aufgerufen am 15.08.2003).

[840] *British Airways Plc v. Ryanair Ltd.* [2001] ETMR 235 (246).

[841] *Spence*, EIPR 2001, 539 (541); vgl. auch *Fowler*, die aus der Entscheidung *BA v. Ryanair* den Schluss zieht, dass auch ein als vulgär erachteter Zeichengebrauch nicht ohne weiteres die Einrede von Sec. 10 (6) TMA 1994 ausschließt, *Fowler*, EIPR 2001, 300 (302); zustimmend dagegen *Stallard*, TMW März 2001, 22.

[842] *British Airways Plc v. Ryanair Ltd.* [2001] ETMR 235 (247).

begründete, dass die Richtlinien zum Zeitpunkt der Veröffentlichung der Werbung noch nicht in britisches Recht umgesetzt worden war, relativiert ihre Bedeutung.

b) Rechtsprechung zu Injurious Falsehood

Unter den dargestellten *common law*-Ansprüchen hätte sich vor allem die Auslegung des *tort of injurious falsehood* durch die Umsetzung der Richtlinie ändern können. So hätte die Wertungen der Richtlinie in den *tort* einfließen können, indem das Tatbestandsmerkmal der *malice* weiter ausgelegt wird[843]. In *British Airways v. Ryanair*[844] legte Justice Jacob den Tatbestand der *injurious falsehood* jedoch in klassischer Weise aus. Er befand, die Werbung von *Ryanair* sei im Grunde wahr („*in substance true*"), obwohl *British Airways* als fünfmal so teuer wie *Ryanair* dargestellt wurde, in Wahrheit aber nur dreimal so teuer war[845]. Auch in der Entscheidung *DSG Retail Ltd v. Comet Group Plc*[846] wurden die Voraussetzungen der *injurious falsehood* nicht unter Berücksichtigung der Richtlinie ausgelegt, obwohl es sich – auch nach Justice Owens Ansicht – um vergleichende Werbung handelte. Stattdessen wurde auf die hergebrachten Voraussetzungen in ihrer klassischen Auslegung abgestellt. Eine weniger strenge Interpretation der Voraussetzungen von *injurious falsehood* ist daher nicht ersichtlich, auch wenn Justice Owen feststellte, dass kein *puffing* vorlag. Die Aussagen über den Preis zielten darauf ab, ernst genommen zu werden und würden dies höchstwahrscheinlich auch[847].

Insbesondere für diese Sonderfälle der *puffs* ergeben sich vor allem im Hinblick auf die Voraussetzungen des Eigenschaftsvergleichs (Art. 3a Abs. 1 lit. c RL) Schwierigkeiten[848]. Sie stellen in der Regel keinen

---

843 Vgl. dazu *Fröndhoff*, Die Inhaltsbeschränkungen irreführender und vergleichender Werbung, S. 137 m.w.N.

844 *British Airways Plc v. Ryanair Ltd.* [2001] ETMR 235.

845 *British Airways Plc v. Ryanair Ltd.* [2001] ETMR 235 (252).

846 *DSG Retail Ltd v. Comet Group Plc*, QBD 08.02.2002 per Justice Owen [2002] FSR 58, Gegenstand der Entscheidung war ein Preisvergleich der Elektronikeinzelhandelskette *Comet* mit dem Konkurrenten *Curry*, der im Rahmen des harten Preiskampfes der beiden Konkurrenten vorgenommen wurde.

847 Die Annahme *Michaels*, das Herabsetzungsverbot der Richtlinie sei zwar nicht in Sec. 10 (6) TMA 1994, aber in *injurious falsehood* enthalten, bewahrheitete sich damit vorerst nicht, vgl. *Michaels*, A Practical Guide to Trade Mark Law[3], Rz. 4.56.

848 Vgl. dazu auch *McCormick*, EIPR 1998, 41 (42).

objektiven Vergleich wesentlicher, relevanter, nachprüfbarer und typischer Eigenschaften der Waren dar. Derzeit ist nicht zu erkennen, dass die englische Rechtsprechung *puffing* künftig unter diesem Gesichtspunkt prüft.

IV. Liberalisierungswirkung der Richtlinie

Vergleichende Werbung ist und war in England grundsätzlich zulässig. Die Frage nach der Liberalisierungswirkung der Richtlinie 97/55/EG stellt sich daher in England nicht. Soweit derzeit absehbar, hat sich die Rechtsprechung durch die Umsetzung der Richtlinie nicht geändert. Sowohl die einschlägigen *common law*-Tatbestände als auch insbesondere der TMA 1994 werden ohne jede Berücksichtigung der Richtlinie ausgelegt. Sogar die (untergesetzliche) Umsetzungsbestimmung selbst, die *Control of Misleading Advertisements (Amendment) Regulations 2000*, wurde bislang weder vom zuständigen *Director General of Fair Trading* noch von seiner Behörde angewandt.

Demgegenüber scheint die freiwillige Werbeselbstkontrolle auf den ersten Blick der veränderten Rechtslage tatsächlich Rechnung zu tragen. Die einschlägigen *Codes of Practice* wurden meist nahezu wörtlich an die Bestimmungen der Richtlinie angepasst und enthalten nun detaillierte Regelungen zur Zulässigkeit vergleichender Werbung. Einige Richtlinienbestimmungen fanden sich nach ihrem Regelungsgehalt schon in den alten Fassungen der *Codes*. So ließen alle *Codes* Werbevergleiche „*in the interest of vigorous competition and public information*" unter bestimmten Bedingungen zu[849]. Zudem erlaubten sämtliche *Codes* nur objektive Vergleiche[850] und verbaten herabwürdigende Gegenüberstellungen[851]. Ein Rufausbeutungsverbot enthielt dagegen nur der BCA 1999 (21.1 BCA 1999). Eine Bestimmung, nach der nur Gleiches mit Gleichem verglichen werden darf, existierte nur im ITC Code 1998 (26 (c) (i) ITC Code 1998). Dieser wies zudem bereits ein allgemeines[852]

---

[849] Vgl. 19.1 BCA 1999; 26 ITC Code 1998; Rule 14 RA Code 1996.

[850] Vgl. Clause 19.2 BCA 1999, 26 (b) ITC Code 1998 und Rule 14 (c) RA Code 1996; Rule 14 (b) RA Code 1996 und 26 (c) ITC Code 1998 legten zudem fest, dass der Vergleich auf nachweisbaren Tatsachen beruhen muss; die übrigen Voraussetzungen des Eigenschaftsvergleichs (Art. 3a Abs. 1 lit. c RL) kamen dagegen neu hinzu.

[851] Vgl. Clause 20.1 BCA 1999, 27 ITC Code 1998 und Rule 15 RA Code 1996.

[852] 26 (a) ITC Code 1998; eine ähnliche Bestimmung enthielt Rule 14 (a) RA Code 1996.

und daneben ein spezielles Irreführungsverbot für Preisvergleiche[853] auf. Dagegen wurde in alle *Codes* das Verbot der Darstellung als Nachahmung[854] und das Verwechslungsverbot neu eingefügt[855]. Zudem fand sich in keinem *Code* ein besonderer Schutz für Waren mit Ursprungsbezeichnung[856].

Diese scheinbare Rechtsangleichung steht jedoch im Widerspruch zur Entscheidungspraxis der Selbstkontrollorgane. Trotz Anpassung der *Codes* stellen sie bisher für die Zulässigkeitsprüfung nicht auf die neuen Voraussetzungen ab. Abschließend lässt sich daher sagen, dass sich das englische Recht der vergleichenden Werbung durch die Richtlinienumsetzung zwar formell geändert hat. Inhaltlich ist es jedoch gleich geblieben. England setzt die Richtlinie damit unter größt möglicher Schonung des eigenen Rechts um.

C. Frankreich

In Frankreich existierte zu keinem Zeitpunkt ein Oberbegriff für bezugnehmende Werbung. Es wurde, anders als in Deutschland und ähnlich wie in England, nicht nach den verschiedenen Formen der Bezugnahme differenziert. Daher wird im Folgenden nur innerhalb der einschlägigen Bestimmungen auf die Arten vergleichender Werbung hingewiesen. Vorab wird die Auslegung von Werbeaussagen und das Verbraucherleitbild untersucht.

I. Auslegung von Werbeaussagen – Verbraucherleitbild

Die Auslegung von Werbeaussagen erfolgt meist anhand des Verständnisses des umworbenen Verkehrskreises. Dabei wird auch das beworbene Produkt berücksichtigt[857]. Für Bildungsgrad, Intelligenz und Aufmerksamkeit pflegt die Rechtsprechung auf den Durchschnittsverbraucher abzustellen, der dem *bon père de famillie* des *Code Civil* gleicht[858]. Dieser ist durchschnittlich intelligent und durchschnittlich und

---

[853] 25 ITC Code 1998.

[854] Art. 3a Abs. 1 lit. h RL.

[855] Art. 3a Abs. 1 lit. d RL.

[856] Art. 3a Abs. 1 lit. f RL.

[857] Vgl. *Greffe/ Greffe*[7], La publicité et la loi, Rz. 547.

[858] Vgl. *Dreier/ Lewinski* in: *Schricker*, Recht der Werbung in Europa, Rz. 64 m.w.N.

gewöhnlich aufmerksam (*attention normale, commune, ordinaire, moyenne*)[859]. Sowohl der besonders wohlunterrichtete als auch der besonders zerstreute, nachlässige oder unwissende Konsument bleiben außer Betracht. Über das Verständnis der Durchschnittsverbraucher urteilen die Richter meist auf Grund ihrer eigenen Lebenserfahrung. Umfangreiche Beweiserhebungen, insbesondere Meinungsumfragen, werden nicht durchgeführt[860].

II. Rechtslage vor Erlass der Richtlinie 97/55/EG

Die rechtliche Beurteilung bezugnehmender Werbung vor Erlass der Richtlinie 97/55/EG veränderte sich entscheidend durch den Erlass des *Code de la consommation.* Mit ihm wurden in Frankreich erstmals eigene gesetzliche Bestimmungen zur vergleichenden Werbung eingeführt. Sie sollten die grundsätzliche Unzulässigkeit vergleichender Werbung in die grundsätzliche Zulässigkeit kehren. Inwieweit der *Code de la consommation* der Richtlinie 97/55/EG vorgriff, wird zu analysieren sein. Im Folgenden wird zunächst knapp die Rechtslage vor In-Kraft-Treten des *Code de la consommation* dargestellt, um sodann auf die Regelungen des *Code de la consommation* in seiner alten Fassung und deren Handhabung einzugehen.

1. Vor In-Kraft-Treten des Code de la consommation alter Fassung

Vor In-Kraft-Treten des *Code de la consommation* a.F. galt im Grunde: Besser man sagt Gutes über sich, als Schlechtes über andere[861]. Begründet wurde diese Ablehnung vor allem mit der Subjektivität des Vergleichs, der meist nur einen Ausschnitt aus dem Warenangebot des Werbenden repräsentiere und damit die Verbraucher irreführe[862]. Die *publicité comparative*, die der kritisierend bezugnehmenden Werbung der alten deutschen Terminologie entspricht, wurde bereits als Einheit angesehen. Sie wurde für unlauter gehalten. Die Lebenssachverhalte der anlehnenden

---

[859] Zum Verbraucherleitbild vgl. *Fischer*, Das französische Rechtsschutzsystem gegen irreführende Werbung, S. 49 ff.; *Hucke*, Erforderlichkeit einer Harmonisierung des Wettbewerbsrechts in Europa, S. 271 ff. m.w.N.

[860] Vgl. dazu *Ulmer/ Krasser*, Rz. 207 f. m.w.N.; *Burst*, Concurrence déloyale et parasitisme, Rz. 11 m.w.N.

[861] Vgl. *Massoni*, J.-Cl. Contr. Distrib., Fasc. 4140, Rz. 1.

[862] Vgl. *Hucke*, Erforderlichkeit einer Harmonisierung des Wettbewerbsrechts in Europa, S. 275 f. m.w.N.

Bezugnahme wurden in Frankreich dagegen weder im Schrifttum noch in der Rechtsprechung als systematische Einheit behandelt[863]. Vielmehr stammten die einschlägigen Vorschriften aus verschiedenen Rechtsgebieten und hatten in diesem Bereich nur einen Anwendungsfall. Zum Teil ergaben sich Überschneidungen, die dem deutschen Recht fremd sind. Neben der *concurrence déloyale* kamen auch Strafvorschriften in Betracht. Anlehnend bezugnehmende Werbung stellte oft eine Markenrechtsverletzung dar.

a) Concurrence déloyale (unlauterer Wettbewerb)

Für die wettbewerbsrechtliche Beurteilung von Werbevergleichen kamen insbesondere *dénigrement* (Anschwärzung) für kritisierend vergleichende Werbung[864] sowie *concurrence parasitaire* und *confusion* für anlehnend bezugnehmende Werbung in Betracht.

aa) Dénigrement (Herabsetzung)

Allgemein versteht man im französischen Wettbewerbsrecht unter *dénigrement* Angriffe auf den guten Ruf des Mitbewerbers, seines Unternehmens, seiner Waren oder gewerblichen Leistungen[865]. Es werden noch heute Äußerungen beleidigender oder herabsetzender Art erfasst. Für die Unzulässigkeit der Herabsetzung eines Mitbewerbers findet sich in Frankreich keine dem *Hellegold*-Motiv vergleichbare Begründung[866]. Vielmehr wird argumentiert, der Einzelne habe nicht das Recht, alle Makel und Mängel seiner Konkurrenten der Öffentlichkeit zu offenbaren. Man ist der Ansicht, dies überschreite die Grenzen des anständigen Wettbewerbs[867].

(1) Voraussetzungen

Aus welchen Kriterien sich die Unlauterkeit der Anschwärzung ergibt, ist aus der Rechtsprechung zu schließen. Sie liegen im einzelnen nicht fest. Das Gesamtbild der Rechtsprechung lässt aber eine Reihe wesentlicher

---

[863] Vgl. *Dreier/ Lewinski* in: *Schricker*, Recht der Werbung in Europa, Rz. 174; zur Einteilung der anlehnend vergleichenden Werbung vgl. *Ulmer/ Krasser*, Rz. 321 m.w.N.

[864] Vgl. *Massoni*, J.-Cl. Contr. Distrib., Fasc. 4140, Rz. 4 m.w.N.

[865] Vgl. *Roubier*, Le droit de la propriété industrielle: Partie Générale, S. 506; zu den Ursprüngen vgl. *Ulmer/ Krasser*, Rz. 388.

[866] Vgl. *Stadelmann*, Die Entwicklung der kritisierenden Werbung in Deutschland und in Frankreich, S. 85.

[867] Vgl. *Roubier*, Le droit de la propriété industrielle: Partie Générale, S. 549.

Merkmale erkennen, die als überwiegend anerkannt gelten können. So ist erforderlich, dass auf einen Konkurrenten Bezug genommen und dieser herabgesetzt wird. Auf das Mittel kommt es nicht an. Die Herabsetzung kann schriftlich oder mündlich, in einem Prospekt oder auf einem Plakat vorgenommen werden[868].

Dénigrement setzt zunächst eine Bezugnahme auf einen Konkurrenten voraus. Der Betroffene muss zwar nicht namentlich genannt werden. Er muss aber zumindest aus den Umständen, etwa den lokalen Verhältnissen oder der generellen Marktsituation[869], leicht und klar erkennbar sein (*facilement identifiable*)[870]. So wurde in dem Slogan eines Buchhändlers *„les occasions c'est vraiment ici"* eine Bezugnahme auf den in der Nähe befindlichen Hauptkonkurrenten gesehen[871]. Dagegen wurde der Werbespruch *„contre les yaourts"* nicht als Bezugnahme angesehen. Es handle sich um ein Produkt, das von zahlreichen Unternehmen hergestellt wird[872]. *Dénigrement* kann aber auch bei Bezugnahme auf eine Gruppe von Mitbewerbern, auf einen ganzen Berufsstand oder Wirtschaftssektor erfüllt sein, wenn diese nach Inhalt der Äußerung individualisierbar sind[873]. Abstrakte Regeln dazu, wann bei einer solchen Äußerung der einzelne Angehörige der betroffenen Gruppe noch individualisierbar ist, sind nur schwer zu erkennen. Tendenziell scheint die Rechtsprechung hier strenge Anforderungen zu stellen. Allgemeine Werbevergleiche ohne konkrete Bezugnahme waren zulässig, wenn sie nicht unwahr, unsachlich, böswillig oder in der Form unnötig verletzend waren[874]. Verstießen sie gegen diese Voraussetzungen, konnte eine Kollektivanschwärzung (*dénigrement collectif*) vorliegen[875].

Maßgeblich für die Unlauterkeit des *dénigrement* ist die Herabsetzung eines Konkurrenten, zur Förderung der eigenen geschäftlichen Tätigkeit.

---

[868] Vgl. *Bout/ Prieto*, Lamy droit économique, Rz. 1558.

[869] Vgl. z.B. Cour de cassation (com), 5.10.1982, JCP éd. G, 1982, IV, 369.

[870] Vgl. z.B. Tribunal de commerce Paris, 23.02.1990, D., 1990, I.R., 112.

[871] Cour d'Appel de Paris, 09.04.1992, D., 1992, I.R., 164; vgl. auch Cour de cassation (com), 15.07.1970, Bull. civ. IV, 243.

[872] Vgl. Cour d'Appel de Lyon, 16.10.1961, D., jur., 1962, 205.

[873] Vgl. *Burst*, Concurrence déloyale et parasitisme, Rz. 108; *Ulmer/ Krasser*, Rz. 398 m.w.N.

[874] Vgl. *Ulmer/ Krasser*, Rz. 400 f. m.w.N.; vgl. dort auch zur Aktivlegitimation.

[875] Vgl. *Bout/ Prieto*, Lamy droit économique, Rz. 1557 m.w.N.

Unerheblich ist, ob die Behauptung wahr oder unwahr ist. Man unterscheidet *dénigrement de la personne* (Anschwärzung der Person), *dénigrement de l'établissement* (Anschwärzung des Unternehmens) und *dénigrement des produits* (Anschwärzung der Waren). Im Rahmen des *dénigrement des produits* wird weiter zwischen *dénigrement direct* und *dénigrement indirect* (unmittelbare und mittelbare Anschwärzung) differenziert.

Dénigrement de la personne hält man wettbewerbsrechtlich für besonders anstößig, weil der Konkurrent mit Argumenten angegriffen wird, die sich allein gegen seine Person richten und nichts mit der Güte oder Preiswürdigkeit seines Angebots zu tun haben[876]. Hierunter fallen auch ungünstige Äußerungen über die wirtschaftliche Lage des Konkurrenten, durch die dieser in Misskredit gebracht wird. Dies gilt, obwohl sich solche Äußerungen zumindest mittelbar auch auf das Konkurrenzunternehmen beziehen[877]. Wird dagegen das Konkurrenzunternehmen als ganzes herabgewürdigt, spricht man von *dénigrement de l'établissement*[878]. Betrifft sie gleichzeitig auch die Person des Konkurrenten, ohne dass sie in erster Linie auf sein Unternehmen abzielt, liegt *dénigrement de la personne* vor. *Dénigrement des produits* ist sowohl unzulässig, wenn das Konkurrenzprodukt direkt kritisiert wird (*dénigrement direct*) als auch bei Äußerungen, die sich nur indirekt mit der Ware oder Leistung des Konkurrenten befassen.

Vergleichende Werbung stellte häufig *dénigrement indirect* dar. Zwar wurde nicht in jedem Vergleich eine Herabsetzung gesehen. Diese konnte sich jedoch daraus ergeben, dass der Werbende die Konkurrenzwaren zwar als gut und brauchbar erscheinen ließ, gleichzeitig aber behauptete, seine Waren seien noch besser oder ebenso gut aber billiger. Die Rechtsprechung sah in solchen Fällen den Schwerpunkt der Aussage auf der Herabsetzung[879]. Somit konnte es durchaus zu Überschneidungen zwischen kritisierend und anlehnend vergleichender Werbung kommen. Auch Herabsetzung durch Unterlassen war denkbar (*dénigrement par omission*). Dabei schrieb der Werbende sich oder seiner Ware bestimmte Eigenschaften zu und behauptet damit schlüssig, sein Konkurrent habe

---

[876] Vgl. *Ulmer/ Krasser*, Rz. 403 ff.

[877] Vgl. *Ulmer/ Krasser*, Rz. 407 m.w.N.

[878] Vgl. im übrigen *Bout/ Prieto*, Lamy droit économique, Rz. 1549 m.w.N.

[879] Vgl. Toulouse, 06.11.1911, Ann. 1913, 2, 33; Paris, 10.06.1933, Ann. 1935, 359.

diese Eigenschaften nicht. Dies galt insbesondere für Alleinstellungs- und Superlativwerbung[880].

(2) Grenzen

Um das Verbot des *dénigrement* angemessen zu begrenzen, bedient sich die Rechtsprechung des Rechts zur Kritik, des Rechts zur Abwehr und der Wahrnehmung sonstiger berechtigter Interessen.

Aus dem Recht auf freie Meinungsäußerung folgt grundsätzlich für jedermann auch das Recht, sich über gewerbliche Erzeugnisse oder Leistungen negativ zu äußern. Der Umfang des Rechts zur Kritik (*droit de critique*) wird davon abhängig gemacht, ob mit der Äußerung ein eigennütziges oder ein altruistisches Ziel verfolgt wird. Die Kritik muss aber stets sachlich, anständig und würdig gehalten werden[881]. Zwar bestand das Recht zur Kritik auch im Bereich der vergleichenden Werbung. Man war aber der Auffassung, hier werde meist aus eigennützigen Gründen Kritik geübt. Daher wurden strenge Maßstäbe angelegt. Allgemein galt, je deutlicher die Bezugnahme auf einzelne Mitbewerber war, desto weiter trat das Recht zur Kritik zurück[882]. Es kam somit fast ausschließlich bei Kollektivanschwärzung (*dénigrement collectif*) in Betracht, nicht dagegen, wenn der Mitbewerber als Betroffener individualisierbar war[883].

Das mit dem deutschen Recht zur berechtigten Abwehr vergleichbare *droit de résponse* ermöglicht es, unrichtige und schädliche Behauptungen eines Konkurrenten richtig zu stellen, ohne sich damit unlauter zu verhalten[884]. Voraussetzung ist ein wettbewerbswidriger Angriff, der gegen den Abwehrenden gerichtet ist. Zudem muss sich das Opfer auf die nach den

---

880 Vgl. *Malaurei-Vignal*, J.-Cl. Conc. Consom., Fasc. 210, Rz. 10.

881 Vgl. *Greffe/ Greffe*[7], La publicité et la loi, Rz. 598 f. m.w.N.; vgl. auch *Stadelmann*, Die Entwicklung der kritisierenden Werbung in Deutschland und in Frankreich, S. 85 ff.

882 Dies zeigen auch die Beispiele bei *Greffe/ Greffe*, La publicité et la loi, Rz. 843 ff.

883 Vgl. dazu *Ulmer/ Krasser*, Rz. 422 ff.; *Greffe/ Greffe*[7], La publicité et la loi, Rz. 595 ff. jeweils m.w.N

884 Vgl. *Reimer*, Persönliche und vergleichende Werbung, S. 148 m.w.N.; *Malaurei-Vignal*, J.-Cl. Conc. Consom., Fasc. 210, Rz. 28; *Stadelmann*, Die Entwicklung der kritisierenden Werbung in Deutschland und in Frankreich, S. 87 ff. m.w.N., vgl. dort auch zu Auskunfts- und Fortschrittsvergleich.

Umständen des Falles erforderliche Abwehr beschränken. Das Opfer darf nicht seinerseits zum Angriff übergehen[885].

(3) Ausnahme: Preisvergleiche

Nachdem die kritisierende Bezugnahme auf Konkurrenten lange Zeit stets als *dénigrement* gegolten hatte, leitete der *Cour de cassation* mit seiner Entscheidung vom 22. Juli 1986[886] eine Öffnung ein. Gegenstand dieser Entscheidung war eine Werbeanzeige der französischen Supermarktkette *Carrefour*. In einer Tabelle verglich *Carrefour* die eigenen Preise mit denen dreier Konkurrenten für identische Produkte. Dabei wurde der repräsentative Charakter der Auswahl betont. Es handle sich um täglich gekaufte Waren. Gegen diese Werbeanzeige beantragte eines der namentlich genannten Warenhäuser den Erlass einer einstweiligen Verfügung. Es obsiegte erstinstanzlich. Das Gericht war der Meinung, die durch *Carrefour* getroffene Warenauswahl sei zu beschränkt, als dass sie die Richtigkeit der unterschwellig aufgestellten Behauptung belegen könnte, *Carrefour* sei im allgemeinen und für gewöhnlich billiger als ihre Mitbewerber. Der *Cour de cassation* hob diese Entscheidung auf. Er hielt die Werbung für nicht rechtswidrig, weil sie sich auf den Vergleich von Preisen für identische Waren beschränkte, die unter gleichen Verkaufsbedingungen von verschiedenen Händlern verkauft wurden. Sie trage so zur Transparenz eines dem Wettbewerb unterliegenden Markts bei.

Zum Teil ging man davon aus, mit dieser Entscheidung sei ein radikaler Umschwung hin zur allgemeinen Zulassung vergleichender Werbung vollzogen worden. Dafür sprach zwar die Begründung des *Cour de cassation*, der Vergleich fördere die Transparenz des Markts, da dieses Argument allgemein für die Liberalisierung spricht. Dabei wurde aber übersehen, dass das Gericht die Zulassung auf Preisvergleiche beschränkte und nichts darauf hindeutete, dass künftig auch der Vergleich anderer Merkmale zugelassen würde. Zudem hatte das Gericht auch an die

[885] Vgl. *Ulmer/ Krasser*, Rz. 430 m.w.N; *Francq*, GRUR Int. 1977, 93 (100); zur Wahrnehmung sonstiger berechtigter Interessen vgl. *Ulmer/ Krasser*, Rz. 431.

[886] Vgl. Cour de cassation, 22.07.1986, JCP éd. G, 1986, II, 14901, m. Anm. v. *Gavalda/ Lucas de Leyssac*, D., 1986, jur., 436 = GRUR Int. 1987, 598 m. Anm. v. *Cas – Preisvergleich*.

Zulässigkeit des Preisvergleichs strenge Voraussetzungen geknüpft[887]. Es durften nur Preise identischer Waren, meist der gleichen Marke, miteinander verglichen werden. Die Waren mussten unter den gleichen Bedingungen angeboten werden, die Werbung musste sich auf den Preisvergleich beschränken und die gemachten Angaben mussten richtig sein[888]. Im Ergebnis stellte die Entscheidung aber zumindest für Preisvergleiche eine Öffnung dar.

bb) Concurrence parasitaire (Rufausnutzung)

Während in kritisierend vergleichender Werbung meist *dénigrement* gesehen wurde, stellte sich die Frage der wettbewerbsrechtlichen Zulässigkeit anlehnend vergleichender Werbung vor allem unter dem Gesichtspunkt der *concurrence parasitaire.*

Die Tatbestände der *concurrence parasitaire* zur wettbewerbsrechtlichen Beurteilung der Rufausnutzung[889] entwickelten sich Ende der 1950er Jahre in der Literatur. Der parasitäre Wettbewerb wurde als Handlung eines Kaufmanns definiert, die darauf abzielt, aus dem guten Ruf, den ein Dritter rechtmäßig erworben hat, Nutzen zu ziehen. Dies galt unabhängig davon, ob durch die Handlung eine Verwechslungsgefahr zwischen den eigenen und den fremden Erzeugnissen begründet wurde[890]. Die Terminologie *concurrence parasitaire* konnte sich in der Rechtsprechung zunächst nicht

---

[887] Vgl. *Cas/ Bout*, Lamy droit économique, Rz. 3425; *Lefebvre*, memento pratique commercial distribution, Rz. 3109; *Greffe/ Greffe*[7], La publicité et la loi, Rz. 541; *Szönyi*, GRUR Int. 1996, 83 (90).

[888] Vgl. dazu *Hudelmaier*, Die neuere Praxis zur vergleichenden Werbung in Deutschland, Belgien, Frankreich, Großbritannien und USA, S. 109 ff. m.w.N.; *Cas*, GRUR Int. 1987, 598.

[889] Ein Unterfall der *concurrence déloyale* und des *agissements parasitaires*, vgl. *Saint-Gal*, GRUR Int. 56, 202; GRUR Int. 57, 7; GRUR Int. 57, 410 und GRUR Int. 58, 399; vgl. auch *Tourneau/ Cadiet*, Le droit de la responsabilité, Rz. 3261 ff., vgl. dort auch zu *agissements parasitaires*; kritisch *Azéma*, Le droit français de la concurrence, Rz. 160.

[890] Vgl. *Saint-Gal*, GRUR Int. 57, 7 (11); mit *agissements parasitaires* werden im Grunde die gleichen Handlungen erfasst, mit dem Unterschied, dass kein Wettbewerbsverhältnis erforderlich ist, vgl. dazu *Burst*, Concurrence déloyale et parasitisme, Rz. 188; *Tourneau*, J.-Cl. Conc. Consom., Fasc. 227, Rz. 52 ff.

durchsetzen[891]. In den meisten Fällen erfolgte eine Verurteilung auf der Grundlage der *concurrence déloyale* mit der Begründung, es bestünde Verwechslungsgefahr[892]. Erst Mitte der 1970er Jahre wurde allein darin ein *faut* gesehen, dass der gute Ruf des Konkurrenten augenutzt wird. Zum Teil wurde jedoch sowohl auf *concurrence parasitaire* als auch auf *confusion* abgestellt[893]. Seit Anfang der 1980er Jahre setzte sich die *concurrence parasitaire* als Unterfall der *concurrence déloyale* mehr und mehr durch[894].

Daneben tritt *rattachement indiscret*, ein Unterfall der *concurrence parasitaire*[895]. *Rattachement indiscret* erfasst Fälle der anlehnenden Bezugnahme, wie zum Beispiel die Behauptung eines Gewerbetreibenden, er sei Spezialist für ein bestimmtes Produkt, obwohl er nicht Inhaber einer Konzession ist. So darf beispielsweise mit der Bezeichnung „*spécialiste BMW*" nicht der Eindruck erweckt werden, es bestehe eine Handelsbeziehung mit dem Unternehmen, die in Wirklichkeit nicht besteht[896]. Auch die Werbung „*Salon d'exposition des automobiles Mercedes*", die impliziert, Mercedes Benz sei Organisator der Ausstellung, ist unzulässig[897].

---

[891] Vgl. *Peschel*, Die anlehnend vergleichende Werbung im deutschen und französischen Wettbewerbs- und Markenrecht, S. 214; *Passa*, J.-Cl. Conc. Consom., Fasc. 240, Rz. 63.

[892] Im Hinweis auf die Beschaffenheit und Güte einer fremden Ware unter Verwendung des fremden Warenzeichens wurde die Gefahr gesehen, dass die so herausgestellten Erzeugnisse dem Konkurrenzunternehmen zugerechnet werden; dies sei auch nicht durch die Verwendung von Zusätzen wie *façon de*, *système*, *comme*, *modèle* ausgeschlossen, wenn das fremde Kennzeichen blickfangmäßig herausgestellt und die Zusätze nur bei erhöhter Aufmerksamkeit wahrgenommen wurden, vgl. *Ulmer/ Krasser*, Rz. 324 m.w.N.

[893] „*Des actes de concurrence selon le cas déloyale ou parasitaire doivent être source de risque de confusion entre les produits ou porter un discrédit sur les produits de la concurrence ou résulter de profits tirés indûment des investissements ou de la notoriété d'autrui*", Tribunal de commerce de Paris, 10.08.1978, RIPIA 1979, 248.

[894] Vgl. *Passa*, J.-Cl. Conc. Consom., Fasc. 240, Rz. 63 m.w.N.; *Tourneau*, J.-Cl. Conc. Consom., Fasc. 227, Rz. 20 m.w.N.

[895] *Roubier* sieht hierin einen Unterfall der *confusion*, vgl. *Roubier*, Le droit de la propriété industrielle: Partie Générale, S. 536, 539 f.

[896] Vgl. *Tourneau*, J.-Cl. Conc. Consom., Fasc. 227, Rz. 29 m.w.N.; siehe zur markenrechtlichen Beurteilung sogleich.

[897] Vgl. Cour d'Appel de Aix-en-Provence, 2e ch., 06.07.1987, Bull. Aix. 1987, n° 2, n° 16.

b) Markenrecht

Als markenrechtlich problematisch wurde in Frankreich nur die anlehnend verlgeichende Werbung der alten deutschen Terminologie angesehen[898]. Die Literatur konnte sich mit ihrer Auffassung, auch kritisierend vergleichende Werbung verletze das Markenrecht, nicht durchsetzten[899]. Für die Rechtsprechung stand bei kritisierend vergleichender Werbung nicht der Markenmissbrauch, sondern der mit der Handlung verbundene *faute* im Vordergrund. Daher griff stets nur der Tatbestand der *concurrence déloyale*, wobei der unzulässige Eingriff in das Markenrecht zur Begründung des *faute* herangezogen wurde[900].

Die markenrechtliche Beurteilung richtet sich heute nach dem Gesetz Nr. 91-7 vom 04.01.1991, das das französische Markenrecht grundlegend reformierte[901]. Es setzte die europäische Markenrechtsrichtlinie um und arbeitete die französische Rechtsprechung in das Gesetz ein. Das siebte Buch des neu geschaffene *Code de la propriété intellectuelle* (CPI) enthält nun das bisherige Markengesetz. Sowohl die zivilrechtliche als auch die strafrechtliche Verantwortung wurde systemeinheitlich unter dem Titel „Rechtsstreitigkeiten" zusammengefasst. Damit gehören die Strafvorschriften des Markenrechts nicht mehr dem *Code pénal* (Art. 422-2 Code pénal) an. Das Gesetz läßt auch nach dieser Reform die Frage offen, wann die Markenbenutzung eine Markenverletzung darstellt.

---

[898] Vgl. z.B. *Vilmart*, Gaz. Pal., 1991, doctr., 63; *Maisel*, Gaz. Pal., 1987, doctr., 164.

[899] Vgl. *Serandour*, JCP éd. G, 1992, I, 295 (298); *Cas/ Bout*, Lamy droit économique, Rz. 2453.

[900] Der Ursprung dieser Rechtsprechung ist in Cour d'Appel de Paris, 08.12.1962, D 1963, jur., 406 ff. m. Anm. v. *Desbois* zu sehen; vgl. auch Cour d'Appel de Paris, 19.10.1970, Ann 1971, 12 ff.; Cour d'Appel de Paris, 18.01.1979, Gaz. Pal., 1979, jur., 329, m. Anm. v. *Maisel*; vgl. auch *Szönyi*, GRUR Int. 1996, 83 (88 f.).

[901] Zu den Hintergründen vgl. *Dreier/ Krasser*, Das französische Gesetzbuch des geistigen Eigentums, S. 53 ff.; zu den früheren Markengesetzen von 1857 und 1964 vgl. *Peschel*, Die anlehnend vergleichende Werbung im deutschen und französischen Wettbewerbs- und Markenrecht, S. 61 f. m.w.N.; *Dreier/ Lewinski* in: *Schricker*, Recht der Werbung in Europa, Rz. 165; *Stuckel*, Die Integrität von Marke, Ware und Verpackung, S. 17 ff.

aa) Benutzungstatbestand

Art. L. 713-2 CPI[902], die Nachfolgebestimmung von Art. 422-2 Code Pénal[903], enthält den hier interessierenden Tatbestand der Markenverletzung. Er verbietet – vorbehaltlich der Erlaubnis durch den Inhaber – unter anderem die Benutzung einer Marke für Waren oder Dienstleistungen, die mit denen der Eintragung identisch sind. Dies gilt auch, wenn Worte wie „Formel, Art, System" hinzugefügt werden.

Wann eine Benutzungshandlung eine Markenverletzung (*contrefaçon*) darstellt, wird jedoch nicht näher qualifiziert. Auf die Gefahr einer Herkunftstäuschung kommt es nach herrschender Auffassung jedenfalls nicht an. Fraglich ist aber, ob nur der Gebrauch einer nachgemachten Marke zum Zweck der Kennzeichnung von eigenen Produkten darunter fällt oder schlichtweg jegliche nicht autorisierte Verwendung einer fremden Marke zu gewerblichen Zwecken[904]. Für eine weite Auslegung spricht, dass das französische Markenrecht dem Markeninhaber mit der Eintragung der Marke ein Eigentumsrecht an der Marke verleiht (Art. L. 713-1 CPI)[905]. Aus der Absolutheit des Eigentumsrechts könnte zu schließen sein, dass der Markenschutz möglichst extensiv auszulegen ist[906]. Diesem Ansatz folgt auch die Rechtsprechung und versteht den Begriff der Benutzung weit[907]. Sie untersagt „einfache", nicht kennzeichenmäßige Benutzungshandlungen,

---

[902] Art. L. 713-2 lautet: Vorbehaltlich der Erlaubnis durch den Inhaber sind untersagt: a) die Wiedergabe, die Benutzung oder das Anbringen einer Marke, auch unter Hinzufügung von Worten wie: „Formel, Art, System, Nachahmung, Gattung, Methode", sowie die Benutzung einer wiedergegebenen Marke für Waren oder Dienstleistungen, die mit den in der Eintragung aufgeführten identisch sind; b) die Entfernung oder die Veränderung einer rechtmäßig angebrachten Marke; vgl. das zweisprachige Gesetzesregister bei *Dreier/ Krasser*, Das französische Gesetzbuch des geistigen Eigentums, S. 267.

[903] Der *Code de la propriété intellectuelle* hat insoweit inhaltlich nichts neues gebracht; für die Entstehungsgeschichte der Vorgängervorschrift Art. 422-2 Code pénal vgl. *Stuckel*, Die Integrität von Marke, Ware und Verpackung, S.37 ff.

[904] Vgl. *Mathély*, GRUR Int. 1966, 79 (87).

[905] Zur Frage, ob der Markenschutz des alten Art. 422 Code pénal durch Art. 30 des Gesetzes vom 10.01.1978 eingeschränkt wird vgl. *Stuckel*, Die Integrität von Marke, Ware und Verpackung, S. 76 ff.

[906] Vgl. *Mathély*, Le droit français des signes distinctifs, S. 617 ff.

[907] Vgl. *Chavanne/ Burst*, Droit de la propriété industrielle, Rz. 1207 m.w.N.

solange sie zu gewerblichen Zwecken erfolgen[908]. Da der französische Gesetzgeber dem im Rahmen der Reform des Markengesetzes nicht entgegentrat, ist davon auszugehen, dass er diese weite Auslegung billigt[909].

Eine Markenrechtsverletzung in diesem Sinn sah die Rechtsprechung in Übereinstimmungstabellen, den sog. *tableaux de concordance* oder *tableaux de référence*[910]. Mit ihnen stellen Hersteller von wenig bekannten oder unbekannten Parfums die Vergleichbarkeit des eigenen Produkts mit Parfums großer Marken dar. Sie konnten sowohl zivil- als auch strafrechtlich geahndet werden[911]. Dabei spielte es keine Rolle, ob der Gebrauch der fremden Marke durch die Vorlage schriftlicher Konkordanztabellen direkt auf den Etiketten oder lediglich mündlich im Verkaufsgespräch erfolgte[912]. Auch die Bezugnahme von Kfz-Werkstätten auf bestimmte Herstellermarken wurde unter Umständen als markenrechtswidrig angesehen[913]. Gemeint sind Fälle, in denen ehemalige Vertriebs- oder Reparaturwerkstätten nach Beendigung des Konzessionsvertrags in Geschäftspapieren, auf Firmenschildern oder in der Werbung verkünden, sie seien Spezialisten dieser Firmen. Zunächst wurden solche Sachverhalte als Benutzung der fremden Marke gemäß Art. L. 713-2 CPI bewertet. Später stellte der *Cour de cassation* klar, dass eine völlige Untersagung des Markengebrauchs in welcher Form auch immer nicht vom Markengesetz getragen wird. Vielmehr müsse der

---

908 Begründet wird dies meist mit der Formel: „*La propriété d'une marque régulièrement déposée est absolue, elle s'étend à l'ensemble du territoire français et confère à celiu qui en est investi un droit de revendication contre tout ceux qui l'usurpent, sous quelque mode et de quelque manière que se soit*", zitiert nach *Stuckel*, Die Integrität von Marke, Ware und Verpackung, S. 41 m.w.N.; vgl. Cour de cassation (com), 29.10. 1975, JCP éd. G, 1977, II, 18616 – *Skai*; Cour de cassation (com), 27.10.1970, Ann. 1971, 276 ff. – *James Bond 007*.

909 Vgl. kritisch dazu *Peschel*, Die anlehnend vergleichende Werbung im deutschen und französischen Wettbewerbs- und Markenrecht, S. 66 ff.; noch zum alten Recht vgl. *Stuckel*, Die Integrität von Marke, Ware und Verpackung, S. 33 ff.

910 Vgl. eine Reihe von Entscheidungen in RIPIA 1986, 169; vgl. i.ü. *Chavanne/ Burst*, Droit de la propriété industrielle, Rz. 1209 m.w.N.

911 Vgl. z.B. Tribunal de Grande Instance Paris, 31.10.1990, PIBD 1991, III, 112.

912 Tribunal de Grande Instance Paris, 25.06.1980, RIPIA 1980, 40 ff.

913 Für weiter Beispiele vgl. *Peschel*, Die anlehnend vergleichende Werbung im deutschen und französischen Wettbewerbs- und Markenrecht, S. 90 ff.

Gebrauch im Zuge der zulässigen gewerblichen Ausübung des Verkaufs und der Reparatur dieser Markenware zulässig bleiben[914].

bb) Rechtfertigungsgründe

Die Verletzung des Markenrechts kann jedoch unter Umständen gerechtfertigt sein. Art. L. 713-6 b CPI[915] sieht vor, dass die Benutzung eines fremden Zeichens zulässig ist, wenn sie notwendig ist, um den Verwendungszweck anzugeben und es zu keiner Verwechslung hinsichtlich der Warenherkunft kommt. Mit dieser Bestimmung soll vermieden werden, dass der gesetzliche Markenschutz den mangels Sonderrechtsschutz freien Nachbau von Ersatz- und Zubehörteilen verhindert. Ein dadurch entstehendes Monopol der Hersteller des Hauptprodukts würde die Freiheit des Wettbewerbs schädlich beschränken[916]. Für die Zulässigkeit eines Bestimmungshinweises müssen drei Voraussetzungen erfüllt sein[917]. Das Produkt muss Ersatzteil- oder Zubehöreigenschaft haben, der Bestimmungshinweis muss erforderlich sein und er darf keine Verwechslungsgefahr im Hinblick auf eine betriebliche Verbindung zum Hersteller des Hauptprodukts hervorrufen. Da durch die Bestimmung des Art. L. 713-6 b CPI der Markenschutz nicht unerheblich eingeschränkt wird[918], legt die Rechtsprechung diese Voraussetzungen eng aus.

---

[914] Vgl. Cour de cassation (com), 25.01.1983, JCP éd. G, 1983, I, 14125, Streitgegenstand war der Hinweis einer freien Werkstatt, sie sei „*spécialiste BMW*"; der Cour d'Appel de Versailles war der Auffassung, dass der Zusatz „*spécialiste*" nicht den Charakter der Unterscheidungskraft einer Marke beseitige; vgl. ähnlich Cour de cassation (com), 17.12.1991, RDPI 1993, 40.

[915] Art. L. 713-6 b lautet: Die Eintragung einer Marke hindert nicht die Benutzung des gleichen Zeichens oder eines ähnlichen Zeichens als: b) notwendige Bezugnahme, um den Verwendungszweck einer Ware oder einer Dienstleistung anzugeben, insbesondere als Zubehör oder Ersatzteil, vorausgesetzt, dass es hinsichtlich ihrer Herkunft keine Verwechslung gibt; vgl. das zweisprachige Gesetzesregister bei *Dreier/ Krasser*, Das französische Gesetzbuch des geistigen Eigentums, S. 267; zu den Hintergründen dieser Vorschrift vgl. *Peschel*, Die anlehnend vergleichende Werbung im deutschen und französischen Wettbewerbs- und Markenrecht, S. 93.

[916] Vgl. *Chavanne/ Burst*, Droit de la propriété industrielle, Rz. 1187.

[917] So auch *Mathély*, Le droit français des signes distinctifs, S. 637.

[918] Vgl. *Chavanne/ Burst*, Droit de la propriété industrielle, Rz. 1187.

Insbesondere muss die Bezugnahme unerlässlich sein, um die Verbraucher über den Verwendungszweck des Produkts zu informieren[919].

Neben diesem Bestimmungshinweis von Ersatz- und Zubehörteilen ließ die Rechtsprechung kaum weitere Rechtfertigungsgründe zu. Dies ist auch darauf zurückzuführen, dass man das Markenrecht als absolutes Recht versteht[920].

cc) Rechtsfolgen einer Markenrechtsverletzung

Die Verletzung einer Marke hat sowohl straf- als auch zivilrechtliche Konsequenzen.

Die strafrechtlichen Sanktionen regeln die Art. L. 716-9 ff. CPI. Das französische Strafrecht hat insgesamt eine für das deutsche Rechtsverständnis ungewöhnlich große Bedeutung für die Regelung des Wirtschaftslebens[921]. Für den Benutzungstatbestand bestimmt Art. L. 716-9 CPI, dass der Verletzter zu einer Freiheitsstrafe von zwei Jahren oder zu einer Geldstrafe von bis zu € 150.000 verurteilt werden kann[922]. Als Nebenstrafe kann gemäß Art. L. 716-11-1 CPI die Betriebsschließung und gemäß Art. L. 716-13 CPI die Veröffentlichung des Urteils angeordnet werden. Bei rückfälligen Tätern kann die Strafe auf das Doppelte angehoben und das aktive und passive Wahlrecht aberkannt werden, Art. L. 716-12 CPI.

Daneben löst die Markenrechtsverletzung auch eine zivilrechtliche Haftung aus, Art. L. 716-1 CPI. Der Markeninhaber kann danach im Wege der *action civil* einen Schadensersatz- oder Unterlassungsanspruch geltend machen. Vor der Markenrechtsreform war diese Rechtsfolge nicht ausdrücklich bestimmt, sondern wurde als gewohnheitsrechtlicher Rechtsschutz aus dem *droit commun* abgeleitet[923]. Da Art. L. 716-1 CPI

---

[919] Vgl. Cour d'Appel de Paris, 27.09.1990, DS 1990, IR 244, PIBD 1991, III, 108; Cour de cassation (com), 29.10.1975, JCP éd. G, 1977, II, 18616, m. Anm. v. *Françon.*

[920] Vgl. i.ü. *Peschel,* Die anlehnend vergleichende Werbung im deutschen und französischen Wettbewerbs- und Markenrecht, S. 96 f. m.w.N.

[921] Vgl. *Stuckel,* Die Integrität von Marke, Ware und Verpackung, S. 20 ff.; *Azéma,* GRUR Int. 1971, 651 (653).

[922] Vgl. für die nicht nur theoretische Bedeutung der Strafdrohung *Peschel,* Die anlehnend vergleichende Werbung im deutschen und französischen Wettbewerbs- und Markenrecht, S. 65 m.w.N.

[923] Vgl. dazu *Stuckel,* Die Integrität von Marke, Ware und Verpackung, S. 21.

weder Inhalt noch Umfang der Haftung festlegt, wird insoweit auch heute noch auf das *droit commun* zurückgegriffen[924].

c) Strafrecht

Bei der strafrechtlichen Beurteilung bezugnehmender Werbung kam vor allem ein Verstoß gegen das Irreführungsverbot des Art. 44 loi Royer und die Verletzung des Handelsnamens in Betracht.

aa) Irreführungsverbot (Art. 44 loi Royer)

Am 27. Dezember 1973 verabschiedete das französische Parlament das Gesetz zur Ordnung von Handel und Handwerk[925]. Dessen Art. 44 enthält ein Verbot täuschender und irreführender Werbung. Verstöße wurden strafrechtlich sanktioniert. Das Verbot umfasste auch Fälle, in denen lediglich Irreführungsgefahr bestand[926]. Da die Vorschrift „*toute publicité sous quelque forme que ce soit*" erfasste, war der Begriff der Werbung umfassend zu verstehen. Es fiel jede Werbeform, also auch bezugnehmende Werbung darunter. Somit durften auch Werbevergleiche nicht täuschend oder irreführend sein[927]. Jedoch waren Fälle, in denen vergleichende Werbung wegen ihrer Irreführungsgefahr bestraft wurde, selten. In der Regel wurde die Irreführungsgefahr nur als Stütze für die Voraussetzungen zivilrechtlicher Haftung nach den Grundsätzen der *concurrence déloyale* bejaht[928].

---

[924] Zur Ausgestaltung dieser Bestimmung und Bemessung des Schadensersatzes vgl. *Chavanne/ Burst*, Droit de la propriété industrielle, Rz. 1247 ff. und *Peschel*, Die anlehnend vergleichende Werbung im deutschen und französischen Wettbewerbs- und Markenrecht, S. 65 f. m.w.N.

[925] Dieses Gesetz wurde nach dem damaligen Minister für Handel und Industrie „loi Royer" genannt, vgl. *Baumann*, GRUR Int. 1973, 367.

[926] Vgl. *Boudon*, Irreführende Werbeangaben im neueren französischen Recht, S. 49 m.w.N.

[927] Zur Irreführungsgefahr bei Preisvergleichen vgl. *Hudelmaier*, Die neuere Praxis zur vergleichenden Werbung in Deutschland, Belgien, Frankreich, Großbritannien und USA, S. 105 f. m.w.N.; *Schotthöfer*, RIW 1991, 973; insgesamt zum loi Royer vgl. *Boudon*, Irreführende Werbeangaben im neueren französischen Recht.

[928] Vgl. *Szönyi*, GRUR Int. 1996, 83 (89) m.w.N

bb) Schutz des Handelsnamens

Insbesondere anlehnend vergleichende Werbung wurde teilweise im Zusammenhang mit dem Schutz des Handelsnamens diskutiert. Diesen Schutz gewährt ein spezielles Gesetz, das Gesetz vom 28. Juli 1824. Es stellt die Verwendung eines fremden Handelsnamens unter Strafe[929]. Dies gilt auch dann, wenn Zusätze wie „*façon de*, *system de*, *imitation*" angefügt werden[930]. Verboten wird aber nicht der Vergleich als solcher, sondern der Gebrauch des Handelsnamens. Diesbezüglich sind keine jüngeren Entscheidungen zu bezugnehmender Werbung bekannt.

2. Nach In-Kraft-Treten des Code de la consommation alter Fassung

Das Recht der vergleichenden Werbung wurde durch den *Code de la consommation* a.F. entscheidend geändert[931]. Diese Modifikation trat eigentlich schon mit Gesetz n° 92-60 ein[932]. Dieses hatte den Verbraucherschutz und die Verbesserung der Lebensbedingungen zum Ziel und wurde am 18. Januar 1992 verabschiedet. Im Rahmen des französischen Kodifizierungsprogramms[933] wurde dieses Verbraucherschutzgesetz mit anderen im *Code de la consommation* vereinigt und damit der Zustand der Koexistenz einer Vielzahl schwer überschaubarer Einzelgesetze beendet[934]. Im Vordergrund des *Code de la consommation* steht der Verbraucherschutz.

929 Vgl. *Roubier*, Le droit de la propriété industrielle, Bd. II, S. 268.

930 Zum Anwendungsbereich und insgesamt zum Gesetz vom 28. Juli 1824 vgl. *Chavanne/ Burst*, Droit de la propriété industrielle, Rz. 1334 ff. und *Peschel*, Die anlehnend vergleichende Werbung im deutschen und französischen Wettbewerbs- und Markenrecht, S. 108 ff.

931 Als Novum bei Einführung eines Gesetzes war vorgesehen, dass der *Code* zunächst für eine Probezeit gelten sollte. Bis Anfang April 1994 sollte die Regierung der *Assemblée National* einen Bericht über die Auswirkungen der Zulassung vergleichender Werbung vorlegen. Auf dessen Grundlage sollte das erlassene Gesetz unter Umständen nachgebessert werden.

932 Zu den Hintergründen die bis in die 1970er Jahre zurückreichen vgl. *Stadelmann*, Die Entwicklung der kritisierenden Werbung in Deutschland und in Frankreich, S. 60 ff. m.w.N.

933 Durch Gesetz n° 93-949 vom 26. Juli 1993, vgl. dazu kritisch *Szönyi*, GRUR Int. 1996, 83 (84).

934 Vgl. *Dreier/ Lewinski* in: *Schricker*, Recht der Werbung in Europa, Rz. 11.

Von Interesse sind hier allein die Art. L. 121-8 ff. Code de la consommation (C. consom.) in ihrer alten Fassung. Danach ist vergleichende Werbung unter bestimmten Voraussetzungen grundsätzlich zulässig. Frankreich ging damit unter enger Anlehung an den Kommissionsentwurf nicht zuletzt aus taktischen Gründen in die Offensive[935] und inspirierte den europäischen Gesetzgeber erfolgreich[936]. Zudem waren 79% der Franzosen für die Zulassung vergleichender Werbung[937]. Trotz der grundsätzlichen Zulässigkeit kamen Werbevergleiche – abgesehen von Preisvergleichen – jedoch nicht häufiger vor. Statt dessen nahm nur die Zahl der gegen sie gerichteten Klagen zu[938]. Dies war unter anderem auf die komplizierte Regelung in den Art. L. 121-8 ff. C. consom. a.F. zurückzuführen. *Serandour* kritisierte daher auch, dass der *Code de la consommation* a.F. zu viele Unsicherheiten enthielt. Der Gesetzgeber hätte nur bestimmen sollen, dass vergleichende Werbung gegenüber Konkurrenten und Verbrauchern lauter sein muss und das Übrige der Rechtsprechung überlassen sollen[939].

a) Anwendungsbereich

Den Anwendungsbereich der maßgeblichen Bestimmungen des *Code de la consommation* a.F. legte Art. L. 121-8 ff. C. consom. a.F. fest. Zum Teil wurde vertreten, diese Anordnungen seien nur auf Werbung anwendbar, die sich an Verbraucher richte. Sie gelt dagegen nicht für Reklame, die sich an Personen im Rahmen ihrer Berufstätigkeit richte. Diese Beschränkung ergäbe sich aus dem Verbraucherschutzzweck des *Code de la consommation*[940]. Insgesamt ging die Tendenz der

---

[935] Vgl. *Beltz*, RIW 1995, 813 (816); *Raymond*, JCP éd. E, 1992, I, 209 (214) m.w.N.

[936] Vgl. *Sterzing*, RIW 1992, 103; *Stadelmann*, Die Entwicklung der kritisierenden Werbung in Deutschland und in Frankreich, S. 60 ff. m.w.N.; ähnliche Beweggründe dürften dem Entwurf zur Reform des UWG des deutschen Gesetzgebers zu Grunde liegen, vgl. *Köhler/ Bornkamm/ Henning-Bodewig*, GRUR 2003, 127.

[937] Vgl. *Nuss*, PIBD 1992, II, 65.

[938] Vgl. *Fabre*, JCP éd. E, CDE 1999/ 2, 13; *Candé*, D., 2000, doctr., 33 (42).

[939] Vgl. *Serandour*, JCP éd. G, 1992, I, 295 (304); sehr kritisch auch *Fourgoux*, Gaz. Pal., 1992, doctr., 278.

[940] Tribunal de commerce de Paris, 14.09.1992, RJDA 1992, 12, und 1181; Tribunal de commerce de Paris, 16.05.1995, Contr.-Conc.-Consom., 1998, comment. n° 214 m. Anm. v. *Raymond*; anders dagegen Tribunal de Grande Instance Paris, 18.11.1992, Gaz. Pal., 1993, jur., 265 (266) m. Anm. v. *Massoni*; vgl. auch *Storrer*, Bulletin d'actualité – Lamy droit économique 1997/ 7, S. 1 (2); *Fabre*, JCP éd. E, CDE 1999/

Rechtsprechung jedoch dahin, die Art. L. 121-8 ff. C. consom. a.F. unabhänig vom Werbeadressaten anzuwenden[941]. Jedenfalls fiel vergleichende Werbung von Freiberuflern nicht in den Anwendungsbereich[942].

Die Zulässigkeitsvoraussetzungen der Art. L. 121-8 ff. C. consom. a.F. galten für „Werbung, die Waren oder Dienstleistungen in Vergleich setzt, sei es durch Nennung oder Darstellung der Fabrik-, Handels- oder Dienstleistungsmarke eines anderen, sei es durch die Nennung oder Darstellung der Firma, der Firmenbezeichnung, des Handelsnamens oder des Handelszeichens eines anderen“ [943]. Die Rechtsprechung verstand den Begriff der Werbung meist weit. So sah das *Tribunal de Grande Instance Paris* in dem Beitrag zu einer Zeitungsbeilage, der sich als journalistischer Artikel darstellte, eine Werbung, ohne dass darin die Begriffe *publicité* oder *communiqué* auftauchten[944]. Ein Vergleich wurde bejaht, wenn mindestens zwei Waren oder Dienstleistungen gegenübergestellt wurden[945]. Nicht erfasst wurden vergleichende Informationen. Dagegen fiel die Aufforderung zum Vergleich jedenfalls dann in den Anwendungsbereich der Art. L. 121-8 ff. C. consom. a.F., wenn die zu vergleichenden Eigenschaften und das Ergebnis bereits impliziert wurden[946].

Unklar war allerdings, ob ein Konkurrent namentlich genannt werden musste oder ob es ausreichte, wenn er aus den Umständen des Einzelfalls

---

2, 13; *Candé*, D., 2000, doctr., 33 (35 f.); *Redon/ Delbarre*, Gaz. Pal., 1993, doctr., 679 (681).

[941] Cour d'Appel de Versailles, 10.09.1998, JCP éd. G, 1998, 697; Cour d'Appel de Versailles, 18.02.1999, JCP éd. E, 1999, pan., 697; *Candé*, D., 2000, doctr., 33 (37); Tribunal de Grande Instance Paris, 18.11.1992, Gaz. Pal., 1993, jur., 265 (266) m. Anm. v. *Massoni*.

[942] Vgl. *Beltz*, RIW 1995, 813 (814).

[943] Vgl. die deutsche Übersetzungen in GRUR Int. 1992, 451; vgl. ausführlich dazu *Bout/ Prieto*, Lamy droit économique, Rz.2458.

[944] Tribunal de Grande Instance Paris, 18.11.1992, Gaz. Pal., 1993, jur., 265 (266) m. Anm. v. *Massoni*; vgl. dagegen Cour d'Appel de Paris, 15.05.1998, JCP éd. E, 1999, pan., 104 = Dalloz affaires, 1998, 1311 = Contr.-Conc.-Consom., 1998, comment. n° 171.

[945] Vgl. dazu die Entscheidung Cour d'Appel de Paris, 17.03.1998, JCP éd. G, 1998, pan., 586, in der in der Darstellung einer Fiktion kein Vergleich gesehen wurde.

[946] Cour d'Appel de Versailles, 18.02.1999, JCP éd. E, 1999, pan., 697.

erkennbar war[947]. Der Wortlaut des Art. L. 121-8 C. consom. a.F. deutete eher darauf hin, dass eine namentliche Nennung erforderlich war. Dennoch wurde es für ausreichend gehalten, dass der Werbeadressat aus seinem Spezialwissen[948], auf Grund der engen Marktverhälnisse[949] oder wegen besonderer Bekanntheit des Konkurrenten erkennen konnte, auf wen sich die Aussage bezog[950]. Anders fiel dagegen eine Entscheidung des *Cour d'Appel de Versailles*[951] aus. Gegenstand war eine Werbeschrift, die der Werbende in seine Geschäftsauslage gelegt hatte. Auf dieser stand: „*Parapharmacie moins chère qu'une para*". Das Geschäft des Werbenden befand sich in der Nähe des Konkurrenzgeschäfts *Parasanté*. Das Gericht verneinte die Bezugnahme. *Para* sei die Abkürzung von *parapharmacie* und die Werbung lasse für sich genommen den Konkurrenten nicht erkennen.

Es stellte sich zudem die Frage, ob die Art. L. 121-8 ff. C. consom. a.F. auch Sachverhalte der anlehnenden Bezugnahme erfassten. Nach dem Wortlaut des Art. L. 121-8 C. consom. a.F. griffen die Vorschriften für jede Werbung, die Waren oder Dienstleistungen unter anderem durch Verwendung einer fremden Marke in Vergleich setzte. Es ist also davon auszugehen, dass auch die anlehnende Bezugnahme der alten deutschen

---

[947] Vgl. *Fabre*, JCP éd. E, CDE 1999/ 2, 13; vgl. auch *Raymond*, der vorschlug, Fälle indirekter Bezugnahme unter *action en concurrence déloyale* zu subsumieren, dabei aber die Wertungen der Art. L. 121-8 ff. C. consom. einfließen zu lassen, *Raymond*, JCP éd. E, 1992, I, 209 (214 f.); *Raymond*, J.-Cl. Conc.-Consomm., Fasc. 900, Rz. 17.

[948] Cour d'Appel de Paris, 15.05.1998, JCP éd. E, 1999, pan., 104; *Candé*, D., 2000, doctr., 33 (38).

[949] Tribunal de Grande Instance Paris, 18.11.1992, Gaz. Pal., 1993, jur., 265 (266) m. Anm. v. *Massoni*.

[950] Cour d'Appel de Versailles, 26.03.1999, JCP éd. E, 1999, pan., 1753 für einen Tarifvergleich, in dem ein Telekommunikationsdienstleister seine Tarife denen der *France Télécom* gegenüberstellte, ohne diese namentlich zu nennen.

[951] Cour d'Appel de Versailles, 21.11.1997, JCP éd. E, 1998, pan., 350; ähnlich die Entscheidung zu „*n° 1 de la petite annonce*", hieraus sei nicht erkennbar, auf wen sich die Aussage beziehe, so dass keine vergleichende Werbung vorliege, vgl. Cour d'Appel de Rennes, 06.09.1995, Gaz. Pal., 1996, jur., 23; vgl. auch Cour d'Appel de Douai, 02.10.1995, JCP éd. E, 1998, pan., 1222 = Contr.-Conc.-Consom., 1995, comm. n° 213, m. Anm. v. *Raymond* = D., 1996, jur., 99 m. Anm. v. *Fourgoux*.

Terminologie erfasst wurde[952]. Diese Annahme wurde durch Art. L. 121-9 S. 2 C. consom. a.F. bestätigt. Danach durfte kein Vergleich Produkte als Nachahmung von Produkten darstellen, die mit einem zuvor eingetragenen Warenzeichen versehen waren. Zudem sind bei Rechtsverstößen gemäß Art. L. 121-14 C. consom. a.F. erforderlichenfalls die Art. L. 716-9 ff. CPI anzuwenden. Da diese Vorschriften bislang anlehnenden Vergleichen vorbehalten waren, spricht auch dies für die Anwendbarkeit des *Code de la consommation* a.F. auf diese Werbeform.

b) Inhaltliche Zulässigkeitsvoraussetzungen

Der *Code de la consommation* a.F. konstituierte materielle und formelle Voraussetzungen für die Zulässigkeit vergleichender Werbung. Art. L. 121-8 C. consom. a.F.[953] enthielt allgemeine materielle Anordnungen, die in den Art. L. 121-9 ff. C. consom. a.F. präzisiert und ergänzt wurden. Die allgemeinen materiellen Zulässigkeitsvoraussetzungen galten einheitlich.

aa) Lauter, objektiv und wahr

Der Vergleich musste *loyale*, *objectiv* und *véridique* sein (Art. L. 121-8 C. consom. a.F.).

Als *loyale* wurde der Vergleich angesehen, wenn er den allgemeinen Lauterkeitsgrundsätzen entsprach. Er durfte daher nicht herabsetzend oder

---

[952] Dies wird auch angedeutet bei *Serandour*, JCP éd. G, 1992, I, 295 (299); vgl. auch *Peschel*, Die anlehnend vergleichende Werbung im deutschen und französischen Wettbewerbs- und Markenrecht, S. 105.

[953] Art. L. 121-8 C. consom. a.F. lautete: Die Werbung, die Waren oder Dienstleistungen in Vergleich setzt, sei es durch Nennung oder Darstellung der Fabrik-, Handels- oder Dienstleistungsmarke eines anderen, sei es durch die Nennung oder Darstellung der Firma, der Firmenbezeichnung, des Handelsnamens oder des Handelszeichens eines anderen, ist nur zulässig, wenn sie lauter, wahrheitsgemäß und nicht dazu geeignet ist, beim Verbraucher einen Irrtum hervorzurufen. Sie muss auf einen objektiven Vergleich beschränkt sein, der sich nur auf die wesentlichen, kennzeichnenden, erheblichen und überprüfbaren Eigenschaften von Waren oder Leistungen gleicher Art erstrecken darf, die auf dem Markt verfügbar sind. Sofern der Vergleich den Preis betrifft, muss er identische, unter denselben Umständen verkaufte Produkte betreffen und die Dauer angeben, während derer die genannten Preise durch den Anzeigenden als die eigenen aufrechterhalten werden. Die vergleichende Werbung darf sich nicht auf individuelle oder kollektive Meinungen oder Bewertungen stützen, vgl. die deutsche Übersetzung in GRUR Int. 1992, 451.

rufausbeutend wirken und nicht grob oder aggressiv sein[954]. Damit sollte jene Herabsetzung und Rufausbeutung ausgeschlossen werden, die über das Maß hinaus ging, das jedem Werbevergleich innewohnt. Zwar ergingen einige Entscheidungen, in denen der streitgegenständliche Werbevergleich für unzulässig, weil nicht *loyale* gehalten wurde. Der Begriff wurde jedoch nie näher ausgelegt[955]. So sah der *Cour d'Appel de Versailles* die Grenze der Lauterkeit in einer Werbung mit Testergebnissen überschritten, in der nur die für den Werbenden vorteilhaften Punkte des Tests wiedergegeben wurden[956]. Das *Tribunal de commerce Paris* erblickte in einer Vergleichswerbung, in der elektrische Energie der aus Erdöl gewonnenen Energie gegenübergestellt wurde, eine Herabwürdigung der gesamten Erdölwirtschaft. Die elektrische Energie werde insgesamt als friedlich, die aus Erdöl gewonnene Energie dagegen als umweltschädlich hingestellt[957]. Eine weitere Entscheidung, in der Herabwürdigung bejaht wurde, betraf die Anzeige eines Radiosenders, die die Einschaltquoten von vier Radiosendern in einer Vergleichstabelle gegenüberstellte. Darunter war eine Bowlingkugel mit der Aufschrift *NRJ* abgebildet, die auf drei Kegel mit dem Aufdruck *RTL*, *Europe1* und *RMC* zurollte. Die Kugel hatte die ersten beiden Kegel bereits umgeworfen, der dritte Kegel schwankte. Darunter stand: „*Quand NRJ est deuxième radio de France ça fait un drôle d'effet*"[958].

Der Vergleich musste zudem wahr (*véridique*) und objektiv (*objective*) sein. Gemäß Art. L. 121-12 C. consom. a.F. trug der Werbende für die Richtigkeit der von ihm veröffentlichten Angaben die Darlegungs- und Beweislast[959]. Dies ist in Anbetracht der grundsätzlichen Zulassung

---

954 Vgl. dazu *Serandour*, JCP éd. G, 1992, I, 295 (303); *Stadelmann*, Die Entwicklung der kritisierenden Werbung in Deutschland und in Frankreich, S. 67 ff. m.w.N.

955 Vgl. etwa die Entscheidung Cour de cassation (crim), 14.06.2000, JCP éd. G, 2000, IV, 2357, in der ohne weitere Begründung festgestellt wurde, der streitgegenständliche Vergleich sei „*ni loyale, ni véridique*".

956 Cour d'Appel de Versailles, 10.09.1998, JCP éd. E, 1999, pan., 697.

957 Tribunal de commerce Paris, 21.11.1997, unveröffentlicht, zitiert nach *Gunther*, Contr.-Conc.-Consom., 1998, chron n° 2 (S. 5).

958 Cour d'Appel de Paris, Contr.-Conc.-Consom., 2000, comm. n° 89.

959 Vgl. dazu Cour de cassation (com), 14.06.2000, JCP éd. E, 2000, pan., 1357.

vergleichender Werbung verwunderlich[960]. Objektivität bedeutete, dass die Werbung frei von subjektiven Bewertungen und Einschätzungen sein musste. Dies galt unabhängig davon, ob es sich um Aussagen des Werbenden selbst oder um solche Dritter handelte[961]. Damit sollte verhindert werden, dass mit Umfrageergebnissen oder der Meinung berühmter Persönlichkeiten geworben wird[962]. Unparteiisch musste der Werbevergleich dagegen nicht sein. Da nur nachvollziehbare Vergleiche für objektiv gehalten wurden, waren ästhetische und geschmackliche Vergleiche ausgeschlossen. Auch Werbung, die sich auf eine allgemeine Meinung oder Wertschätzung bezog, die etwa durch Umfragen ermittelt wurde, schied aus[963].

Dennoch überraschte die Entscheidung des *Tribunal de Grande Instance Paris* zum Werbeslogan „*Renault vend deux fois plus de voitures en Allemagne que Volkswagen en France*“[964]. Obwohl die Verkaufszahlen korrekt waren, entschied das Gericht, „*cette publicité ne constitue pas une source d'information objective, même si par ailleurs son caractère inexact n'est pas établi*“. Es war der Ansicht, die Werbung erkläre die schlechteren Ergebnisse von *Volkswagen* unterschwellig mit der schlechteren Qualität der Fahrzeuge. In Deutschland wäre dies eher unter dem Gesichtpunkt der Herabwürdigung geprüft worden.

bb) Verbot irreführender Werbevergleiche

Irreführende Werbevergleiche waren gem. Art. L. 121-8 C C. consom. a.F. unzulässig (*ne pas être de nature à induire en erreur*). Zum Teil wurde vertreten, die Erwähnung in Art. L. 121-8 C C. consom. a.F. sei

---

960 Vgl. dazu *Szönyi*, GRUR Int. 1996, 83 (92) m.w.N.; vgl. dort auch zu den durch die Beweislastverteilung aufgeworfenen Problemen im Fall einer auf einen strafrechtlichen Verstoß gestützten Klage.

961 Vgl. *Beltz*, RIW 1995, 813 (815).

962 Vgl. *Raymond*, JCP éd. E, 1992, I, 209 (215).

963 Vgl. *Serandour*, JCP éd. G, 1992, I, 295 (301 f.); *d'Harcourt*, JCP éd. E, CDE 1992/3 S. 41 (42).

964 Tribunal de Grande Instance Paris, 22.09.1991, Gaz. Pal., 1991, 2, 577; vgl. dazu auch *Sterzing*, RIW 1992, 103 (104); vgl. *Serandour*, JCP éd. G, 1992, I, 295 (301); *Stadelmann*, Die Entwicklung der kritisierenden Werbung in Deutschland und in Frankreich, S. 69 f. m.w.N.

überflüssig, weil das Irreführungsverbot bereits in Art. 44 loi Royer enthalten sei[965].

Für die Beurteilung der Irreführung wurde auf die Adressaten der Werbung abgestellt. Welcher Irreführungsmaßstab dabei angewandt wurde, ging aus den Entscheidungen nicht hervor. Irreführung wurde beispielsweise für einen Preisvergleich bejaht, bei dem der günstigere Preis des beworbenen Produkts in unlauterer Weise verdunkelt wurde[966]. Auch folgender Werbevergleich, in dem der Schnelllieferservice des Werbenden mit dem des Konkurrenten verglichen wurde, wurde für irreführend gehalten[967]: auf einer Abbildung, die für den Service des Konkurrenten stand, wurde eine sternklare Nacht auf blauem Grund gezeigt. Darunter stand, der Konkurrent habe seinen Lieferservice 1984 eingeführt. Der Lieferservice des Werbenden, der erstmals 1995 angeboten wurde, war auf rotem Grund dargestellt und zeigte im Hintergrund eine Planetenexplosion, die die sternklare Nacht als Symbol für den Service des Konkurrenten erhellte. Der *Cour d'Appel de Douai* stellte fest, diese Werbung sei irreführend. Sie vermittle Durchschnittsverbrauchern, beim Angebot der Beklagten handle es sich um eine revolutionäre Neuerung, was durch Farbgebung und Wortwahl unterstrichen werde. Blau stehe für konservatives Verhalten, rot dagegen für Fortschrittlichkeit. Diese Anknüpfung des Gerichts an die Fargebung scheint übertrieben streng.

cc) Voraussetzungen des Eigenschaftsvergleichs

Der Vergleich musste sich auf vergleichbare Eigenschaften (*caractéristiques comparables*) beziehen. Der parlamentarischen Beratung ist zu entnehmen, dass die Verwendung des Plurals hier kein Zufall war[968]. Es mussten tatsächlich mindestens zwei Eigenschaften verglichen werden[969]. Dennoch war der *Tribunal de Grande Instance Paris* in einer Entscheidung der Ansicht, *„l'emploi de pluriel pour le terme*

---

[965] Vgl. *d'Harcourt*, JCP éd. E, CDE 1992/ 3 S. 41 (42).

[966] Cour d'Appel de Versailles, 18.02.1999, JCP éd. E, 1999, pan., 697.

[967] Cour d'Appel de Douai, 02.10.1995, JCP éd. E, 1998, pan., 1222 = Contr.-Conc.-Consom., 1995, comm. n° 213, m. Anm. v. *Raymond* = D., 1996, jur., 99 m. Anm. v. *Fourgoux*.

[968] JO Sénat CR, 12.12.1991, 5314.

[969] Vgl. *Beltz*, RIW 1995, 813 (816).

„caractéristiques" n'emporte pas obligatoirement la comparaison de plusieurs caractéristiques du produits (...)"[970].

Die Eigenschaften mussten wesentlich (*essentielle*), kennzeichnend (*significative*), dauerhaft (*pertinente*) und überprüfbar (*vérifiable*) sein[971]. Der Werbevergleich durfte sich somit nicht auf Nebensächlichkeiten beziehen[972]. Wesentlich bedeutete, dass die Eigenschaften dem Produkt immanent sein mussten und nicht außerhalb liegen durften[973]. Der Preis stellte kein wesentliches Merkmal dar. Ob *significative* daneben eine eigenständige Bedeutung hatte, wurde zum Teil bezweifelt[974]. Das Merkmal sollte verhindern, dass die Zielgruppe der Werbung mit einer unverständlichen Vielzahl technischer Angaben konfrontiert wird. Für erheblich wurden Eigenschaften gehalten, an denen bei gewöhnlichem Gebrauch der Ware ein Interesse bestand[975]. Nachprüfbar wurde in den parlamentarischen Diskussionen mit bestimmbar (*quantifiable*) und meßbar (*mesurable*) umschrieben[976].

dd) Vergleich gleichartiger, auf dem Markt verfügbarer Waren oder Leistungen

Die in Bezug genommenen Waren oder Leistungen mussten gleicher Art (*biens ou services de la même nature*) und auf dem Markt verfügbar (*disponible sur le marché*) sein. Letzteres sollte verhindern, dass neuen Waren der Marktzugang erschwert wird[977]. Als Waren gleicher Art wurden solche angesehen, die aus Sicht der Verbraucher austauschbar waren[978]. Die Waren mussten daher jedenfalls die gleiche Nutzungsart haben und

---

970 Tribunal de Grande Instance Paris, 01.04.1998, Revue Lamy Droit des affaires, 1998, no 8, 20; vgl. auch Cour d'Appel de Paris, 03.04.1998, D. aff., 1998, 1168.

971 Vgl. dazu ausführlich *Massoni*, J.-Cl. Contr. Distrib., Fasc. 4140, Rz. 32 ff.; vgl. *Serandour*, JCP éd. G, 1992, I, 295 (301 f.); *Stadelmann*, Die Entwicklung der kritisierenden Werbung in Deutschland und in Frankreich, S. 71 ff. m.w.N.

972 Vgl. *Raymond*, JCP éd. E, 1992, I, 209 (215).

973 Vgl. *d'Harcourt*, JCP éd. E, CDE 1992/ 3 S. 41 (44).

974 Vgl. *Massoni*, J.-Cl. Contr. Distrib., Fasc. 4140, Rz. 34.

975 So auch *d'Harcourt*, JCP éd. E, CDE 1992/ 3 S. 41 (44).

976 Vgl. *d'Harcourt*, JCP éd. E, CDE 1992/ 3 S. 41 (44).

977 Vgl. *Greffe/ Greffe*, La publicité et la loi, Rz. 747; *Bout/ Prieto*, Lamy droit économique, Rz. 2473.

978 Vgl. *Massoni*, J.-Cl. Contr. Distrib., Fasc. 4140, Rz. 38; *Beltz*, RIW 1995, 813 (815 f.); *Gunther*, Contr.-Conc.-Consom., 1998, chron n° 2 (S. 4).

auch qualitativ gleichwertig sein. Unzulässig waren somit Vergleiche von Luxusgütern mit No-Name-Produkten[979] oder etwa der Vergleich einer Zugfahrt mit einer Flugreise[980]. Mit Zulassung von Werbevergleichen sollte zwar grundsätzlich die Markteinführung neuer Produkte erleichtert werden. Ob diese strenge Vorschrift dieses Ziel erreichte, ist jedoch zweifelhaft.

ee) Voraussetzungen des Preisvergleichs

Die damals neue Vorschrift zu Preisvergleichen übernahm die Grundsatzentscheidung des *Cour de cassation* aus dem Jahr 1986[981]. Wurde mit einem Preisvergleich[982] geworben, mussten die Preise identischer Waren oder Dienstleistungen gegenübergestellt werden (*identité des produits*), die unter gleichen Bedingungen verkauft wurden (*vendu dans des conditions identiques*), Art. L. 121-8 C. consom. a.F. Darüber hinaus musste der Werbende angeben, über welchen Zeitraum er seine Waren oder Dienstleistungen zum genannten Preis anbietet (*annoce de la durée de maintien des prix*). Es ergingen auffallend viele Entscheidungen zu dieser Art Werbevergleich.

Mit Verkauf unter gleichen Bedingungen waren jedenfalls die Vertragsbedingungen gemeint, also etwa vertraglich eingeräumte Garantiefristen. Zudem wurden damit Preisvergleiche großer Supermärkte mit kleinen Lebensmittelgeschäften ausgeschlossen[983].

Der Preisvergleich ähnlicher, aber nur ersetzbarer Waren wurde in der Regel für unzulässig erachtet[984]. So hielt das *Tribunal de Grande Instance Paris* den Kostenvergleich von Dampf- mit Gasheizsystemen für unzulässig, weil nicht die Kosten gleicher Waren gegenübergestellt

---

979 Vgl. *Stadelmann*, Die Entwicklung der kritisierenden Werbung in Deutschland und in Frankreich, S. 74 m.w.N.

980 Vgl. *Fabre*, JCP éd. E, CDE 1999/ 2, 13 (14).

981 Siehe dazu oben S. 156 f.

982 Vgl. dazu ausführlich *Bout/ Prieto*, Lamy droit économique, Rz. 2477 ff.; *Massoni*, J.-Cl. Contr. Distrib., Fasc. 4140, Rz. 44 ff.; *Stadelmann*, Die Entwicklung der kritisierenden Werbung in Deutschland und in Frankreich, S. 75 ff. m.w.N.

983 Vgl. *Raymond*, JCP éd. E, 1992, I, 209 (215); *Gunther*, Contr.-Conc.-Consom., 1998, chron. n° 2 (S. 5).

984 Kritisch dazu *Fabre*, der sich gegen eine zu enge Auslegung ausspricht, da dies dem Zweck des *Code de la comsommation*, die Verbraucherinformation zu verbessern nicht diene, vgl. *Fabre*, JCP éd. E, CDE 1999/ 2, 13.

wurden[985]. Identität wurde meist nur bei Waren und Dienstleistungen derselben Marke, des selben Ursprungs, der selben Qualität und Quantität angenommen. Daher war der Preisvergleich von Marken- mit No-Name-Produkten ausgeschlossen[986]. Uneinheitlich war die Rechtsprechung insbesondere in der Frage, wann beim Vergleich von Arzneimittelpreisen von Gleichheit im Sinne der Vorschrift auszugehen war. So hielt das *Tribunal de commerce Nanterre* den Vergleich zweier Medikamente für unzulässig, obwohl mit ihnen die gleiche Krankheit behandelt wurde. Es argumentierte, die Medikamente bestünden aus unterschiedlichen Inhaltsstoffen, sie hätten eine unterschiedliche Wirkungsweise und zudem sei das eine Medikament frei verkäuflich, wohingegen das andere nur auf Rezept erhältlich sei[987]. Andererseits hielt das gleiche Gericht den Preisvergleich zweier Präparate mit im Wesentlichen gleichen Inhaltsstoffen und gleichem Therapiefeld für zulässig, obgleich die Arzneimittel auf Grund verschiedener Trägersubstanzen eine unterschiedliche Kontraindikation hatten. Das Gericht war der Ansicht, es genüge, dass *„les produits concernés sont essentiellement similaires“*[988]. Dies überrascht in Anbetracht der Gesetzesformulierung *„identité des produits“*. Mit dieser Entscheidung ist auch das Urteil des *Cour d'Appel de Versailles*[989] unvereinbar, in dem die Identität der verglichenen Arzneien verneint wurde, weil das beworbene Präparat in Verbindung mit einem weiteren Medikament verabreicht werden musste, dessen Preis in den Preisvergleich nicht einbezogen wurde.

---

[985] Tribunal de Grande Instance Paris, 18.11.1992, Gaz. Pal., 1993, jur., 265 (266) m. Anm. v. *Massoni.*

[986] Cour de cassation (crim), 16.10.1996, JCP éd. E, 1997, pan., 232; Cour d'Appel de Orléans, 27.05.1999, Contr.-Conc.-Consom., 2000, comm. n° 36; Cour d'Appel de Nancy, 14.02.1996, JCP éd. E, 1999, pan., 566 zum Preisvergleich mit nur allgemein bezeichneten Waren (Porto, Whisky); vgl. kritisch dazu *Serandour*, JCP éd. G, 1992, I, 295 (300).

[987] Tribunal de commerce Nanterre, 18.06.1997 zitiert nach *Candé*, D., 2000, doctr., 33 (39).

[988] Tribunal de commerce Nanterre, 19.12.1997 zitiert nach *Candé*, D., 2000, doctr., 33 (39).

[989] Cour d'Appel de Versailles, 18.02.1999, JCP éd. E, 1999, pan., 697.

ff) Vergleich nur zwischen Waren mit gleicher Herkunftsbezeichnung

Bei Erzeugnissen, die einer geschützten Herkunftsbezeichnung unterlagen, durfte sich der Vergleich gemäß Art. L. 121-10 C. consom. a.F.[990] nur auf Erzeugnisse derselben Herkunftsbezeichnung beziehen[991]. Der Vergleich von *Bordeaux* Wein mit Wein aus der *Bourgogne* war also unzulässig. Die Forderung einiger französischer Senatoren, das Verbot auch auf Waren zu erstrecken, die mit einem Qualitäts- oder Gütesiegel versehen waren, konnte sich dagegen nicht durchsetzen[992].

gg) Verwendung eingetragener Marken im Werbevergleich – Verhältnis zum Markenrecht

Die Verwendung eingetragener Marken im Werbevergleich wurde durch den *Code de la cosommation* a.F. in zweierlei Hinsicht eingeschränkt. Dadurch ergab sich zum Teil ein Konflikt mit dem Markenrecht. Art. L. 121-9 C. consom. a.F.[993] erklärte Vergleiche für unzulässig, die Produkte als Nachahmung oder Nachschaffung eines anderen, mit einem eingetragenen Warenzeichen versehenen Produkts darstellten. Damit blieben *Tableaux de concordance* unzulässig[994]. Der Vergleich der Inhaltsstoffe von Parfums war dagegen erlaubt.

Darüber hinaus durften Werbevergleiche nicht hauptsächlich (*objet principal*) darauf abzielen, von der Bekanntheit einer Marke zu profitieren (*tirer avantage de la notoriété attachée à une marque*), Art. L. 121-9 C. consom. a.F.[995]. Unter das Verbot fielen vor allem Angaben, die die angeblich bestehenden Ähnlichkeiten mit dem verglichenen

[990] Art. L. 121-10 C. consom. a.F. lautete: Für Waren, die einer geschützten Herkunftsbezeichnung unterliegen, ist ein Vergleich nur zulässig, wenn er sich auf Waren mit derselben Herkunftsbezeichnung bezieht; vgl. die deutsche Übersetzung in GRUR Int. 1992, 451.

[991] Vgl. *Greffe/ Greffe*, La publicité et la loi, Rz. 771.

[992] Vgl. *Raymond*, JCP éd. E, 1992, I, 209 (216).

[993] Art. L. 121-9 C. consom. a.F. S. 1 lautete: Kein Vergleich darf Produkte oder Dienstleistungen als Nachahmung oder Nachschaffung von Produkten oder Leistungen darstellen, die mit einem zuvor eingetragenen Warenzeichen versehen sind; vgl. die deutsche Übersetzungen in GRUR Int. 1992, 451.

[994] Cour d'Appel de Rennes, 06.09.1995, zitiert nach *Bout/ Prieto*, Lamy droit économique, Rz. 2489 m.w.N.

[995] Art. L. 121-9 C. consom. a.F. S. 2 lautete: Kein Vergleich darf hauptsächlich darauf abzielen, von der Bekanntheit einer Marke zu profitieren; vgl. die deutsche Übersetzung in GRUR Int. 1992, 451.

Originalprodukt werbemäßig herausstellten. Während des Gesetzgebungsverfahrens wurde zwar vorgeschlagen, vergleichende Werbung nur zwischen Markenwaren mit ähnlicher Bekanntheit zuzulassen. So sollte verhindert werden, dass der Werbende vom guten Ruf der fremden Marke profitiert. Dies konnte sich jedoch nicht durchsetzen, da man befürchtete, vergleichende Werbung damit praktisch auszuschließen[996].

Der Begriff *notoriété attachée à une marque* wurde als zu ungenau kritisiert. Den Gerichten werde damit ein zu weiter Spielraum eingeräumt. Zudem habe der französische Gesetzgeber bei weiter Auslegung des Begriffs damit die weltweit bekannten französischen Luxusmarken generell von Werbevergleichen ausgenommen[997]. Auch war man der Auffassung, der Beklagte werde sich im Prozessfall regelmäßig damit verteidigen, die Vorteilsziehung sei nicht Haupt-, sondern allenfalls Nebenzweck[998].

Im übrigen war die Nennung fremder Marken durch den *Code de la consommation* a.F. nicht ausgeschlossen. Dadurch ergab sich ein Spannungsverhältnis zum Markenrecht: Einerseits bestimmte Art. L. 713-2 CPI, dass die einfache Benutzung einer fremden Marke eine Markenrechtsverletzung darstellte. Andererseits ließ Art. L. 121-8 ff. C. consom. a.F. die Nennung fremder Marken in vergleichender Werbung grundsätzlich zu[999]. Da diese grundsätzliche Erlaubnis leer liefe, würde vergleichende Werbung aus zeichenrechtlichen Gründen verboten, konnte die Frage, ob im Rahmen von Werbevergleichen fremde Marken und Namen genannt werden dürfen, nur im Sinne eines Anwendungsvorrangs der Art. L. 121-8 ff. C. consom. a.F. geklärt werden. Dafür sprach auch, dass der *Code de la consommation* a.F. lex specialis war[1000]. Zudem ordnete er die Rechtsfolgen des *Code de la propriété intellectuelle* an, so dass eine direkte Anwendung der

---

996 Vgl. *Raymond*, JCP éd. E, 1992, I, 209 (215).

997 Vgl. *Redon/ Delbarre*, Gaz. Pal., 1993, doctr., 679; kritisch dazu auch *Calais-Auloy*, Cah. dr. entr., 1992, n° 3, 39.

998 Vgl. *Beltz*, RIW 1995, 813 (814).

999 Vgl. dazu auch *Luby*, D., 1993, chron., 53 (55).

1000 Vgl. *Serandour*, JCP éd. G, 1992, I, 295 (298); vgl. dazu auch *Haidl*, Die anlehnende vergleichende Werbung in Deutschland und in der Europäischen Union, S. 86; *Peschel*, Die anlehnend vergleichende Werbung im deutschen und französischen Wettbewerbs- und Markenrecht, S. 105 ff.

Art. L. 713-2 und Art. L. 716-9 ff. CPI nicht mehr möglich war. Dieses Ergebnis führte zur Einschränkung des Markenschutzes.

Einige Mitglieder des französischen Parlaments erhoben aus diesem Grund vor dem *Conseil constitutionnel* Klage gegen die gleichlautende Vorläuferbestimmung der Art. L. 121-8 ff. C. consom. a.F.[1001] Sie waren der Ansicht, die Regelungen beeinträchtigten das Markenrecht in verfassungswidriger Weise, weil sie zuließen, dass ein Dritter ohne Zustimmung die geschützten Marken eines anderen benutzt. Die Klage wurde mit der Begründung abgewiesen, die Markenbenutzung erfolge im Interesse des Gemeinwohls, das das Eigentumsrecht und mit ihm das Markenrecht einschränke[1002]. Ziel der Bestimmungen des *Code de la comsommation* sei es, die Verbraucherinformation zu verbessern und in klar umschriebenen Grenzen Anreize des Wettbewerbs zu schaffen[1003].

c) Formelle Zulässigkeitsvoraussetzungen

In formeller Hinsicht verbot der *Code de la consommation* a.F. einige Werbeträger und verpflichtete den Werbenden, dem betroffenen Mitbewerber die Werbung vorab mitzuteilen.

aa) Unzulässige Werbeträger

Einige Werbeträger (Verpackungen, Rechnungen etc.) waren gemäß Art. L. 121-11 C. consom. a.F.[1004] für vergleichende Werbung grundsätzlich nicht zugelassen[1005]. Dieses Verbot hatte seinen Grund darin, dass das französische Wettbewerbsrecht die Möglichkeit vorsah, dass das entscheidende Gericht anordent, das Urteil zu veröffentlichen. Dies musste in der Form geschehen, in der auch die für unzulässig erklärte Werbung publiziert worden war. Auf den ausgeschlossenen Werbeträgern war dies

---

[1001] Vgl. dazu *Hucke*, Erforderlichkeit einer Harmonisierung des Wettbewerbsrechts in Europa, S. 277 f. m.w.N.; *Dreier/ Lewinski* in: *Schricker*, Recht der Werbung in Europa, Rz. 115 m.w.N.

[1002] Vgl. JCP éd. G, 1992, III, 65333, deutsche Übersetzung in GRUR Int. 1992, 464.

[1003] Kritisch dazu *Szönyi*, GRUR Int. 1996, 83 (89) m.w.N.

[1004] Art. L. 121-11 C. consom. a.F. lautete: Es ist verboten, solche, in dem vorliegenden Artikel bestimmte vergleichende Anzeigen auf Verpackungen, auf Rechnungen, auf Fahrkarten, Zahlungsmitteln oder Eintrittskarten zu Veranstaltungen oder zu öffentlich zugänglichen Plätzen erscheinen zu lassen; vgl. die deutsche Übersetzung in GRUR Int. 1992, 451.

[1005] Vgl. für die Auslegung der Begriffe *Raymond*, JCP éd. E, 1992, I, 209 (216).

jedoch nicht möglich[1006]. Zudem waren die verbotenen Werbeträger aufgrund ihrer Verbreitung nur schwer kontrollierbar[1007].

bb) Vorherige Mitteilung

Überraschend war die Bestimmung in Art. L. 121-12 C. consom. a.F.[1008]. Danach musste der Werbende dem betroffenen Mitbewerber die vergleichende Anzeige vorab mitteilen (*communication préalable*). Dies musste solang vor ihrer Veröffentlichung geschehen, dass der Werbende den Werbeauftrag noch anulieren konnte.

Mit dieser Vorschrift reagierte der Gesetzgeber auf den Fall *Centres Leclerc*. In dieser Entscheidung lehnte das *Tribunal de Grande Instance Paris* den Erlass einer Unterlassungsverfügung gegen die Supermarktkette *Leclerc* ab, weil die beanstandete Werbekampagne am Tag des Urteilserlasses endete und der Schaden somit bereits eingetreten war[1009]. Daneben basierte die Mitteilungspflicht auf dem Grundsatz der Lauterkeit des Handelsverkehrs, der dazu verpflichtet, den von einer solchen Maßnahme Betroffenen vorab zu informieren[1010]. Zudem bildete sie das Korrelat dazu, dass der Werbende eine fremde Marke oder den Geschäftsnamen eines Konkurrenten nennen oder wiedergeben durfte[1011]. Dem Mitbewerber sollte es ermöglicht werden, sich zur beabsichtigten Werbemaßnahme zu äußern, geschäftlich darauf zu reagieren oder eine

---

[1006] Vgl. JO Senat (CR) 15.10.1991, S. 2899, zitiert nach *Massoni*, J.-Cl. Contr. Distrib., Fasc. 4140, Rz. 56.

[1007] Vgl. *d'Harcourt*, JCP éd. E, CDE 1992/ 3 S. 41 (43); *Gunther*, Contr.-Conc.-Consom., 1998, chron. n° 2 (S. 5).

[1008] Art. L. 121-12 C. consom. a.F. lautete: Der Werbetreibende, für dessen Rechnung die in Art. L. 121-8 und Art. L. 121-9 C. consom definierte Werbung verbreitet wird, muss in der Lage sein, die Richtigkeit seiner Ausführungen, Angaben und Darstellungen zu beweisen. Vor jeder Veröffentlichung teilt er die vergleichende Anzeige dem betroffenen Gewerbetreibenden in einer Frist mit, die mindestens so lang ist wie diejenige, die je nach der Eigenart des gewählten Werbeträgers für die Annullierung eines Werbeauftrages erforderlich ist; vgl. die deutsche Übersetzung in GRUR Int. 1992, 451.

[1009] Tribunal de Grande Instance Paris, 29.05.1991, Lettre de la distribution, mai et avril 1991, zitiert nach *Massoni*, Gaz. Pal., 1993, jur., 267 (268).

[1010] Vgl. *Picod*, D., 2001, doctr., 914 m.w.N.

[1011] Vgl. *Beltz*, RIW 1995, 813 (815); *Redon/ Delbarre*, Gaz. Pal., 1993, doctr., 679 (680).

einstweiligen Verfügung zu erwirken[1012]. Der Vorsprung des zuerst Werbenden sollte damit verkürzt werden. Die Vorschrift stieß jedoch auf erhebliche Kritik. So wurde beanstandet, mit dieser Pflicht ginge die Spontanität verloren. Die Werbemaßnahmen büßten damit an Wirksamkeit ein[1013]. Zum Teil sah man hierin sogar einen Angriff auf die Freiheit des Wettbewerbs[1014].

Das Gesetz bestimmte weder die Frist noch an wen die Mitteilung gehen musste[1015]. Unklar war auch, welche Rechtsfolgen das Unterlassen der Mitteilung hatte[1016]. Zum Teil wurde vertreten, der Werbende setzte sich, unbeschadet zivilrechtlicher Ansprüche, auch strafrechtlicher Verfolgung wegen irreführender Werbung aus[1017]. Andere gingen davon aus, die Mitteilung stelle eine rein formale Voraussetzung dar, deren Nichtbeachtung keinerlei Konsequenzen habe[1018]. Eine dritte Gruppe war der Meinung, die Werbung sei bei Verstoß gegen die Mitteilungspflicht rechtswidrig[1019]. Differenzierend wurde vertreten, die fehlende Mitteilung sei nur dann haftungsbegründend, wenn der Konkurrent nachwies, dass ihm gerade dadurch ein Schaden entstand[1020].

1012 Vgl. *Szönyi*, GRUR Int. 1996, 83 (91) m.w.N.; *Raymond* fragt zu Recht, ob es im Sinne der Verbraucher ist, wenn zwei sich widersprechende Werbemaßnahmen veröffentlicht werden, *Raymond*, JCP éd. E, 1992, I, 209 (215).

1013 Vgl. *Fourgoux*, Gaz. Pal., 1992, doctr., 278 (279); *Fabre/ Mainguy*, JCP éd. E, CDE 1992/ 3, 20 (26)

1014 Vgl. *Calvo*, Petites affiches, 1998, n° 44, 4 (6).

1015 Zu Problemen der Fristbestimmung vgl. *Massoni*, J.-Cl. Contr. Distrib., Fasc. 4140, Rz. 58 ff.; zur Frage, wer die betroffenen Mitbewerber sind vgl. *Serandour*, JCP éd. G, 1992, I, 295 (303 f.).

1016 Vgl. *Fabre*, JCP éd. E, CDE 1999/ 2, 13 (14) m.w.N.; *Massoni*, J.-Cl. Contr. Distrib., Fasc. 4140, Rz. 58 ff.

1017 Gemäß Art. L. 121-1 bis 7 C. consom. a.F.

1018 Cour d'Appel de Paris, 15.05.1998, JCP éd. E, 1999, pan., 104.

1019 Cour d'Appel de Aix-en-Provence, 20.03.1997, Dalloz Affaires 1997, 789; Cour d'Appel de Versailles, 26.03.1999, JCP éd. E, 1999, pan., 1753; *Raymond*, Contr.-Conc.-Consom., 1993, comm. n° 169; vgl. auch *Stadelmann*, Die Entwicklung der kritisierenden Werbung in Deutschland und in Frankreich, S. 81 m.w.N.

1020 Cour d'Appel de Paris, 05.04.1993, Contr.-Conc.-Consom., 1993, comm. n° 169 m. Anm. v. *Raymond* = D., 1994, somm., 282; Cour d'Appel de Paris, 15.05.1998, JCP éd. E, 1999, pan., 104.

d) Rechtsfolgen des Verstoßes

Art. L. 121-14 C. consom. a.F.[1021] bestimmte im Fall des Verstoßes gegen Art. L. 121-8 ff. C. consom. a.F. ein Nebeneinander von zivil- und strafrechtlichen Sanktionen[1022]. Wurden die Voraussetzungen, unter denen vergleichende Werbung zulässig war nicht erfüllt, galten weiterhin die Bestimmungen in Art. 1382 C. C.[1023]. War der Vergleich geeignet, die Verbraucher irrezuführen, griffen zudem die strafrechtlichen Folgen des Art. L. 121-1 ff. C. consom. a.F. (Geld- oder Haftstrafe). Wurde das Markenrecht eines anderen beeinträchtigt ohne dass eine Markenbenutzung im Sinn von Art. L. 121-8 ff. C. consom. a.F. vorlag, wurden die für die Markenrechtsverletzung vorgesehenen Strafen des Art. L. 716-12 CPI verhängt.

III. Rechtslage nach Erlass der Richtlinie 97/55/EG

1. Umsetzung durch Gesetz

In Frankreich wurde die Richtlinie 97/55/EG durch die *ordonnance n° 2001-741* vom 23. August 2001, die am 25. August 2001 in Kraft trat, mit deutlicher Verspätung in nationales Recht umgesetzt[1024]. Sie passte unter anderem die Art. L. 121-8 ff. C. consom. den Richtlinienbestim-

---

[1021] Art. L. 121-14 C. consom. a.F. lautete: Unbeschadet des Art. 1382 C. C. werden die Verstöße gegen die Vorschriften von Art. L. 121-8 und Art. L 121-9 gegebenenfalls mit den Strafen geahndet, die zum einen in Art. L. 121-1 bis Art. L 121-7 und zum anderen in Art. L. 716-9 und Art. L. 716-12 CPI vorgesehen sind; vgl. die deutsche Übersetzung in GRUR Int. 1992, 451.

[1022] Vgl. *Raymond*, JCP éd. E, 1992, I, 209 (216); *Greffe/ Greffe* sehen in Art. L. 121-8 ff. C. consom. eine Ausnahme des Verbots des *dénigrement* und behandeln die Vorschrift parallel zum *droit de critique*, vgl. *Greffe/ Greffe*, La publicité et la loi, Rz.740 f.; vgl. auch *Dreier/ Lewinski* in: *Schricker*, Recht der Werbung in Europa, Rz. 110 m.w.N.

[1023] Vgl. *Bout/ Prieto*, Lamy droit économique, Rz. 2500; so wurde beispielsweise entschieden, dass das Werbeplakat „*À peine plus loin, mais tellement moins cher*", das in unmittelbarer Nähe eines Konkurrenten aufgehängt wurde, eine Herabsetzung darstellt, vgl. Tribunal commercial Chalon-sur-Saône, 12.10.1995, Gaz. Pal., 1995, jur., 21.

[1024] Bei einer *ordonnance* handelt es sich um eine untergesetzliche Norm. Sie ist mit der Rechtsverordnung des deutschen Rechts vergleichbar. Mit der *ordonnance* kann die Regierung Regelungen treffen, die sonst grundsätzlich der Legislative vorbehalten sind, vgl. dazu *Chapus*, Droit administratif général, Rz. 846 ff.

mungen an. Grundlage für dieser *ordonnance* war *Loi N° 2001-1* vom 3. Januar 2001[1025], das die französische Regierung dazu ermächtigte, die in dem Gesetz aufgezählten 46 EU-Richtlinien – darunter die Richtlinie 97/55/EG – umzusetzen.

2. Neue Fassung der Art. L. 121-8 ff. Code de la consommation

Die hier interessierenden Bestimmungen der Richtlinie wurden fast wörtlich in Art. L. 121-8 bis L. 121-10 C. consom. n.F. übernommen[1026]. Soweit ersichtlich, wurden diese Artikel von der Rechtsprechung bislang jedoch noch nicht angewandt.

Dies ist darauf zurückzuführen, dass die Richtlinie erst mit erheblicher Verspätung umgesetzt wurde. Zudem wird für die Frage des anwendbaren Rechts auf den Zeitpunkt der Veröffentlichung der Werbung abgestellt, so dass die neuen Bestimmungen nur auf Werbung anwendbar sind, die nach dem 25. August 2001 veröffentlicht wurde. Der *Cour d'Appel de Paris* verneinte in einer Entscheidung aus dem Jahr 2002 ausdrücklich eine Rückwirkung der neuen Bestimmungen und wendete die alte Fassung des *Code* an[1027]. Auch in zwei Entscheidungen des *Cour d'Appel de Aix-en-Provence* aus dem Jahr 2001[1028] zur vergleichenden Werbung, die beide ebenfalls nach Neufassung des *Code de la consommation* ergingen, wurde die alte Fassung des *Code* angewandt. Jedenfalls in einem der beiden Fälle wäre das Urteil bei Anwendung des neuen Rechts anders ausgefallen[1029]. Der werbende Supermarkt hatte in seiner Kampagne die Plastikeinkaufstasche des klagenden Konkurrenten verwendet. Diese war zwar in typischer Weise bedruckt, sie enthielt aber keinerlei direkten Hinweis auf den Kläger. Das Gericht war der Meinung, es liege kein Werbevergleich vor, weil der Konkurrent nicht erkennbar sei. Unter

---

[1025] Abgedruckt in JCP éd. G, 2001, III, 20 425.

[1026] Vgl. *Laurent*, Contr.-Conc.-Consom., 2001, chron n° 16 (S. 7).

[1027] Cour d'Appel de Paris, 18.01.2002., D., 2002, jur., 1345; vgl. auch Cour d'Appel de Versailles, 15.11.2001 JCP éd. E, 2002, pan., 341.

[1028] Cour d'Appel de Aix-en-Provence, 10.10.2001 und 21.12.2001, Contr.-Conc.-Consom., 2002, comm. n° 83.

[1029] Cour d'Appel de Aix-en-Provence, 10.10.2001, Contr.-Conc.-Consom., 2002, comm. n° 83 m. Anm. v. *Raymond*.

Anwendung des *Code de la consommation* n.F. wäre das Gericht zumindest von vergleichender Werbung ausgegangen[1030].

3. Rechtsfolgen des Verstoßes

Für den Fall des Verstoßes gegen die Art. L. 121-8 ff. C. consom. n.F. erklärt Art. L. 121-14 C. consom. n.F. die Bestimmungen der Art. L. 121-1 bis Art. L. 121-7 C. consom. n.F. und der Art. 422 und 423 Code pénal für anwendbar. Dies gilt unbeschadet des Art. 1382 C. C. Es kommt somit zu einem Nebeneinander von zivil- und strafrechtlichen Sanktionen. Werden die Zulässigkeitsvoraussetzungen nicht erfüllt, greifen die Rechtsfolgen von Art. 1382 C. C. Art. L. 121-7 C. consom. n.F. verweist zudem auf Art. L. 213-1 C. consom. n.F., wonach ein Verstoß mit Freiheitsstrafe von bis zu zwei Jahren oder Geldstrafe von bis zu € 37.500, maximal aber 50% der Werbekosten, geahndet wird.

IV. Liberalisierungswirkung der Richtlinie

Mit der Anpassung der Art. L. 121-8 ff. C. consom. an die Richtlinie 97/55/EG vollzog sich, soweit erkennbar, keine ähnlich tiefgreifende Reform des französischen Rechts der vergleichenden Werbung wie durch die Einführung des *Code de la consommation*. Die Richtlinie und die alte Fassung des *Code de la consommation* stimmten bereits in weiten Teilen überein. Dies verwundert nicht, da der *Code* der Richtlinie als Vorbild diente. Jedoch wurden einzelne Bestimmungen, die den Mitgliedstaaten zu weit gingen, nicht in die Richtlinie aufgenommen[1031]. Daher ergeben sich im Verhältnis zum alten Recht einige Änderungen. Zum Teil wurden streitige Punkte geklärt.

Das weite Verständnis von „Werbung" wird beibehalten[1032]. Anders als die Richtlinie setzt die Begriffsdefinition der neuen Fassung des *Code de la consommation* einen Vergleich voraus. Ob dies angesichts der *Toshiba*-Entscheidung[1033] des EuGH europarechtskonform ist, ist zweifelhaft. Die Art. L. 121-8 ff. C. consom. sind nun unabhängig vom

[1030] So auch *Raymond*, Contr.-Conc.-Consom., 2002, comm. n° 83; fraglich ist aber, ob tatsächlich Werbung im Sinn von Art. 2 Nr. 1 RL vorlag, danach bedarf es nämlich einer „Äußerung".

[1031] Vgl. *Stadelmann*, Die Entwicklung der kritisierenden Werbung in Deutschland und in Frankreich, S. 193.

[1032] Vgl. *Candé*, D., 2000, doctr., 33 (35).

[1033] EuGH Rs. C-112/99, Toshiba/Katun, Slg. 2001, I-7945; siehe dazu oben S. 18 f.

Werbeadressaten anwendbar. Es werden zudem auch Fälle nur mittelbarer Bezugnahme erfasst. Die auf Art. L. 121-8 bis Art. L. 121-10 C. consom. n.F. verteilten Zulässigkeitsvoraussetzungen wurden im Vergleich zur alten Fassung vereinfacht. Sie wurden jedoch nicht grundlegend geändert[1034]. Anders als früher dürfen nicht nur Waren und Dienstleistungen gleicher Art verglichen werden, sondern es genügt, wenn die Vergleichsobjekte dem gleichen Bedarf oder derselben Zweckbestimmung dienen[1035]. Ein Herabsetzungs- und Verunglimpfungsverbot sah der *Code de la consommation* a.F. zwar nicht ausdrücklich vor. Herabsetzende oder verunglimpfende Werbevergleiche wurden aber als nicht *loyal* angesehen und waren ebenfalls unzulässig. Die Voraussetzungen des Eigenschaftsvergleichs (Art. L. 121-8 N° 3 C. consom. n.F.) haben sich kaum verändert. *Significative* wurde zwar durch *pertinente* ersetzt. Dadurch ergibt sich aber keine inhaltliche Änderung. Ausdrücklich zulässig ist nun der Vergleich nur einer Eigenschaft[1036]. Eine wirkliche Lockerung haben dagegen Preisvergleiche erfahren. Sie sind nicht mehr auf den Vergleich identischer Waren beschränkt[1037]. Zudem entfällt die Pflicht zur vorherigen Mitteilung und es sind alle Werbeträger zugelassen.

Ein grundlegender Rechtsprechungswandel, verursacht durch die Anpassung des *Code de la consommation* an die Richtlinie 97/55/EG ist nicht zu erwarten. Dennoch führt die Umsetzung der Richtlinie zur teilweisen Liberalisierung. Ob auch die neuen Formen des Herabsetzungs- und des Rufausbeutungsverbots freizügiger gehandhabt werden, ist noch nicht abzusehen.

[1034] Vgl. *Raymond*, JCP éd. E, 2001, act., 2025.

[1035] Damit wird nun der Vergleich zwischen einer Fluggesellschaft und dem TGV zugelassen, vgl. *Gunther*, Contr.-Conc.-Consom., 1998, chron. n° 2 (S. 4).

[1036] Vgl. *Laurent*, Contr.-Conc.-Consom., 2001, chron n° 16 (S. 7).

[1037] *Laurent* bezweifelt in diesem Zusammenhang, dass der Vergleich von Preisen die Verbraucherinformation tasächlich verbessert, wenn daneben nichts über die Qualität der Waren mitgeteilt wird, vgl. *Laurent*, Contr.-Conc.-Consom., 2001, chron n° 16 (S. 7).

4.Teil Rechtsvergleich – Harmonisierung durch die Richtlinie?

Im Zentrum des Rechtsvergleichs steht die Frage, ob über drei Jahre nach Ablauf der Umsetzungsfrist das Harmonisierungsziel der Richtlinie zur vergleichenden Werbung in den untersuchten Ländern tatsächlich erreicht ist. Zu diesem Zweck werden zunächst die nationalen Umsetzungsbestimmungen und ihre Durchsetzung verglichen. Sodann wird durchleuchtet, wie Werbevergleiche in den drei untersuchten Ländern heute beurteilt werden.

A. Umsetzungsbestimmungen und ihre Durchsetzung

Erwägungsgrund 11 der Richtlinie 97/55/EG überlässt die Wahl von Form und Methode der Richtlinienumsetzung ausdrücklich den Mitgliedstaaten. In den drei analysierten Ländern wurde diese Wahl sehr unterschiedlich getroffen. Sie ist bereits Ausdruck der unterschiedlichen Haltung gegenüber vergleichender Werbung.

I. Art und Zeitpunkt der Richtlinienumsetzung

In allen drei untersuchten Ländern wurde die Richtlinie durch Gesetz umgesetzt. In England passten daneben die Organe der freiwilligen Werbeselbstkontrolle ihre *Codes of Practice* der Richtlinie an. Alle drei untersuchten Länder und die Organe der Selbstkontrolle übernahmen die Vorschriften der Richtlinie weitgehend wörtlich in ihre Transformationsbestimmungen. Diese unterscheiden sich jedoch hinsichtlich des im Vordergrund stehenden Schutzzwecks. Die Richtlinie selbst stellt den Verbraucherschutz, den Schutz der Gewerbetreibenden und der Allgemeinheit gleichberechtigt nebeneinander. Während das deutsche UWG dieser Schutzzwecktrias folgt, steht in England und Frankreich der Verbraucherschutz im Vordergrund.

England transformierte die Richtlinie fristgerecht. In Deutschland trat § 2 UWG dagegen erst im September 2000 in Kraft. Frankreich setzte die Richtlinie mit noch größerer Verspätung erst im August 2001 um. Anders als in Frankreich wirkte sich dies in Deutschland jedoch kaum aus, da die deutsche Rechtsprechung die Richtlinienbestimmungen schon lange vor Ablauf der Umsetzungsfrist durch richtlinienkonforme Auslegung des § 1 UWG anwandte. In Frankreich wurde dies indes nicht in Erwägung gezogen. Eine richtlinienkonforme Auslegung vor Ablauf der

Umsetzungsfrist kam auch nicht ernsthaft in Betracht. Sie hätte zur Nichtanwendung der bestehenden nationalen Bestimmungen zur vergleichenden Werbung geführt[1038].

II. Durchsetzung der Umsetzungsbestimmungen

Entsprechend dieser unterschiedlichen Umsetzung divergiert auch die Durchsetzung der Richtlinienbestimmungen.

1. Zuständigkeit

In Deutschland und Frankreich sind die Gerichte für Klagen gegen vergleichende Werbung und damit für die Anwendung der maßgeblichen Umsetzungsbestimmungen zuständig. England übertrug die Kontrolle der *Regulations 2000* dagegen dem *Director General of Fair Trading* und seiner Behörde, also einem Verwaltungsorgan. Es machte damit von der Möglichkeit des Art. 4 Abs. 1 RL Gebrauch. Nur für Werbevergleiche im kommerziellen Fernsehen und Rundfunk liegt die Zuständigkeit vollständig bei dem Selbstkontrollorgan *Independent Television Commission* beziehungsweise *Radio Authority*. Im Übrigen haben die Institutionen der freiwilligen Selbstkontrolle zumindest ergänzende Aufgaben. Ihre Kontrolle ist dem *Director General* vorgeschaltet. Sie leiten nur Angelegenheiten an den *Director General* weiter, wenn ein unzulässiger Werbevergleich trotz einer gegen ihn ergangenen Entscheidung weiter veröffentlicht wird. Die Werbeselbstkontrolle übernimmt in England somit zum Teil jene Aufgaben, die in Deutschland und Frankreich staatlichen Stellen obliegen, zum Teil ergänzt sie diese.

2. Sanktionen

Auch die Sanktionen zur Durchsetzung der Richtlinienvorschriften weichen vor allem in England einerseits und Deutschland und Frankreich andererseits voneinander ab. Aber auch Deutschland und Frankreich unterscheiden sich wesentlich.

In Deutschland besteht bei Verstoß gegen § 2 UWG ausschließlich eine zivilrechtliche Klagemöglichkeit. Diese ist auf Unterlassen einschließlich Beseitigung der Werbung und unter Umständen auf Schadensersatz gerichtet. Entsprechend dem traditionell eher strafrechtlich geprägten Verbraucherschutz sieht Frankreich indes in Art. Art. L. 121-

[1038] Zu der Frage unmittelbarer Wirkung von Richtlinien nach Ablauf der Umsetzungsfrist vgl. *Nettesheim* in: *Grabitz/ Hilf*, Rz. 165ff. zu Art. 249 EGV.

14 C. consom. n.F. ein Nebeneinander von straf- und zivilrechtlichen Sanktionen vor. Somit kommt dort neben einer Klage auf Unterlassen und Schadensersatz auch eine Verurteilung zu einer Freiheits- oder Geldstrafe in Betracht.

Grundverschieden hat demgegenüber England sein Beschwerdesystem ausgestaltet. Der Werbende muss sich vorab an die Institutionen der Selbstkontrolle, insbesondere die ASA, wenden. Stellt diese einen Regelverstoß fest, verlangt sie vom Werbenden, die regelwidrige Werbung zurückzuziehen. Kommt der Werbende dem nicht nach, werden die beteiligten Medienunternehmen aufgefordert, die regelwidrige Werbung nicht weiter zu veröffentlichen. Darüber hinaus publiziert die ASA ihre Beschwerdeentscheidungen. Erst wenn die Beschwerde zur ASA erfolglos blieb, leitet sie die Angelegenheit dem *Director General* weiter. Dieser ersucht den Werbenden um eine Unterlassungserklärung. Kommt er dieser Aufforderung nicht nach oder verstößt er gegen eine abgegebene Unterlassungserklärung, kann der *Director General* beim *High Court* eine Unterlassungsverfügung beantragen. Sowohl dem Erlass einer solchen gerichtlichen Verfügung als auch den Maßnahmen des *Director General* liegen Ermessensentscheidungen zu Grunde. Kommen *Independent Television Commission* oder *Radio Authority* bei Werbung im kommerziellen Fernsehen und Rundfunk zu dem Ergebnis, dass ein Verstoß gegen ihre *Codes* gegeben ist, verlangen sie zunächst von der betreffenden Sendeanstalt, die Werbung zurückzuziehen. Kommt diese der Aufforderung nicht nach, kann eine Geldbuße verhängt oder schlimmstenfalls die erteilte Sendelizenz entzogen werden.

Eine zivilrechtliche Klagemöglichkeit gewähren die *Regulations 2000* dagegen ausdrücklich nicht, vgl. Reg. 4A (3). Somit kommt auch ein Anspruch aus *action for breach of statutory duty* nicht in Betracht. Dies steht in Einklang mit der Richtlinie, da aus ihr keine Pflicht hervorgeht, einen Schadensersatzanspruch zu schaffen[1039].

III. Anwendungspraxis

Die Anwendungspraxis der Umsetzungsbestimmungen stellt sich in den drei untersuchten Ländern sehr unterschiedlich dar. Bislang wendete nur die deutsche Rechtsprechung die nationalen Transformationsbestimmungen an. In England und Frankreich wurden sie dagegen – wenn auch aus

[1039] Vgl. Art. 4 RL.

unterschiedlichen Gründen – bisher nicht angewandt. Die französische Rechtsprechung begründet dies damit, dass es für die Frage des geltenden Rechts auf den Zeitpunkt der Veröffentlichung der Werbung ankomme, so dass die neuen nationalen Bestimmungen nur für Werbung gelten, die nach August 2001 veröffentlicht wurde.

In England lehnt die Rechtsprechung die Anwendung der Umsetzungsvorschriften dagegen grundsätzlich ab. Dies verwundert zunächst nicht, da nicht die Rechtsprechung, sondern die Verwaltungsbehörde des *Director General* für die Durchsetzung der *Regulations 2000* zuständig ist. Jedoch bestimmt auch die Rechtsprechung die Zulässigkeitsgrenzen vergleichender Werbung. Dennoch legt sie weder Sec. 10 (6) TMA 1994 noch den *common law*-Tatbestand der *injurious falsehood* im Lichte der Richtlinie aus. Auch der *Director General* ergriff bislang keine Maßnahmen zur Durchsetzung der *Regulations 2000.* Gleiches gilt für die Organe der freiwilligen Selbstkontrolle. Auch sie stellen bei der Kontrolle von Werbevergleichen nicht auf die besonderen Zulässigkeitsvoraussetzungen ihrer aktualisierten *Codes of Practice* ab. Anstatt die explizit aufgestellten Bedingungen einzeln zu prüfen, scheinen sie nur eine allgemeine Abwägung vorzunehmen. Da aus den Beschwerdeentscheidung vielfach nicht eindeutig hervorgeht, anhand welcher Maßstäbe entschieden wird, lässt sich dies jedoch nicht abschließend beurteilen.

IV. Ergebnis: De facto keine Umsetzung in England

Es erscheint fraglich, ob England die Richtlinie tatsächlich wirksam durchsetzt. Dagegen spricht, dass das englische Umsetzungsgesetz bislang de facto wirkungslos ist, die Rechtsprechung an den alten Grundsätzen festhält und auch die freiwillige Werbeselbstkontrolle die Richtlinienbestimmungen nicht anwendet.

Zwar überlässt die Richtlinie ausdrücklich den Mitgliedstaaten die Wahl von Form und Methode der Richtlinienumsetzung. Sie räumt ihnen die Möglichkeit ein, die Durchsetzung einer Verwaltungsbehörde zu übertragen und die freiwillige Selbstkontrolle zu fördern. Die freiwillige Kontrolle soll jedoch gemäß Art. 5 S. 1 RL „zusätzlich" zu den Gerichts- und Verwaltungsverfahren zur Verfügung stehen. Es ist hingegen nicht vorgesehen, dass sie die staatliche Kontrolle ersetzt. Da der für die Kontrolle der staatlichen Umsetzungsbestimmungen zuständige *Director General* die *Regulations 2000* auch über drei Jahre nach ihrem In-Kraft-Treten noch nicht angewandt hat, kann von einer „Ergänzung" durch die freiwillige Kontrolle derzeit nicht die Rede sein. Besonders augenscheinlich ist dies im Bereich des kommerziellen Fernsehens und Rundfunks. Hier wurde die Kontrollkompetenz ganz und gar den Selbstkontrollorganen *Independent Television Commission* und *Radio Authority* übertragen. Allein die Vereinbarkeit dieser Regelung mit dem Europarecht muss im Hinblick auf Art. 5 S. 1 RL („zusätzlich“) zumindest bezweifelt werden. Zudem erfolgt diese Kontrolle nicht auf der Grundlage der Richtlinie. Aber auch im Bereich der Presse- und elektronischen Werbung findet keine staatliche Kontrolle statt. Man scheint davon auszugehen, dass die ASA Werbevergleiche wirksam überwacht und den *Director General* anruft, wenn ein unzulässiger Werbevergleich entgegen einer Entscheidung weiter veröffentlicht wird. Dabei wird aber übersehen, dass die ASA ihre Entscheidungen bislang nicht auf die Richtlinienbestimmungen stützt. Es wird nicht zur Anwendung der Richtlinie kommen, wenn nicht der *Director General* eigenständig tätig wird.

Außerdem ist unklar, ob und wie eine einheitliche, richtlinienkonforme Auslegung der *Codes* gewährleistet wird. Insbesondere existiert in keinem der hier untersuchten *Codes* eine Bestimmung, die die Selbstkontrollorgane verpflichtet, sich der Richtlinienauslegung des EuGH anzuschließen.

Zudem muss bedacht werden, dass sich die hier angesprochenen *Codes of Practice* zwar an die Werbewirtschaft richten. Sie sehen aber keine direkten Maßnahmen gegen Werbende vor. Die somit ohnehin schwachen Sanktionen der ASA werden weiter dadurch entkräftet, dass sie nur greifen, wenn sich das veröffentlichende Medienunternehmen (freiwillig) der Selbstkontrolle unterwirft. Dem kann zwar entgegen gehalten werden, dass es letztlich nur darauf ankommt, dass unzulässige Werbevergleiche nicht oder nicht mehr veröffentlicht werden[1040] und dass dies bei einer bis zu 99%igen Befolgungsrate von ASA-Entscheidungen so gut wie sichergestellt ist. Die negative Publicity durch die Veröffentlichung der ASA-Entscheidungen ist aber in Anbetracht des doch kleinen Adressatenkreises ein kaum geeignetes Abschreckungsmittel. Dies gilt umso mehr als gerade Werbeanzeigen großer Unternehmen von vornherein oft nur einmal geschaltet werden sollen. Somit ist es weitgehend wirkungslos, jede weitere Veröffentlichung zu unterbinden. Zweifelhaft ist auch, ob die ASA dem Unparteilichkeitsgebot des Art. 4 Abs. 3 RL entspricht. Letztendlich wird diese Vorschrift umgangen, wenn zwar der

[1040] Vgl. Art. 4 RL.

Director General unparteiisch ist, nicht aber die vorgelagerte ASA, die in der Praxis sämtliche Entscheidungen trifft[1041].

Im Gegensatz dazu ist die Anerkennung des *ITC Codes* und des *RA Codes* zwar nicht freiwillig und es steht der *Independent Television Commission* und der *Radio Authority* mit Entzug der Sendelizenz eine vergleichsweise scharfe Sanktion zur Verfügung. Auch hier droht dem Werbenden selbst aber keine Konsequenz. Bei regelwidriger Werbung kann auf sie wiederum nur über die Sendeanstalten (indirekt) Druck ausgeübt werden.

B. Vergleichende Werbung in der Rechtswirklichkeit

Eigentlich böte es sich an, bei der Analyse der materiellen Rechtslage der untersuchten Länder die nationale Handhabung der Richtlinie anhand der einzelnen Bestimmungen gegenüberzustellen. Angesichts der fehlenden Anwendung der Umsetzungsbestimmungen in England und Frankreich ist dies jedoch wenig fruchtbar. Es ist aber davon auszugehen, dass zumindest die französische Rechtsprechung den *Code de la consommation* in seiner neuen Fassung anwenden wird. Daher wird im Folgenden versucht, aus den französischen Entscheidungen zur alten Fassung des *Code de la consommation* soweit möglich Schlüsse über die spätere Interpretation der neuen Fassung zu ziehen. Dies fällt nicht immer leicht, weil sich die überwiegende Zahl der Entscheidungen mit Zulässigkeitsvoraussetzungen befasst, die nun aufgehoben sind. Erschwert wird dies zudem dadurch, dass sich in der französischen Rechtsprechung nur schwierig Grundstrukturen erkennen lassen. Urteile werden nur vereinzelt und meist nur lückenhaft veröffentlicht. Der zugrunde liegende Sachverhalt läßt sich oft nur schwer ermitteln. Da in Frankreich zudem Gegenstimmen in der Literatur eher selten sind, sehen sich die französischen Richter oft nicht veranlasst, sich mit Gegenargumenten auseinanderzusetzen.

Wie dargestellt, wird die englische Rechtswirklichkeit der vergleichenden Werbung nicht nur durch die Rechtsprechung, sondern auch durch die freiwillige Selbstkontrolle geprägt, so dass auch auf diese einzugehen ist.

[1041] Vgl. dazu auch *Fröndhoff*, Die Inhaltsbeschränkungen irreführender und vergleichender Werbung, S. 85 f.

I. Begriffsverständnis

Das Verständnis des Begriffs „vergleichende Werbung" ist insbesondere im Hinblick darauf interessant, welche Anforderungen in den analysierten Ländern an die zumindest mittelbare Erkennbarkeit des Mitbewerbers gestellt werden.

Die deutsche Rechtsprechung stellt für diese Frage auch unter Geltung des § 2 UWG nicht nur auf den Wortlaut der Werbung ab, sondern auch auf Umstände, die außerhalb der Erklärung liegen. Demgegenüber war die französische Rechtsprechung zur alten Fassung des *Code de la consommation* diesbezüglich uneinheitlich. Aber schon damals wurden neben dem Erklärungsinhalt zum Teil auch die Begleitumstände berücksichtigt, obwohl der Wortlaut der Vorschrift hierzu noch keinen Anlass gab. Es ist daher davon auszugehen, dass sich die französische Rechtsprechung ähnlich entwickeln wird wie die deutsche Rechtsprechung. In England sah die Rechtsprechung dagegen bislang keinen Bedarf, den Begriff der vergleichenden Werbung näher zu erläutern. Die Erkennbarkeit spielte somit keine Rolle. Desgleichen wurde in den Beschwerdeentscheidungen der Selbstkontrollorgane meist stillschweigend vom Vorliegen eines Werbevergleichs ausgegangen, ohne dies explizit zu prüfen. Bemerkenswert ist, dass der *ITC Code* den Begriff weiter fasst als die Richtlinie und auf die Erkennbarkeit ausdrücklich verzichtet[1042].

Die Frage, ob Allein- und Spitzenstellungswerbung in den Anwendungsbereich der Richtlinie fällt, wurde bislang einzig von der deutschen Rechtsprechung problematisiert und mehrheitlich verneint. Weder in der französischen noch in der englischen Rechtsprechung konnten dazu Entscheidungen gefunden werden. Zwar subsumiert die *Advertising Standards Authority* diese Werbeform augenscheinlich unter vergleichende Werbung. Die ASA nahm aber mit keinem Wort zu der Frage Stellung, ob sie zumindest mittelbare Erkennbarkeit des Mitbewerbers für gegeben hielt. Daher kann daraus kaum auf die Auslegung des Begriffs geschlossen werden. Ob diese Frage einheitlich gehandhabt wird, kann somit nicht abschließend beurteilt werden.

In der Entscheidung *Toshiba*[1043] des EuGH wurde erörtert, inwieweit die Notwendigkeit eines Vergleichs ergänzend in die Legaldefinition der

---

[1042] Siehe oben S. 142.

[1043] Vgl. EuGH Rs. C-112/99, Toshiba/Katun, Slg. 2001, I-7945 = GRUR Int. 2002, 354; vgl. zum Vorlagebeschluss OLG Düsseldorf GRUR 1999, 782.

vergleichenden Werbung hineinzuinterpretieren ist. Nach dem hier vertretenen Verständnis dieser Entscheidung hielt das Gericht das Vorliegen eines Vergleichs nicht grundsätzlich, sondern nur für den Ausgangsfall der *Toshiba*-Entscheidung für erforderlich[1044].

II. Zulässigkeitsgrenzen vergleichender Werbung – Haupthindernisse der Harmonisierung

In allen drei untersuchten Ländern wird von der grundsätzlichen Zulässigkeit vergleichender Werbung ausgegangen. Auch wenn dies nur in Deutschland durch die Richtlinie bewirkt wurde, die Werbeform in England und Frankreich dagegen schon zuvor grundsätzlich zulässig war, ist doch das einheitliche Ergebnis entscheidend.

Im Folgenden sollen die bestehenden Zulässigkeitsgrenzen für Werbevergleiche gegenübergestellt werden. Dabei werden in erster Linie jene Schranken analysiert, deren Auslegung sich in den untersuchten Ländern, vor allem aber in Deutschland und Frankreich einerseits und England andererseits, bislang traditionell grundlegend unterschied. Die dadurch zum Ausdruck kommende grundsätzlich ungleiche Haltung gegenüber vergleichender Werbung wurde vor Erlass der Richtlinie als größtes Hemmnis der Rechtsvereinheitlichung gesehen. Daher ist deren heutige Interpretation für die Frage der Harmonisierung besonders interessant. Dies gilt insbesondere deshalb, weil es sich um unbestimmte Rechtsbegriffe handelt, die erst durch die Rechtsprechung ausgefüllt werden und somit einer national unterschiedlichen Interpretation in besonderem Maße zugänglich sind.

1. Irreführungsverbot – Verbraucherleitbild

Die Richtlinie selbst enthält keine eindeutige Bestimmung des Irreführungsbegriffs. Aus Art. 3a Abs. 1 lit. a RL geht nicht eindeutig hervor, ob die nationale Verschärfungsfreiheit der Irreführungsrichtlinie auch für vergleichende Werbung gilt. Der EuGH verneinte diese Frage in der *Pippig*-Entscheidung[1045] und stellt für die Irreführung auf die

---

1044 So auch *Sack*, WRP 2002, 363 (363 f. und 366 f.); anders dagegen *Köhler* in: *Köhler/ Piper*[3], Rz. 18 zu § 2 UWG; *Nordmann*, GRUR Int. 2002, 297 (298); zur Erforderlichkeit des Vergleichs vgl. auch *Ohly/ Spence*, GRUR Int. 1999, 681 (686); *Emmerich*, § 7 S. 90.

1045 EuGH Rs. C-44/01, Pippig Augenoptik GmbH & Co KG/Hartlauer Handelsgesellschaft mbH u.a., WRP 2003, 615 (Rz. 38 ff.).

mutmaßliche Erwartung eines durchschnittlich informierten, aufmerksamen und verständigen Durchschnittsverbrauchers ab[1046]. Diese Interpretation durch den EuGH ist für die Mitgliedstaaten verbindlich, da die Richtlinienauslegung gemäß Art. 234 Abs. 1 lit. b EGV[1047] dem EuGH obliegt und die Umsetzungsvorschriften richtlinienkonform auszulegen sind, Art. 10 i.V.m. Art. 249 Abs. 3 EGV[1048]. Im Prinzip ist damit für Rechtseinheitlichkeit gesorgt[1049].

2. Herabsetzungsverbot

Die deutsche Rechtsprechung hält einen Verstoß gegen das Verbot herabsetzender Werbevergleiche erst für gegeben, wenn die Grenze sachlicher Kritik überschritten wird. Man ist der Auffassung, nicht jede Negativwirkung stelle eine Herabsetzung in diesem Sinn dar. Denn eine gewisse Negativwirkung sei einem kritischen Werbevergleich zwangsläufig immanent. Bei der Beurteilung im Einzelfall scheint der BGH indes eine liberalere Haltung einzunehmen als die Instanzgerichte. Diese haben ihre restriktive Rechtsprechung zum alten Recht nur teilweise aufgeben[1050]. Auch in Frankreich wurde unter Geltung der alten Fassung des *Code de la consommation* Herabsetzung erst bejaht, wenn die Kritik über das jedem Werbevergleich innewohnende Maß hinausging. Es ist davon auszugehen, dass dies auch unter Geltung der neuen Fassung des *Code* beibehalten wird. In beiden Ländern ist bislang nicht eindeutig

---

1046 EuGH Rs. C-44/01, Pippig Augenoptik GmbH & Co KG/Hartlauer Handelsgesellschaft mbH u.a., WRP 2003, 615 (Rz. 55).

1047 Unter den Begriff Handlungen der Gemeinschaft fällt das gesamte sekundäre Gemeinschaftsrecht, also auch Richtlinien, *Krück* in: *Groeben/ Thiesing/ Ehlermann*, Rz. 21 zu Art. 177 EGV.

1048 Vgl. *Di Fabio*, NJW 1990, 947 (950 ff.); vgl. i.ü. *Schmidt* in: *Groeben/ Thiesing/ Ehlermann*, Rz. 40 zu Art. 189 EGV m.w.N.; das Gebot richtlinienkonformer Auslegung gilt unabhängig davon, ob der zugrundeliegende Fall einen reinen Inlands- oder zwischenstaatlichen Sachverhalt darstellt, vgl. *Köhler* in: *Köhler/ Piper*, Einf UWG Rz. 81.

1049 Sollte der Entwurf zur Reform des UWG in der jetzigen Form erlassen werden, würde dieser Irreführungsbegriff in Deutschland gesetzlich festgeschrieben, vgl. die Begründung des Entwurf eines Gesetzes gegen den unlauteren Wettbewerb vom 07.05.2003, S. 39, herunterladbar von URL: http://www.bmj.bund.de/images/11596.pdf (zuletzt aufgerufen am 15.08.2003).

1050 Vgl. etwa die strenge Entscheidung OLG München ZLR 2000, 949 – *Münchner Trinkwasser*.

abzusehen, ob leicht ironischen Werbeaussagen ein ausreichender Freiraum eingeräumt wird, um dem Liberalisierungsziel der Richtlinie gerecht zu werden.

In der unveränderten englischen Rechtsprechung zu vergleichender Werbung spielt das Merkmal der Herabsetzung nur im Zusammenhang mit *defamation* eine Rolle. Eine Beleidigung in diesem Sinne liegt dabei aber nur vor, wenn sich die Aussage gegen eine bestimmte Person richtet und darauf abzielt, diese Person verächtlich oder lächerlich zu machen. Es werden also nur Fälle persönlicher Beleidigung erfasst, wohingegen die Richtlinie in Art. 3a Abs. 1 lit. e RL ausdrücklich auch Herabwürdigungen der gewerblichen Leistung verbietet. Zudem bedarf es anders als in der französischen und deutschen Rechtsprechung der Zielgerichtetheit. Daneben tritt der Schutz durch *injurious falsehood.* Dieser Anspruch setzt eine vorsätzliche oder bewusst grob fahrlässige Falschbehauptung voraus. Darauf, ob die Behauptung herabwürdigend wirkt, kommt es nicht an. Zudem fällt insbesondere der Nachweis der Boshaftigkeit (*malice*) des Beklagten meist schwer, weil die englische Rechtsprechung in der Regel davon ausgeht, dass konkurrierende Gewerbetreibende mit dem vorrangigen Ziel des eigenen Vorteils handeln und nicht, um einen Konkurrenten zu schädigen. Die Hoffnung, die englische Rechtsprechung könnte das Erfordernis der *malice* bei vergleichender Werbung im Licht der Richtlinie auslegen, wurde enttäuscht. In keiner seit Umsetzung der Richtlinie ergangenen Entscheidungen zu *injurious falsehood* wurde dem gefolgt. Zwar wurde diese Auslegung nicht ausdrücklich abgelehnt. Eine Änderung der Rechtsprechung ist aber dennoch nicht zu erwarten.

Zu dieser engen Auslegung von *defamation* und *injurious falsehood* kommt hinzu, dass die englische Rechtsprechung prahlerische Anpreisungen, sog. *puffing*, bislang aus dem Anwendungsbereich dieser Tatbestände herausnahm. Man ist der Auffassung, die Öffentlichkeit erwarte, dass Händler ihre Waren marktschreierisch anpreisen. Die Konkurrenz müsse mit solchen Anpreisungen rechnen. Diese Ausnahme ist sowohl der deutschen als auch der französischen Rechtsprechung fremd. Auch die Richtlinie stellt nicht darauf ab, ob die Übertreibung in einer Werbeaussage erkennbar ist. Obwohl die englische Handhabung des *puffing* mit der Richtlinie nicht vereinbar ist, kann momentan nicht davon ausgegangen werden, dass die Rechtsprechung ihre diesbezügliche Praxis ändert.

Desgleichen hat die englische Selbstkontrolle die früher gemachte Ausnahme für *puffing* beibehalten. Sie stellt sich auch im Übrigen in Bezug auf das Herabsetzungsverbot unverändert dar. Die *Advertising Standards Authority* prüft, ob die betreffende Werbung wahr und sachlich ist. Somit werden letztlich Kriterien herangezogen, die bei Anwendung der Richtlinie für die Voraussetzungen des Eigenschaftsvergleichs und bei der Prüfung des Irreführungsverbots von Bedeutung sind[1051]. Anders geht dagegen die *Radio Authority* vor. Sie stellt vor allem darauf ab, ob die betreffende Werbung insgesamt aggressiv und unwürdig ist. Unwichtig erscheint dagegen, ob der Konkurrent herabgewürdigt wird. Demgegenüber hat die *Independent Television Commission* zu dem Verbot bislang, soweit ersichtlich, in keiner Entscheidung Stellung genommen.

3. Rufausbeutungsverbot – Verhältnis zum Markenrecht

In gleicher weise wie sich die Handhabung des Herabwürdigungsverbots wesentlich unterscheidet, unterscheidet sich auch der Schutz vor Rufausnutzung auch nach Umsetzung der Richtlinie erheblich. Zumindest in England einerseits und Deutschland und Frankreich andererseits ist man sich nach wie vor nicht darüber einig, inwieweit der gute Ruf eines Gewerbetreibenden überhaupt schützenswert ist.

In den deutschen Entscheidungen zu dieser Frage wurde eine unlautere Rufausbeutung nicht schon bejaht, wenn das Unterscheidungsmerkmal nur aufgeführt wurde. Häufig wurde darauf abgestellt, ob der Vergleich auch unter geringerer Rufausnutzung erreichbar gewesen wäre. Wie Frankreich das Verbot der Rufausnutzung interpretieren wird, lässt sich dagegen noch nicht absehen, da die französische Vorgängerbestimmung wesentlich strenger formuliert war als das heutige Verbot[1052]. Es lassen sich daher aus den dazu ergangenen Entscheidungen kaum Schlüsse auf die künftige französische Interpretation der Bestimmung ziehen. Ob allein wegen der strengeren Vorgängerbestimmung auch die neue Regelung restriktiver gehandhabt werden wird, lässt sich noch nicht absehen.

Die unveränderte englische Rechtsprechung schützt mit dem *passing off* Anspruch, auch in seiner *extended form*, nur vor dem Hervorrufen einer Verwechslungsgefahr. Diese ist nicht gegeben, wenn sich der Beklagte den *goodwill* des Klägers lediglich zunutze macht und in seiner Aussage hinreichend zwischen den erwähnten Waren differenziert. Daher kommt ein Anspruch aus *passing off* wegen vergleichender Werbung meist nicht in

---

1051 Siehe allgemein zur Bedeutung des Herabsetzungsverbots neben den Vorraussetzungen des Eigenschaftsvergleichs und dem Irreführungsverbot der Richtlinien oben S. 26 f.

1052 Es waren nur Werbevergleiche unzulässig, die hauptsächlich darauf abzielten, von der Bekanntheit einer Marke zu profitieren, siehe oben S. 176 f.

Betracht. Eine Anpassung dieser Rechtsprechung an die Richtlinie ist derzeit nicht abzusehen und auch in Zukunft nicht zu erwarten. Auch die Organe der freiwilligen Selbstkontrolle schützen nicht effektiv vor Rufausbeutung. So gingen die *Independent Television Commission* und die *Radio Authority*, soweit ersichtlich, bislang in keiner Entscheidung auf das Verbot ein, obwohl teilweise ein Verstoß in Betracht kam. Dagegen hat zwar die *Advertising Standards Authority* zur Rufausbeutung bereits Entscheidungen getroffen. Sie legt dabei aber die gleichen Maßstäbe an, wie vor Richtlinienumsetzung. Somit kommt ein Verstoß gegen das Verbot der Rufausbeutung meist nur im Zusammenhang mit Irreführung in Betracht.

Desgleichen uneinheitlich wird die Bedeutung des Markenrechts im Zusammenhang mit Werbevergleichen und das Verhältnis der nationalen Markengesetze zur Richtlinie beurteilt. Auch hier unterscheiden sich die untersuchten kontinentaleuropäischen Länder von England. In Frankreich bestand unter Geltung der alten Fassung des *Code de la consommation* der Konflikt zwischen dem markenrechtlichen Verbot der einfachen Benutzung einer fremden Marke einerseits und der grundsätzlichen Zulassung der Markennennung durch den *Code de la consommation* andererseits. Dieser wurde durch einen Anwendungsvorrang des *Code de la consommation* gelöst. Hieran wird sich voraussichtlich auch unter Geltung des neuen *Code de la consommation* nichts ändern. Auch in Deutschland ist man sich zumindest im Ergebnis darüber einig, dass vergleichende Werbung, die im Einklang mit der Richtlinie steht, keine Markenrechtsverletzung darstellt[1053]. Weder in Deutschland noch in Frankreich wird daher eine nach den Bestimmungen der Richtlinie zulässige vergleichende Werbung letztlich am Markenrecht scheitern oder umgekehrt ein unzulässiger Werbevergleich durch das Markenrecht zugelassen.

Im Gegensatz dazu findet sich im englischen Markengesetz mit Sec. 10 (6) TMA 1994 eine eigene Bestimmung zu Werbevergleichen. Diese stellen danach zwar zunächst grundsätzlich eine Markenverletzung im Sinn von Sec. 10 TMA 1994 dar. Sie sind aber markenrechtlich zulässig, wenn sie mit den anständigen Gepflogenheiten in gewerblichen Angelegenheiten in Einklang stehen und nicht ohne rechtfertigenden Grund die Unterscheidungskraft oder den Ruf der Marke in sittenwidriger Weise ausbeuten oder diese schädigen. Dies zeigt, dass das Markenrecht für das Recht der vergleichenden Werbung in England eine wesentlich wichtigere

---

[1053] Siehe dazu oben S. 78 ff.

Rolle spielt als in Deutschland und Frankreich. Daher scheint es in besonderem Maße geboten, den TMA 1994 im Licht der Richtlinienbestimmungen auszulegen. Zwar werden Werbevergleiche, die mit der Richtlinie in Einklang stehen, meist auch mit den anständigen Gepflogenheiten des Sec. 10 (6) S. 2 TMA 1994 vereinbar sein und daher auch markenrechtlich zulässig sein. Für den umgekehrten Fall, nämlich für vergleichende Werbung, die nicht die Richtliniebestimmungen erfüllt, scheint die englische Rechtsprechung derzeit aber nicht bereit, auch von einem markenrechtlichen Verbot auszugehen[1054]. Es ist daher fraglich, ob dies dem Verbotscharakter der Richtlinien, den diese neben dem abschließenden Erlaubnischarakter hat, gerecht wird.

[1054] Siehe dazu oben S. 146 ff.

C. Fazit und Ausblick

Ziel der Richtlinie 97/55/EG war es, das Recht der vergleichenden Werbung zu liberalisieren und zu harmonisieren. Mit der beabsichtigten grundsätzlichen Zulassung vergleichender Werbung sollte die Markttransparenz und mit ihr die Verbraucherinformation verbessert werden. Mit der gewollten Harmonisierung sollte grenzüberschreitende Werbung ermöglicht und die Vollendung des Binnenmarkts vorangetrieben werden.

Die Gegenüberstellung der nationalen Rechtslagen vor und nach Erlass der Richtlinie und der Rechtsvergleich haben gezeigt, dass die Richtlinie das Recht der vergleichenden Werbung in den restriktiveren Ländern Deutschland und Frankreich nicht durchgreifend liberalisiert hat.

In Deutschland geht man seit Erlass der Richtlinie zwar davon aus, dass nicht jeder kritische Werbevergleich gegen das Herabsetzungsverbot verstößt, sondern die Kritik über die zwangsläufig immanente Negativwirkung hinausgehen muss. Auch wird nicht in jeder Nennung des Unterscheidungsmerkmals eines Konkurrenten eine Rufausbeutung gesehen. Die liberalisierende Wirkung der Richtlinie hängt aber wesentlich davon ab, wo hier die Grenzen gezogen werden. Somit ist die Auslegung dieser unbestimmten Rechtsbegriffe sowohl für die Liberalisierung als auch für die Harmonisierung des Rechts von Bedeutung. Es drängt sich die Frage auf, warum über das Verständnis dieser Begriffe nicht vorab eine Einigung erzielt wurde. Zudem nimmt der umfassende Zulässigkeitskatalog den Grundsatz der Freigabe so weit zurück, dass ungewiss erscheint, ob er nicht letztlich in ein nur ausnahmsweise durchbrochenes Verbot verkehrt wird. Wie die Darstellung der französischen Rechtslage vor Erlass der Richtlinie gezeigt hat, führt die Zulassung vergleichender Werbung, die an zahlreiche, teils schwer nachvollziehbare Voraussetzungen geknüpft ist, nicht dazu, dass diese Werbeform häufiger verwendet wird. In Deutschland wirkt die Richtlinie 97/55/EG zudem insoweit verschärfend, als für einige der Ausnahmen des alten Rechts nunmehr kein Raum mehr bleibt. Im französischen Recht wurden nur einige Zulässigkeitsvoraussetzungen – etwa die vorherige Mitteilung und die Herausnahmen einiger Werbeträger – aufgehoben.

Wurde mit der Richtlinie zur vergleichenden Werbung daneben das Ziel verfolgt, das Wettbewerbsrecht bereichs- und schrittweise zu harmonisieren, muss abschließend festgestellt werden, dass auch dieses Ziel nur teilweise erreicht wurde. Die Richtlinie hat das Recht ihres Anwendungsbereichs lediglich in Deutschland und Frankreich angeglichen.

England unterscheidet sich noch immer von den beiden kontinentaleuropäischen Ländern. Dieses unbefriedigende Ergebnis ist zum Teil Folge der nationalen Umsetzungsbestimmungen und ihrer Handhabung. Es ist aber auch auf die Richtlinie selbst zurückzuführen.

Die Nichtanwendung der nationalen Umsetzungsbestimmungen verhindert die Rechtsvereinheitlichung maßgeblich. Weder in England noch in Frankreich wird das Recht der vergleichenden Werbung derzeit von den Bestimmungen der Richtlinie geprägt. Während dies in Frankreich auf die verspätete Umsetzung zurückzuführen ist und voraussichtlich nur vorläufig gilt, sind die fristgerecht in Kraft getretenen staatlichen Umsetzungsbestimmungen in England bislang faktisch wirkungslos und werden es vermutlich auch bleiben. Die in der Richtlinie als „zusätzlich" vorgesehene Selbstkontrolle stellt sich in England als alleinige Werbekontrolle dar, die zudem nicht auf der Grundlage der Richtlinienbestimmungen stattfindet. Kommt die englische Werbeselbstkontrolle zum Teil auch zur gleichen Bewertung wie die deutsche und künftige französische Rechtsprechung, so ist dies nicht der rechtsvereinheitlichenden Wirkung der Richtlinie zu verdanken, sondern eher ein Produkt des Zufalls. Dies zeigt, dass eine von der Richtlinie zugelassene Richtlinienumsetzung, die wie in England parallel zur Irreführungsrichtlinie erfolgt, dem abschließenden Zulässigkeits- und Verbotscharakter der Richtlinie zur vergleichenden Werbung nicht gerecht wird. Die Probleme, die bei der Harmonisierung des materiellen Rechts bestehen, dürfen nicht dazu führen, dass das Verfahrensrecht, das dem materiellen Recht erst Wirkung verleiht, aus den Augen verloren wird. Zwar mag die Harmonisierung auf größere Akzeptanz stoßen, wenn die Rechtsangleichung auf das materielle Recht beschränkt wird. Wie die Richtlinie zur vergleichenden Werbung zeigt, ist dies aber kaum ein geeigneter Kompromiss[1055].

Neben diesen verfahrensrechtlichen Problemen sind die Ursachen für die fehlende Rechtsvereinheitlichung aber auch im materiellen Regelungsgehalt der Richtlinie selbst zu suchen. Sie bestimmt detailliert, unter welchen Voraussetzungen Werbevergleiche zulässig sind. Dennoch kann sie nicht auf unbestimmte Rechtsbegriffe verzichten. Für deren Auslegung gibt sie keine Bezugskriterien an die Hand, so dass die Interpretation den Mitgliedstaaten überlassen bleibt[1056]. Zwar hat der EuGH

[1055] Anders wohl *Köhler/ Bornkamm/ Henning-Bodewig*, GRUR 2003, 127.

[1056] Vgl. dazu auch *Bühler*, WM 1992, 677 (682).

in seiner Entscheidung *Pippig Augenoptik*[1057] klargestellt, dass es für die Irreführung auf die mutmaßliche Erwartung eines durchschnittlich informierten, aufmerksamen und verständigen Durchschnittsverbrauchers ankommt. Diese damit erfolgte Rechtsangleichung ist aber nicht auf die Richtlinie zurückzuführen. Im Übrigen stößt die Eignung der Richtlinie zur Rechtsangleichung dort an Grenzen, wo unbestimmte Rechtsbegriffe durch die traditionell gewachsene Betrachtung in den Mitgliedstaaten bestimmt werden. Erst wenn eine gemeinschaftsrechtliche Entwicklung Einigkeit über die Grundprinzipien und Wertungen des Wettbewerbsrechts geschaffen hat, ergeben sich gemeinsame Auslegungskriterien für unbestimmte Rechtsbegriffe. Das uneinheitliche Verständnis solcher Begriffe ist nicht zuletzt darauf zurückzuführen, dass unter den hier untersuchten Mitgliedstaaten keine Einigkeit darüber besteht, ob und inwieweit regulierend in das Marktgeschehen eingegriffen werden soll und mit welchem Schutzzweckverständnis dies geschehen soll. Die englischen und französischen Regelungskomplexe, in die die jeweiligen Umsetzungsbestimmungen eingefügt wurden, dienen ganz überwiegend dem Verbraucherschutz. Konsequenz hieraus ist, dass die Zulässigkeitsvoraussetzungen für Werbevergleiche dort vor allem unter dem Gesichtspunkt des Verbraucherschutzes ausgelegt werden.

Dies zeigt, dass Detailregelungen nur scheinbar der leichtere Weg sind, um die Probleme der Rechtsvereinheitlichung zu lösen, die auf kulturellen, gesellschaftlichen und wirtschaftlichen Unterschieden zwischen den Mitgliedstaaten beruhen. Auch sie kommen ohne interpretationsbedürftige Rechtsbegriffe nicht aus. Für deren Auslegung muss ebenso wie für eine Generalklausel ein Konsens herbeigeführt werden um das Recht wirklich zu harmonisieren. Zudem ist die Summe der Teile immer ungleich dem Ganzen und mit einer Vielzahl von Einzeltatbeständen entsteht im Ergebnis ein inhomogenes Rechtsgebiet. Der fragmentarische Regelungsansatz führt zu einem immer komplizierteren und unverständlicheren Regelungswerk, das sowohl die Gefahr von Überlappungen als auch die Gefahr von (widersprüchlichen) Doppelregelungen birgt. Angesichts der sich ständig neu entwickelnden Marketingpraktiken ist ein breiter Ansatz dem spezifischen Ansatz vorzuziehen. Zudem muss den Ausweichstrategien der Unternehmen entgegengewirkt werden. Doch selbst wenn es gelingt, eine generalklauselgebundene Harmonisierung auf den Weg zu bringen, wird

---

1057 EuGH Rs. C-44/01, Pippig Augenoptik GmbH & Co KG/Hartlauer Handelsgesellschaft mbH u.a., WRP 2003, 615 (Rz. 38 ff.).

auch deren Handhabung die Unterschiede nicht ebnen, die in der unterschiedlichen Tradition und Rechtskultur verankert sind. Werbung und Marketing hängen sehr eng mit kulturellen Eigenheiten und nationalen Traditionen der Mitgliedstaaten zusammen. Dies beginnt schon mit der unterschiedlichen Sprache. Insbesondere unter dem Gesichtspunkt der Subsidiarität stellt sich die Frage, welche Spielräume man den Mitgliedstaaten lassen soll.

In welcher Form die Harmonisierung des Wettbewerbsrechts künftig voranschreiten wird, ist derzeit nicht abzusehen. Die europäische Kommission hat sich jüngst erneut des Lauterkeitsrechts angenommen und den Entwurf einer Rahmenrichtlinie über unlautere Geschäftspraktiken im Geschäftsverkehr zwischen Unternehmen und Verbrauchern[1058] sowie einen Vorschlag für eine Verordnung über Verkaufsförderung im Binnenmarkt[1059] vorgelegt. Diese beiden Dokumente zeigen die Ambivalenz der Bemühungen. Der Entwurf der Rahmenrichtlinie sieht vor, das Lauterkeitsrecht auf Gemeinschaftsebene umfassend und kohärent zu regeln. Er enthält in Art. 5 Nr. 1 ein umfassendes Verbot unlauterer Geschäftspraktiken, das in den nachfolgenden Artikel konkretisiert wird[1060]. Der Verordnungsvorschlag setzt dagegen den bisherigen problembezogenen Regelungsansatz fort. Wie die Richtlinie zur vergleichenden Werbung gezeigt hat, ist dieser Ansatz nicht zielführend. Was den definierten Schutzzweck anbelangt, können beide Entwürfe nicht überzeugen. Während die Rahmenrichtlinie auf den Verbraucherschutz

---

[1058] Vorschlag für eine Richtlinie des Europäischen Parlaments und des Rates über unlautere Geschäftspraktiken im binnenmarktinternen Geschäftsverkehr zwischen Unternehmen und Verbrauchern und zur Änderung der Richtlinie 84/450/EWG, 87/7/EG und 98/27/EG vom 18.06.2003, KOM (2003) 356 endg., herunterladbar von URL:
http://www.europa.eu.int/comm/consumers/cons_int/safe_shop/fair_bus_pract/directive_prop_de.pdf (zuletzt aufgerufen am 15.08.2003); noch zum Grünbuch zum Verbraucherschutz in der Europäischen Union vgl. *Göhre*, WRP 2002, 36 (43 ff.).

[1059] KOM (2002) 585 endg.; vgl. dazu *Göhre*, WRP 2002, 36 (38 ff.).

[1060] Vorschlag für eine Richtlinie des Europäischen Parlaments und des Rates über unlautere Geschäftspraktiken im binnenmarktinternen Geschäftsverkehr zwischen Unternehmen und Verbrauchern und zur Änderung der Richtlinie 84/450/EWG, 87/7/EG und 98/27/EG vom 18.06.2003, KOM (2003) 356 endg., herunterladbar von URL:
http://www.europa.eu.int/comm/consumers/cons_int/safe_shop/fair_bus_pract/directive_prop_de.pdf (zuletzt aufgerufen am 15.08.2003).

beschränkt wird, hat der Verordnungsvorschlag nur den Mitbewerberschutz zum Ziel[1061]. Gegen diese Aufspaltung in Verbraucher- und Konkurrentenschutz spricht, dass die Lauterkeit des Wettbewerbs nicht aufteilbar ist, sondern eine einheitliche Rechtsmaterie darstellt. Gerade bei vergleichender Werbung zeigt sich die enge Verzahnung von Konkurrenten- und Verbraucherschutz. Vergleichende Werbung betrifft in erster Linie die Interessen der in Bezug genommen Konkurrenten. Ihre Zulassung fördert jedoch auch die Information der Verbraucher. Hier ein ausgewogenes Verhältnis herzustellen, ist Ziel der Richtlinie zur vergleichenden Werbung. Dies kann nur in einem einheitlichen Rechtsrahmen gelingen, der das Verhalten im Wettbewerb als Ganzes erfasst[1062]. In diesem Sinn ist auch der Entwurf zur Reform des UWG ausgestaltet, den das Bundeskabinett am 7. Mai 2003 beschlossenen hat. Er vereint, wie die Richtlinie zur vergleichenden Werbung, den Verbraucherschutz mit dem Konkurrentenschutz.

[1061] Vgl. *Göhre*, WRP 2002, 36 (47).

[1062] So auch *Funke*, WRP 1991, 550 (551); *Göhre*, WRP 2002, 36 (47); *Wiebe*, WRP 2002, 283 (292); *Micklitz/ Keßler*, GRUR Int. 2002, 885 (895); *Henning-Bodewig/ Schricker*, GRUR Int. 2002, 319 (320); *Köhler/ Bornkamm/ Henning-Bodewig*, WRP 2002, 1317 (1324).

FSC
www.fsc.org
MIX
Papier | Fördert
gute Waldnutzung
FSC® C083411

Kolibri 360 GmbH
Ferdinand-Jühlke-Straße 7
99095 Erfurt, Deutschland
produktsicherheit@kolibri360.de

Druck:
CPI Druckdienstleistungen GmbH
im Auftrag der
Kolibri 360 GmbH
Ferdinand-Jühlke-Str. 7
99095 Erfurt